Daniel J. Siegel
& Tina Payne Bryson

Disziplin ohne Drama

Daniel J. Siegel
& Tina Payne Bryson

Disziplin ohne Drama

Achtsame Kommunikation mit Kindern

Aus dem Amerikanischen von Christine Sadler

arbor
Arbor Verlag
Freiburg im Breisgau

Die Originalausgabe erschien unter dem Titel:
No-Drama Discipline. The Whole-Brain Way to Calm the Chaos and Nurture Your Child's Developing Mind

6. Auflage 2025

Titebild: © 2015 nuranvectorgirl/istockphoto.com
Illustrationen: Tuesday Mourning
Lektorat: Lothar Scholl-Röse und Lienhard Valentin
Druck und Bindung: Memminger MedienCentrum Druckerei und Verlags-AG
Hergestellt von mediengenossen.de

Dieses Buch wurde auf 100 % Altpapier gedruckt und ist alterungsbeständig. Weitere Informationen über unser Umweltengagement finden Sie unter www.arbor-verlag.de/umwelt
www.arbor-verlag.de

ISBN 978-3-86781-297-9

Wichtiger Hinweis
Die Ratschläge und Übungen in diesem Buch sind vom Autorinnenteam sowie dem Verlag sorgfältig geprüft worden. Dennoch kann eine Garantie nicht übernommen werden. Bei Beschwerden sollten Sie auf jeden Fall eine Ärztin, Psychotherapeutin, Psychologin oder Heilpraktikerin Ihres Vertrauens zu Rate ziehen. Eine Haftung der Autorinnen oder des Verlages für Personen-, Sach- und Vermögensschäden ist ausgeschlossen.

INHALT

Für die jungen Menschen dieser Welt, unsere entscheidenden Lehrer (DJS)

Für meine Eltern: meine ersten Lehrer und meine erste Liebe (TPB)

BEVOR SIE DIESES BUCH LESEN

Eine Frage

Eine Müslischale fliegt durch die Küche und bespritzt die ganze Wand mit Milch und Cornflakes.

Der Hund kommt aus dem Garten hereingelaufen und ist aus unerklärlichen Gründen blau angemalt.

Eines Ihrer Kinder bedroht ein jüngeres Geschwisterkind.

Sie bekommen das dritte Mal in diesem Monat einen Anruf aus dem Büro des Schulleiters.

Was tun Sie?

Bevor Sie antworten, möchten wir Sie bitten, alles, was Sie über Disziplin wissen, komplett zu vergessen. Vergessen Sie, was das Wort Ihrer Meinung nach bedeutet, und vergessen Sie, was Sie darüber gehört haben, wie Eltern reagieren sollten, wenn Kinder etwas tun, was sie nicht tun sollen.

Stellen Sie sich stattdessen eine Frage: Sind Sie offen dafür, zumindest über einen anderen Ansatz nachzudenken? Einen, der Ihnen hilft, sowohl

Ihr unmittelbares Ziel – Ihren Kindern zu der Einsicht zu verhelfen, sich im jeweiligen Moment angemessen zu verhalten – als auch Ihr längerfristiges Ziel – ihnen dabei zu helfen, zu guten Menschen zu werden, die glücklich, erfolgreich, verantwortungsbewusst sind und sogar Selbstdisziplin besitzen – zu erreichen?

Falls ja, ist dieses Buch genau richtig für Sie.

EINLEITUNG

Beziehungsfördernde Disziplin ohne Drama: Achtsame Kommunikation mit Kindern

Sie sind nicht allein.
Wenn Sie ratlos sind, wie Sie Ihre Kinder dazu bringen sollen, weniger zu streiten oder mit mehr Respekt zu sprechen … Wenn Sie nicht wissen, wie Sie Ihr Kleinkind davon abhalten sollen, auf das oberste Bett des Etagenbettes zu klettern, oder wie Sie es dazu bewegen können, sich anzuziehen, bevor es die Haustür öffnet … Wenn Sie frustriert sind, dass Sie immer und immer wieder denselben Satz sagen müssen („Beeil dich! Du kommst zu spät zur Schule!") oder sich auf *noch einen* Kampf um das Schlafengehen, die Hausaufgaben oder die erlaubte Zeit vor dem Computer oder Fernseher einlassen müssen … Wenn Sie irgendwelche dieser Frustrationen erlebt haben, sind Sie nicht allein.

Sie sind sogar nicht einmal ungewöhnlich. Wissen Sie, was Sie sind? Eine Mutter oder ein Vater. Ein Mensch und eine Mutter oder ein Vater.

Es ist nicht leicht, herauszufinden, wie man seine Kinder dazu anhalten kann, sich angemessen zu verhalten. Das ist einfach so. Allzu häufig läuft es folgendermaßen ab: Sie tun etwas, was sie nicht tun sollen. Sie werden wütend. Sie geraten aus der Fassung. Tränen fließen. (Manchmal gehören die Tränen den Kindern.)

Es ist anstrengend. Es ist ärgerlich. All das Drama, das Schreien, die verletzten Gefühle, die Schuld, der Kummer, der Bruch in der Beziehung.

Vielleicht stellen Sie sich nach einer besonders qualvollen Interaktion mit Ihren Kindern immer folgende Fragen: „Kann ich es nicht besser machen? Kann ich mich nicht besser beherrschen und eine kompetentere Mutter sein? Kann ich nicht einen Weg finden, der Ruhe in die Situation bringt, statt noch mehr Chaos hervorzurufen?" Sie wollen, dass das schlechte Verhalten aufhört, aber Sie wollen auf eine Art reagieren, mit der Ihre Beziehung zu Ihren Kindern Wertschätzung erfährt und gestärkt wird. Sie wollen Ihre Beziehung aufbauen, nicht beschädigen. Sie wollen weniger Drama hervorrufen, nicht mehr.

Sie können das.

Im Grunde ist dies sogar die zentrale Botschaft dieses Buches: *Sie können tatsächlich auf eine Art und Weise auf Ihr Kind eingehen, die voller Respekt und Fürsorge ist, mit der aber auch klare und konsequente Grenzen aufrechterhalten werden. Mit anderen Worten: Sie können es besser machen.* Sie können einen Weg finden, dass Beziehungen und Respekt ganz oben stehen und Drama und Konflikt ganz unten – und können dabei eine Entwicklung fördern, mit der gute Beziehungskompetenzen aufgebaut werden und die Fähigkeit Ihrer Kinder verbessert wird, gute Entscheidungen zu treffen, an andere zu denken und in einer Weise zu handeln, die den Weg für dauerhaften Erfolg und lebenslanges Glück bereitet.

Wir haben in der ganzen Welt mit Tausenden und Abertausenden von Eltern gesprochen, haben ihnen Grundkenntnisse über das Gehirn vermittelt und sie über den Einfluss aufgeklärt, den dieses auf ihre Beziehung zu ihren Kindern hat, und wir haben gesehen, wie hungrig Eltern danach sind, zu lernen, kindlichem Verhalten auf respektvollere *und* effektivere Art zu begegnen. Eltern sind es müde, so viel zu schreien, sind es müde, zu sehen, dass ihre Kinder so aufgewühlt sind, sind es müde, dass sich ihre Kinder weiterhin unangemessen verhalten. Diese Eltern kennen die Form von Disziplin, die sie *nicht* anwenden möchten, aber sie wissen nicht, was sie *stattdessen* tun sollen. Sie wollen freundlich und liebevoll sein, fühlen sich jedoch erschöpft und überfordert, wenn es darum geht, ihre Kinder wirklich dazu zu bringen, zu tun, was sie tun sollen. Sie wollen einen Weg finden, der funktioniert und mit dem sie sich wohlfühlen.

In diesem Buch werden wir Ihnen einen Ansatz vorstellen, den wir als Disziplin ohne Drama bezeichnen. Wir werden Ihnen Prinzipien und Strategien zeigen, mit denen die Dramatik und die großen Gefühlsregungen, die Disziplin normalerweise kennzeichnen, fast vollständig ausbleiben. Im Ergebnis werden Sie als Mutter oder Vater ein leichteres Leben haben und Ihr Leben mit Ihren Kindern wird leichter und freudvoller werden. Wichtiger noch, Sie werden Verbindungen im Gehirn Ihrer Kinder erzeugen, durch die emotionale und soziale Kompetenzen aufgebaut und ihnen heute und ihr gesamtes Leben lang dienen werden – und bei all dem Ihre Beziehung zu ihnen stärken. Wir hoffen, Sie werden entdecken, dass die Augenblicke, die nach Disziplin verlangen, tatsächlich zu den wichtigsten Momenten der Erziehung gehören, dass es sich bei ihnen um Zeitpunkte handelt, zu denen wir Gelegenheit haben, unsere Kinder am stärksten zu prägen. Wenn diese Herausforderungen auftauchen – und das werden sie –, werden Sie in der Lage sein, sie nicht bloß als gefürchtete Situationen voller Wut, Frustration und Drama zu sehen, sondern als Gelegenheiten, sich mit Ihren Kindern zu verbinden und sie zu einem Verhalten umzulenken, das ihnen und Ihrer gesamten Familie besser dient.

Sollten Sie Erzieher, Therapeut oder Betreuer sein, der auch für das Wachstum und Wohlbefinden von Kindern verantwortlich ist, werden Sie feststellen, dass diese Methoden ebenso gut bei Ihren Schülern, Patienten und Klienten oder Teams funktionieren. Jüngste Erkenntnisse über das Gehirn geben uns tiefe Einblicke in die Kinder, für die wir sorgen, klären uns darüber auf, was sie brauchen und wie wir so auf sie eingehen, dass hiermit eine optimale Entwicklung gefördert wird. Wir haben dieses Buch für alle geschrieben, die für ein Kind sorgen und an liebevollen, wissenschaftlich geprägten, effektiven Strategien interessiert sind, die Kindern helfen, sich gut zu entwickeln. Wir werden im gesamten Buch das Wort „Mutter" oder „Vater" benutzen, sollten Sie aber eine Großmutter oder ein Großvater, eine Lehrerin oder ein Lehrer oder irgendeine andere bedeutende Person im Leben eines Kindes sein, ist dieses Buch ebenfalls genau richtig für Sie. Durch Zusammenarbeit ist unser Leben bedeutsamer, und dieses Hand-in-Hand-Arbeiten kann bei den vielen Erwachsenen beginnen, die bei der Pflege eines Kindes von den ersten Lebenstagen an kooperieren. Wir hoffen, dass alle Kinder in ihrem Leben viele Bezugspersonen haben, die bewusst und wohlüberlegt mit ihnen interagieren und die in Konfliktsituationen in einer Weise auf sie eingehen, die zum Aufbau von Kompetenzen führt und ihre Beziehung stärkt.

Das Wort „Disziplin" neu definieren

Beginnen wir mit dem eigentlichen Ziel von Disziplin. Was wollen Sie erreichen, wenn Ihr Kind sich unangemessen verhält? Sind Konsequenzen Ihr oberstes Ziel? Mit anderen Worten, liegt das Ziel darin, zu bestrafen?

Natürlich nicht. Wenn wir wütend sind, können wir uns danach *fühlen*, unser Kind zu bestrafen. Verärgerung, Ungeduld, Frustration oder einfach Unsicherheit können dieses Gefühl hervorrufen. Das ist vollkommen verständlich – sogar normal. Haben wir uns aber erst einmal beruhigt und das rohe Ei aus den Haaren aller Beteiligten entfernt, wissen wir, dass das Erteilen von Konsequenzen nicht unser oberstes Ziel ist.

Was *wollen* wir also? Was *ist* das Ziel von Disziplin?

Nun, beginnen wir mit einer offiziellen Definition. Das Wort „Disziplin" stammt direkt vom lateinischen Wort *disciplina* ab, welches schon im elften Jahrhundert in der Bedeutung von Lehre, Wissen und Unterricht verwendet wurde. In diesem Sinne bedeutete „disziplinieren" ursprünglich „lehren".

Heutzutage assoziieren die meisten Menschen im Kontext der Erziehung mit Diziplin ausschließlich Bestrafung oder das Anordnen von

Konsequenzen. Ein Beispiel hierfür ist die Mutter eines achtzehn Monate alten Sohnes, die Dan fragte: „Ich lehre Sam ja ziemlich viel, aber wann beginne ich ihn zu disziplinieren?" Die Mutter sah, dass sie den Verhaltensweisen ihres Sohnes begegnen musste, und sie ging davon aus, dass Disziplin Bestrafung bedeutete.

Wir möchten, dass Sie beim weiteren Lesen dieses Buches im Hinterkopf behalten, was Dan der Mutter erklärte: dass bei Diziplin unser letztendliches Ziel nicht darin besteht, zu bestrafen oder eine Konsequenz zu verhängen, sondern zu lehren. Der englische Begriff „discipline" hat denselben Stamm wie das Wort *disciple*, das sich vom lateinischen *discipulus* herleitet und „Student", „Schüler" oder „Lehrling" bedeutet. Ein *disciple*, ein Schüler also, der zu Disziplin angehalten werden soll, ist kein Gefangener und keiner, der bestraft wird, sondern jemand, der durch Unterweisung lernt. Bestrafung kann ein Verhalten kurzfristig unterbinden, das Lehren aber sorgt für Einsicht und Kompetenzen, die ein Leben lang andauern.

Wir haben viel darüber nachgedacht, ob wir das Wort „Disziplin" überhaupt im Titel dieses Buches verwenden wollten. Wir waren uns nicht sicher, wie wir diese Methode nennen sollten, bei der wir Grenzen setzen, aber trotzdem emotional auf unsere Kinder eingestimmt sind, diesen Ansatz, in dessen Mittelpunkt das Lehren und das Arbeiten mit unseren Kindern steht, mit dem Ziel, ihnen zu helfen, die nötigen Kompetenzen aufzubauen, um gute Entscheidungen zu treffen. Wir entschieden uns dafür, das Wort „Disziplin" unter Berücksichtigung seiner ursprünglichen Bedeutung neu zu definieren. Wir wollen der gesamten Diskussion einen neuen Rahmen geben und *Disziplin* von *Bestrafung* unterscheiden.

Im Wesentlichen wollen wir, dass Bezugspersonen beginnen, Disziplin als eine der liebevollsten und fürsorglichsten Dinge zu betrachten, die wir für unsere Kinder tun können. Unsere Kinder müssen Fähigkeiten wie die, Impulse zu hemmen, mit starken wütenden Gefühlen umzugehen und die Auswirkung ihres Verhaltens auf andere zu berücksichtigen, *lernen*. Sie bedürfen des Erlernens dieser Lebens- und Beziehungsgrundlagen, und wenn Sie ihnen das bieten können, machen Sie nicht nur Ihren Kindern ein bedeutendes Geschenk, sondern Ihrer gesamten Familie und sogar dem Rest der Welt. Im Ernst. Das ist keine Übertreibung. Disziplin ohne Drama, wie wir sie auf den kommenden Seiten beschreiben werden, wird Ihren Kindern helfen, zu den Menschen zu werden, die sie bestimmt sind zu werden, ihre Fähigkeit verbessern, sich selbst zu regulieren, andere zu respektieren, an tiefen Beziehungen teilzuhaben und ein moralisches und ethisches Leben zu führen. Denken Sie dann nur mal an die generationenübergreifenden Auswirkungen, die entstehen, wenn sie mit diesen Gaben und Fähigkeiten aufwachsen und selbst Kinder ins Leben begleiten, welche dieselben Gaben anschließend an zukünftige Generationen weitergeben können!

Es beginnt damit, dass überdacht wird, was Disziplin wirklich bedeutet, dass das Wort als Begriff neu definiert wird, der nichts mit Bestrafung oder Kontrolle zu tun hat, sondern mit Lehren, Einsicht und dem Aufbau von Kompetenzen – und damit, dass dies aus einer Position der Liebe, des Respekts und der emotionalen Verbindung heraus erfolgt.

Das zweifache Ziel einer Disziplin ohne Drama

Wirksame Disziplin verfolgt zwei Hauptziele. Das erste besteht selbstverständlich darin, unsere Kinder dazu zu bringen, zu kooperieren und sich angemessen zu verhalten. Im Eifer des Gefechts, wenn unser Kind im Restaurant mit einem Spielzeug wirft oder unhöflich ist oder sich weigert, seine Hausaufgaben zu machen, wollen wir einfach, dass es sich so verhält, wie es eigentlich sollte. Wir wollen, dass es aufhört, mit dem Spielzeug zu werfen. Wir wollen, dass es respektvoll kommuniziert. Wir wollen, dass es seine Hausaufgaben erledigt.

Bei einem kleinen Kind könnte das Erreichen dieses ersten Ziels, Kooperation, beinhalten, es dazu zu bringen, beim Überqueren der Straße Ihre Hand zu halten, oder ihm dabei zu helfen, die Flasche Olivenöl abzustellen, die es im Supermarkt wie einen Baseballschläger hin und her schwingt. Bei einem älteren Kind könnte es bedeuten, gemeinsam mit ihm eine Lösung zu erarbeiten, wie es seine Aufgaben fristgerechter erledigen kann, oder mit ihm darüber zu sprechen, wie seine Schwester sich wohl mit der Bezeichnung „fettarschiges einsames Mädchen" fühlt.

Sie werden es uns das ganze Buch hindurch wiederholt sagen hören: Jedes Kind ist anders, und kein Erziehungsansatz, keine Erziehungsstrategie wird jederzeit funktionieren. Doch besteht das naheliegendste Ziel in all diesen Situationen darin, Kooperation herbeizuführen und einem Kind zu helfen, sich auf eine Art zu verhalten, die akzeptabel ist (wie zum Beispiel freundliche Worte zu benutzen oder schmutzige Kleidung in den Wäschekorb zu legen), und Verhaltensweisen zu vermeiden, die nicht akzeptabel sind (wie zum Beispiel jemanden zu schlagen oder das Kaugummi anzufassen, das jemand unter dem Tisch in der Bücherei hat kleben lassen). Das ist das kurzfristige Ziel von Disziplin.

Für viele Menschen ist es das einzige Ziel: sofortige Kooperation erlangen. Sie wollen, dass ihre Kinder aufhören, etwas zu tun, was sie nicht tun sollten, oder anfangen, etwas zu tun, was sie tun sollten. Deshalb hören wir Eltern so häufig Formulierungen benutzen wie „Hör *jetzt* auf!" oder das zeitlose „Weil ich es sage!"

In Wirklichkeit wollen wir jedoch mehr als bloßen Gehorsam, nicht wahr? Natürlich wollen wir verhindern, dass aus dem Frühstückslöffel eine Waffe wird. Natürlich wollen wir freundliche und respektvolle Handlungen fördern und die Beleidigungen und die Streitlust verringern.

Aber es gibt ein zweites Ziel, das genauso wichtig ist, und während es sich beim Erzielen von Gehorsam um das kurzfristige Bestreben handelt, ist dieses zweite Ziel ein längerfristiges. Sein Schwerpunkt liegt darin, unseren Kindern Wege aufzuzeigen, mittels derer sie Einsicht und Kompetenzen entwickeln und die Fähigkeit, mit herausfordernden Situationen, Frustrationen und emotionalen Stürmen, durch die sie die Kontrolle verlieren könnten, resilient umzugehen. Dies sind die inneren Kompetenzen, deren Nutzen über das augenblickliche Verhalten in diesem Augenblick hinausgeht und die nicht nur jetzt, sondern auch später in einer Vielzahl von Situationen angewendet werden können. Bei diesem inneren, zweiten

Hauptziel der Disziplin geht es darum, den Kindern zu helfen, Selbstbeherrschung und einen moralischen Kompass zu entwickeln, damit sie sich auch dann rücksichtsvoll und pflichtbewusst verhalten, wenn keine Autoritätspersonen in der Nähe sind. Es geht darum, ihnen zu helfen, beim Heranwachsen zu freundlichen und verantwortungsbewussten Menschen zu werden, die sich an erfolgreichen Beziehungen und einem bedeutsamen Leben erfreuen können.

Wir nennen diese Herangehensweise eine mit dem integrierten Gehirn erfolgende Disziplin, da, wie wir erklären werden, wir uns sowohl auf die unmittelbaren äußeren Lehren als auch auf die langfristigen inneren konzentrieren können, wenn wir als Eltern unser integriertes Gehirn benutzen. Und wenn unsere Kinder diese Form bewusster Lehre erhalten, benutzen auch sie letztendlich ihr integriertes Gehirn.

Über die Generationen hinweg sind zahllose Theorien darüber aufgetaucht, wie man seinen Kindern hilft, „richtig groß zu werden". Da gab es die Schule mit dem Grundsatz „Wer seine Kinder liebt, der züchtigt sie", und ihr Gegenteil, die Schule der antiautoritären Erziehung. In den letzten zwanzig Jahren aber, etwa in der Zeit, die in den USA als „Dekade des Gehirns" bezeichnet wird, sowie in den darauffolgenden Jahren haben Wissenschaftler eine gewaltige Menge an Information über die Funktionsweise des Gehirns aufgedeckt, was uns viel Aufschluss über liebevolle, respektvolle, konsequente und effektive Disziplin gegeben hat.

Wir wissen nun, dass wir einem Kind dadurch helfen, sich optimal zu entwickeln, dass wir die Erzeugung von Verbindungen in seinem Gehirn – seinem gesamten Gehirn – unterstützen, welche die Entwicklung von Kompetenzen zur Folge haben, die zu besseren Beziehungen, einer besseren psychischen Gesundheit und einem bedeutsameren Leben führen. Sie könnten dies als Modellieren, als Nähren oder als Aufbauen des Gehirns bezeichnen. Welchen Begriff auch immer Sie vorziehen, der Punkt ist entscheidend und spannend: Durch die Worte, die wir verwenden, und die Handlungen, die wir vollziehen, verändern sich die Gehirne der Kinder tatsächlich, werden sie aufgebaut, während sie neuen Erfahrungen ausgesetzt sind.

Effektive Disziplin bedeutet, dass wir nicht nur ein schlechtes Verhalten beenden oder ein gutes begünstigen, sondern dass wir zudem Einsicht und Kompetenzen vermitteln und die Verbindungen in den Gehirnen unserer Kinder fördern, die ihnen in Zukunft helfen werden, bessere Entscheidungen zu treffen und sich gut zu regulieren. Automatisch. Weil ihr Gehirn so verdrahtet sein wird. Wir helfen ihnen zu verstehen, was es bedeutet, mit ihren Emotionen umzugehen, ihre eigenen Impulse zu regulieren, die Gefühle anderer zu berücksichtigen, über Konsequenzen nachzudenken, wohlüberlegte Entscheidungen zu treffen und vieles mehr. Wir helfen ihnen, ihr Gehirn zu entwickeln und zu Menschen zu werden, die bessere Freunde, bessere Geschwister, bessere Söhne und Töchter und bessere Menschen sind. Und dann, eines Tages, selbst bessere Eltern sind.

Ein gewaltiger Bonus besteht darin, dass wir uns, je mehr wir beim Aufbau der Gehirne unserer Kinder mithelfen, umso weniger damit abmühen müssen, das kurzfristige Ziel, Gehorsam, zu erreichen. Kooperation begünstigen *und* das Gehirn aufbauen: Das sind die beiden Ziele – das äußere und das innere –, die eine liebevolle, effektive, mit dem integrierten Gehirn erfolgende Vorgehensweise bei der Disziplin leiten. Dies ist Erziehung, bei der man das Gehirn „im Hinterkopf behält"!

Unsere Ziele erreichen: Nein zum Verhalten sagen und Ja zum Kind

Wie erreichen Eltern typischerweise ihre Ziele, wenn es um Disziplin geht? Am häufigsten durch Drohungen und Bestrafungen. Kinder verhalten sich unangemessen, und die umgehende elterliche Reaktion besteht darin, energisch und bestimmt Konsequenzen zu verhängen.

Du hast Nates Sandburg kaputt gemacht. Geh sofort in dein Zimmer. Auszeit!

Du hast dich respektlos verhalten. Heute gehst du früh ins Bett.

Kinder handeln, Eltern reagieren, dann reagieren die Kinder. Immer dasselbe, achtlos wiederholte Muster. Und für viele Eltern – wahrscheinlich für die *meisten* Eltern – sind Konsequenzen (zusammen mit einer gesunden Dosis Schreien) so ziemlich die primäre Disziplinstrategie, auf die sie immer zurückgreifen, sich immer verlassen können: Auszeiten, Schlagen, das Entziehen eines Privilegs, Hausarrest und so weiter und so weiter. Kein Wunder, dass es so viel Drama gibt! Aber wie wir erklären werden, ist es möglich, auf eine Art vorzugehen, durch die viele der Gründe, warum wir Konsequenzen verhängen, von vornherein wegfallen.

Um noch weiterzugehen: Konsequenzen und bestrafende Reaktionen sind in Wirklichkeit häufig kontraproduktiv, nicht nur, was das Aufbauen des Gehirns betrifft, sondern sogar, was das Bestreben angeht, Kinder zur Kooperation zu bewegen. Aufbauend auf unserer persönlichen und unserer klinischen Erfahrung sowie auf der neuesten wissenschaftlichen Forschung zum sich entwickelnden Gehirn können wir Ihnen sagen, dass das automatische Anordnen von Konsequenzen nicht der beste Weg ist, Ihre Ziele zu erreichen.

Welches ist aber der beste Weg? Er ist die Grundlage des Ansatzes einer Disziplin ohne Drama, und er lässt sich auf eine einfache Formel bringen: *verbinden und umlenken.*

Verbinden und umlenken

Noch einmal, jedes Kind ist anders, genau wie jede Situation mit einem Kind. Doch gibt es eine Konstante, die auf praktisch jedes Geschehen zutrifft: Der erste Schritt in schwierigen Situationen besteht darin, dass wir uns emotional mit unseren Kindern verbinden. *Unsere Beziehung zu unseren Kindern sollte bei allem, was wir tun, im Mittelpunkt stehen.* Ob wir mit ihnen spielen, mit ihnen sprechen, mit ihnen lachen oder ob wir ihnen zu einer Einsicht verhelfen wollen, immer geht es darum, dass sie auf einer tiefen Ebene die volle Kraft unserer Liebe und Zuneigung erfahren. Dabei ist es gleichgültig, ob wir eine freundliche Tat anerkennen oder einem Fehlverhalten begegnen. Verbindung bedeutet, dass wir unseren Kindern unsere Aufmerksamkeit schenken, dass wir sie ausreichend respektieren, um ihnen zuzuhören, dass wir ihren Beitrag zur Lösung des Problems wertschätzen und dass wir ihnen übermitteln, dass wir auf ihrer Seite sind – ob wir ihr Benehmen mögen oder nicht.

Wenn wir wollen, dass sie ihr Verhalten verändern, ist es wichtig, dass wir uns mit unseren Kindern auf eine tiefe Art verbinden, die ihnen zeigt, wie sehr wir sie lieben. Tatsächlich ist es so, dass unsere Kinder die Verbindung zu uns oft gerade dann am meisten brauchen, wenn sie sich unangemessen verhalten. Die jeweilige Vorgehensweise sollte je nach Alter, Temperament und Entwicklungsstufe des Kindes sowie dem Kontext der jeweiligen Situation wechseln. Die Konstante in der gesamten Interaktion aber sollte die klare Kommunikation der tiefen Verbindung zwischen Mutter bzw. Vater und Kind sein. Beziehung ist wichtiger als jedes spezielle Verhalten.

Verbindung ist jedoch nicht gleichbedeutend mit Nachgiebigkeit. Wenn wir uns mit unseren Kindern verbinden, heißt das nicht, dass wir sie tun lassen, was immer sie wollen. Ganz im Gegenteil. Unsere Kinder ehrlich zu lieben und ihnen zu geben, was sie brauchen, bedeutet auch, ihnen klare Grenzen vorzugeben, verlässliche Strukturen in ihrem Leben zu schaffen. Kinder müssen verstehen, wie die Welt funktioniert: was erlaubt ist und was nicht. Ein klares Verständnis der Regeln und Grenzen hilft ihnen, in Beziehungen und anderen Bereichen ihres Lebens ihren Weg zu finden. Wenn sie in der Sicherheit ihres Zuhauses etwas über Struktur lernen, werden sie besser in der Lage sein, in äußeren Umgebungen – Schule, Arbeit, Beziehungen –, in denen sie mit zahlreichen Erwartungen an ein angemessenes Verhalten konfrontiert sind, sehr gut zurechtzukommen. Unsere Kinder brauchen wiederholte Erfahrungen, durch die sich eine Verdrahtung ihres Gehirns entwickelt, die ihnen hilft, Belohnung aufzuschieben, das Verlangen unter Kontrolle zu halten, sich anderen gegenüber aggressiv zu verhalten, und flexibel damit umzugehen, dass etwas nicht nach ihrem Willen läuft. Das Fehlen von jeglichen Grenzen ist tatsächlich ziemlich stressig, und gestresste Kinder sind reaktivere Kinder. Wenn wir also Nein sagen und unseren Kindern Grenzen setzen, wenn es notwendig ist, helfen wir ihnen, Berechenbarkeit und Sicherheit in einer ansonsten chaotischen Welt zu entdecken. Und wir bauen Gehirnverbindungen auf, die es Kindern ermöglichen, in Zukunft mit Schwierigkeiten gut umzugehen.

Mit anderen Worten *kann und sollte eine tiefe, empathische Verbindung mit klaren Grenzen kombiniert werden, die eine benötigte Struktur im Leben der Kinder bieten*. An dieser Stelle kommt das „Umlenken“ ins Spiel. Sobald wir uns mit unserem Kind verbunden und ihm geholfen haben, sich zu beruhigen, sodass es uns hören und das, was wir sagen, vollkommen verstehen kann, können wir es zu einem angemesseneren Verhalten hin umlenken und ihm helfen, einen besseren Weg zu sehen.

Behalten Sie aber im Kopf, dass Umlenken nur selten Erfolg haben wird, während die Emotionen eines Kindes am Überkochen sind. Wir werden es nicht erreichen, solange ein Kind aufgewühlt ist und unfähig, die Lehren zu hören, die wir ihm vermitteln wollen. Das ist so, als versuchte man einem Hund das Sitzen beizubringen, während er mit einem anderen Hund kämpft. Ein kämpfender Hund sitzt nicht. Können Sie einem Kind aber helfen, sich zu beruhigen, wird Empfänglichkeit entstehen und es ihm ermöglichen, zu verstehen, was Sie ihm zu sagen versuchen – und dies viel schneller, als es der Fall wäre, wenn Sie es einfach bestrafen oder ihm eine Standpauke halten würden.

Das ist unsere Erklärung, wenn Menschen fragen, was erforderlich sei, um sich mit Kindern zu verbinden. Möglicherweise sagt jetzt jemand: „Das hört sich nach einer respektvollen und liebevollen Art an, Kinder zur Kooperation einzuladen und ich kann verstehen, dass es meinen Kindern auf lange Sicht helfen und es mir am Ende sogar leichter machen würde. Aber ich bitte Sie! Ich habe einen Beruf! Und weitere Kinder! Und ich muss das Abendessen zubereiten, und dann sind da Klavier und Ballett und Baseball und tausend andere Sachen. Ich kann so schon kaum Luft holen! Wie soll ich noch die zusätzliche Zeit finden, um mich in schwierigen Situation mit einem Kind zu verbinden und umzulenken?"

Wir verstehen das. Wir verstehen das wirklich. Wir arbeiten beide, unsere Ehepartner arbeiten, und wir sind beide engagierte Eltern. Es ist nicht einfach. Aber wir haben beim Anwenden der Prinzipien und Strategien, die wir in den folgenden Kapiteln erläutern werden, gelernt, dass Disziplin ohne Drama nicht irgendeine Art von Luxus ist, den sich nur Menschen leisten können, die viel freie Zeit zur Verfügung haben. (Wir bezweifeln, dass es derartige Eltern überhaupt gibt.) Das mit dem integrierten Gehirn erfolgende Vorgehen erfordert nicht, dass Sie jede Menge zusätzliche Zeit herausschinden, um Ihre Kinder in Diskussionen darüber zu verwickeln, wie man Dinge richtig tut. Tatsächlich geht es bei der Disziplin ohne Drama darum, gewöhnliche, in jedem beliebigen Moment stattfindende Situationen als Gelegenheiten zu nutzen, seine Kinder zu erreichen und ihnen zu vermitteln, was wichtig ist. Sie mögen denken, dass „Lass das!" oder „Hör auf zu heulen!" zu schreien oder dem Kind eine umgehende Auszeit zu verpassen, schnellere, einfachere und effektivere Lösungen sind als die, sich mit den Gefühlen eines Kindes zu verbinden. Wie wir jedoch bald schon erklären werden, führt das Beachten der Emotionen Ihres Kindes normalerweise zu größerer Ruhe und Kooperation und tut es dies sehr viel schneller als ein dramatischer elterlicher Wutausbruch, der sämtliche Emotionen ringsum zum Eskalieren bringt.

Und hier kommt das Beste: Wenn wir es vermeiden, in schwierigen Situationen zusätzliches Chaos und Drama zu erzeugen – wenn wir, mit anderen Worten, klare Orientierung und Grenzen mit liebevoller Empathie kombinieren –, gewinnt dabei jeder. Warum? Erst einmal macht eine mit dem integrierten Gehirn und ohne Drama erfolgende Vorgehensweise das Leben sowohl für die Eltern als auch für die Kinder leichter. In Augenblicken mit hoher Stressbelastung – zum Beispiel, wenn Ihr Kind nur Sekunden vor Beginn der letzten Folge Ihrer geliebten Krankenhausserie die TV-Fernbedienung in die Toilette zu werfen droht – können Sie den höheren, denkenden Part Ihres Gehirns ansprechen, statt den unteren, reaktiveren Teil auszulösen. (Wir werden diese Strategie detailliert in Kapitel 3 beschreiben.) Dadurch werden Sie das meiste Schreien und Weinen und Wütendsein, das übliche Disziplinierungsmaßnahmen so häufig verursachen, verhindern können, ganz zu schweigen davon, dass die Fernbedienung trocken bleiben wird und Sie entpannt vor Ihrem Fernseher sitzen werden.

Noch wichtiger ist, dass das Verbinden und Umlenken, um es so einfach wie möglich auszudrücken, Ihren Kindern helfen wird, sozial kompetente und zufriedene Menschen zu werden, sowohl heute als auch später auf ihrem Weg zum Erwachsenwerden. Es wird die inneren Kompetenzen aufbauen, die sie ihr gesamtes Leben lang brauchen werden. Nicht nur werden sie von einem reaktiven Zustand in einen offenen, empfänglichen wechseln, in dem sie wirklich lernen können – dies ist der äußere, kooperative Teil –, auch werden in ihren Gehirnen Verbindungen gebildet werden. Diese Verbindungen werden es ihnen ermöglichen, immer mehr zu Menschen zu werden, die wissen, wie sie in stressigen Situationen gelassen bleiben, an andere denken, ihre Emotionen regulieren und gute Entscheidungen treffen können. Sie, die Bezugsperson, werden ihnen helfen, einen inneren Kompass zu entwickeln, dem zu vertrauen sie lernen können. Statt ihnen einfach zu sagen, was sie tun sollen, und zu verlangen, dass sie Ihren Aufforderungen nachkommen, werden Sie ihnen Erfahrungen bieten, die ihre exekutiven Funktionen stärken und die Entwicklung von mit Empathie, persönlicher Einsicht und Moral zusammenhängenden Kompetenzen zur Folge haben. Das ist der innere, das Gehirn aufbauende Teil.

Die Forschung ist sich in diesem Punkt ganz einig. Kinder, die im Leben besonders gut zurecht kommen – in emotionaler, beziehungsbezogener und sogar schulischer Hinsicht –, haben Eltern, die sie mit einem hohen Maß an Verbindung und Fürsorge erziehen, ihnen aber gleichzeitig klare Grenzen setzen und ihnen gleichzeitig viel zutrauen. Ihre Eltern geben klare Orientierung, interagieren aber trotzdem auf eine Art mit ihnen, die Liebe, Respekt und Mitgefühl zum Ausdruck bringt. Das hat zur Folge, dass die Kinder glücklicher sind, in der Schule besser abschneiden, weniger in Schwierigkeiten geraten und sich an bedeutsameren Beziehungen erfreuen.

Sie werden nicht immer in der Lage sein, auf eine sowohl verbindende als auch umlenkende Weise auf Ihr Kind einzugehen. Wir bekommen es mit unseren eigenen Kindern auch nicht immer hin. Je mehr wir uns jedoch verbinden und umlenken, umso weniger Drama sehen wir, wenn wir auf ungeeignetes Verhalten unserer Kinder reagieren. Besser noch, die Kinder lernen mehr, sie bauen bessere Beziehungs- und Konfliktlösungskompetenzen auf und kommen im Laufe ihres Wachstums und ihrer Entwicklung in den Genuss einer noch stärkeren Beziehung zu uns.

Über dieses Buch

Was beinhaltet eine Strategie, bei der Beziehungen ganz oben stehen und Drama ganz unten? Genau das wird in diesem Buch erklärt werden. Kapitel 1, „Disziplin überDENKEN“, stellt einige Fragen dazu, was Disziplin ist, und hilft Ihnen, mit diesen Kein-Drama-Strategien im Kopf Ihren eigenen Ansatz zu finden und zu entwickeln. Kapitel 2, „Disziplin und das Gehirn“, spricht über das sich entwickelnde Gehirn und über seine Rolle bei diesem Thema. Kapitel 3, „Vom Wutanfall zur Ruhe“, konzentriert sich auf den „Verbindungsaspekt“ der Disziplin und stellt heraus, wie wichtig es ist, unseren Kindern zu vermitteln, dass wir sie so lieben und annehmen, wie sie sind – selbst inmitten eines Konfliktes. Kapitel 4 bleibt bei diesem Thema und bietet spezielle Strategien und Vorschläge für das Herstellen einer Verbindung zu unseren Kindern, damit sie sich schnell genug beruhigen können, um uns wirklich zu hören und um zu lernen, und dadurch sowohl kurzfristig als auch langfristig bessere Entscheidungen zu treffen.

Dann ist es Zeit zum Umlenken; dieses Thema bildet den Schwerpunkt von Kapitel 5. Hierin geht es vor allem darum, Ihnen zu helfen, sich an die eine Definition von Disziplin zu erinnern (lehren), an die zwei Schlüsselprinzipien (warten, bis Ihr Kind bereit ist, und klare Orientierung geben, ohne rigide zu sein) sowie an die drei erwünschten Ergebnisse (Einsicht, Empathie und Reparatur). Kapitel 6 schließlich konzentriert sich auf spezielle Umlenkungsstrategien, die Sie nutzen können, um das unmittelbare Ziel, Kooperation im jeweiligen Moment, zu erreichen, und um Ihren Kindern etwas über persönliche Einsicht, Beziehungsempathie und über Schritte hin zum Treffen guter Entscheidungen beizubringen. Das abschließende Kapitel des Buches enthält vier Botschaften der Hoffnung, die Ihnen helfen sollen, in schwierigen Situationen den Druck von sich selbst zu nehmen. Wie wir erklären werden, machen wir alle Fehler. Wir sind alle menschlich. Es gibt so etwas wie eine „perfekte Mutter“ oder einen „perfekten Vater“ einfach nicht. Leben wir unseren Kindern aber den Umgang mit unseren eigenen Fehlern vor und reparieren die Beziehung anschließend, können selbst unsere nicht gerade perfekten Reaktionen wertvoll sein und Kindern Gelegenheit geben, schwierige Situationen zu handhaben und dadurch neue Kompetenzen zu entwickeln. (Uff!) Bei der Disziplin ohne Drama geht es nicht um Perfektion. Es geht um persönliche Verbindung und um das Reparieren von Brüchen, wenn diese stattfinden – was zwangsläufig geschieht.

Sie werden sehen, dass wir am Ende des Buches einen Abschnitt „Weitere Hilfsquellen“ angefügt haben. Wir hoffen, dass dieses zusätzliche

Material die Erfahrung des Lesens dieses Buches bereichert und Ihnen hilft, die Strategien des „Verbindens und Umlenkens“ bei sich zu Hause in die Tat umzusetzen. Das erste Dokument nennen wir eine „Kühlschranknotiz“. Sie enthält die wesentlichsten Konzepte dieses Buches, so präsentiert, dass Sie sich leicht an die zentralen Prinzipien und Strategien einer Disziplin ohne Drama erinnern können. Kopieren Sie sich diesen Zettel ruhig und hängen Sie ihn an den Kühlschrank, kleben Sie ihn in Ihrem Auto ans Armaturenbrett oder heften Sie ihn irgendwo anders an, wo er hilfreich sein könnte.

Als Nächstes finden Sie einen Abschnitt mit dem Titel „Wenn ein Erziehungsexperte durchdreht“, in dem wir jeder eine Geschichte erzählen, als wir, Dan und Tina, ausgerastet sind und in unserer Rolle als Eltern den unteren Weg eingeschlagen haben, statt gemäß einer mit dem integrierten Gehirn erfolgenden Vorgehensweise ohne Drama vorzugehen. Wir teilen Ihnen diese Geschichten einfach deshalb mit, weil wir eingestehen wollen, dass niemand perfekt ist und dass jeder von uns Fehler mit seinen Kindern macht. Wir hoffen, Sie werden beim Lesen gemeinsam mit uns lachen und kein zu hartes Urteil über uns fällen.

Als Nächstes kommt „Eine Mitteilung für die Betreuungspersonen unseres Kindes“. Diese Seiten sind genau das, was Sie erwarten würden: eine Mitteilung, die Sie den anderen Menschen geben können, die sich um Ihre Kinder kümmern. Die meisten von uns sind auf die Hilfe von Großeltern, Babysittern, Freunden und anderen Menschen angewiesen. Diese Mitteilung besteht aus einer kurzen und einfachen Liste der zentralen Prinzipien einer Disziplin ohne Drama. Sie ähnelt dem Kühlschrankzettel, ist jedoch für jemanden geschrieben, der das vorliegende Buch *nicht* gelesen hat. So müssen Sie Ihre Schwiegereltern nicht bitten, das Buch zu kaufen und komplett zu lesen (auch wenn niemand Sie davon abhält, dies zu tun, falls Sie es gerne möchten!).

Hinter der Mitteilung für Betreuungspersonen finden Sie eine Liste mit der Überschrift „20 Fehler, die auch großartige Eltern machen“. Dies sind weitere Erinnerungsstützen, die Ihnen helfen sollen, gründlich über die Prinzipien und Schwierigkeiten nachzudenken, die wir in den kommenden Kapiteln aufführen werden. Das Buch schließt dann mit einem Auszug aus unserem früheren Buch, *Achtsame Kommunikation mit Kindern*. Beim Lesen dieser Seiten bekommen Sie eine bessere Vorstellung davon, was wir meinen, wenn wir über Erziehung aus einer Perspektive des integrierten Gehirns sprechen. Sie brauchen diesen Auszug nicht zu lesen, um zu verstehen, was wir Ihnen in diesem Buch präsentieren, falls Sie aber tiefer in diese Ideen eintauchen und andere Konzepte und Strategien lernen möchten, mit denen Sie das Gehirn Ihrer Kinder aufbauen und sie zu Gesundheit, Glück und Resilienz führen können, haben Sie hier Gelegenheit dazu.

Das übergeordnete Ziel dieses Buches besteht darin, eine Botschaft der Hoffnung zu übermitteln, die das Verständnis und die Praxis der Disziplin transformiert. Einer der normalerweise am wenigsten angenehmen Teile der Arbeit mit Kindern – Disziplin – kann tatsächlich einer der bedeutsamsten sein, und er muss weder für Sie noch für Ihr Kind ständig voller Drama und Reaktivität sein. Kindliches Fehlverhalten kann wahrhaft in bessere Verbindungen verwandelt werden, sowohl in Ihrer beider Beziehung als auch im Gehirn Ihres Kindes. Disziplin aus einer Perspektive des integrierten Gehirns wird es Ihnen ermöglichen, Ihre Haltung gegenüber Ihren Interaktionen mit Ihren Kindern komplett zu ändern und schwierige Augenblicke als Gelegenheiten zu sehen, bei ihnen Kompetenzen aufzubauen, die Ihren Kindern jetzt und bis ins Erwachsenenalter hinein helfen werden – ganz zu schweigen davon, dass sie das Leben für alle in der Familie leichter und angenehmer machen werden.

1 Disziplin überDENKEN

Hier sind einige Aussagen, die wir tatsächlich so von Eltern gehört haben, mit denen wir gearbeitet haben. Stehen irgendwelche davon im Einklang mit Ihren eigenen Empfindungen?

Mir ist gesagt worden, was ich *nicht* tun soll – schlagen, schreien usw. Aber ich weiß nicht, was ich anderes tun soll, als ihr mit Konsequenzen zu drohen und Auszeiten zu verhängen

Mein Mann und ich sind nicht auf einer Linie. Ich finde, dass er zu hart und streng ist, und er findet, dass ich viel zu leicht rumzukriegen bin. Darum verhalten wir uns letztendlich völlig widersprüchlich und ärgern uns übereinander.

Kommen Ihnen diese Bemerkungen bekannt vor? Sehr viele Eltern empfinden so. Sie wollen die Dinge optimal handhaben, wenn ihre Kinder Mühe haben, sich angemessen zu verhalten, aber in den meisten Fällen endet es so, dass sie einfach auf eine Situation *reagieren*, statt mit klaren Prinzipien und Strategien zu arbeiten. Sie wechseln in den Autopilotmodus und verlieren achtsamere Entscheidungen aus den Augen.

Der Autopilot mag ein tolles Werkzeug sein, wenn Sie ein Flugzeug fliegen. Sie legen einfach den Hebel um, lehnen sich zurück und entspannen sich, und der Computer bringt Sie dorthin, wohin zu fliegen er programmiert ist. Was die Disziplin von Kindern angeht, ist das Arbeiten mit einem vorprogrammierten Autopiloten hingegen nicht so gut. Er kann uns direkt in die dunkle und turbulente Wolkenbank hineinfliegen, die sich gerade auftürmt, sodass Eltern wie Kinder sich auf einen unruhigen Flug gefasst machen können.

Statt unseren Kindern gegenüber reaktiv zu sein, wollen wir auf sie eingehen. Wir wollen *absichtsvoll* handeln und auf der Basis von Prinzipien, über die wir zuvor nachgedacht und auf die wir uns geeinigt haben, bewusste Entscheidungen treffen. Absichtsvoll zu handeln bedeutet, verschiedene Optionen zu prüfen und dann diejenige auszuwählen, mit der ein wohlüberlegtes Vorgehen in Richtung unserer beabsichtigten Ziele in Gang gesetzt wird. Bei einer Disziplin ohne Drama sind dies das kurzfristige äußere Ziel, Verhaltensgrenzen zu setzen und Struktur zu bieten, und das langfristige innere Ziel, Lebenskompetenzen zu vermitteln.

Nehmen wir zum Beispiel einmal an, Ihr vierjähriger Sohn schlägt Sie. Vielleicht ist er böse, weil Sie ihm gesagt haben, Sie müssten eine E-Mail fertig schreiben, bevor Sie mit ihm mit Legos spielen können, und er hat reagiert, indem er Ihnen auf den Rücken geschlagen hat. (Ist es nicht immer wieder erstaunlich, dass ein so kleiner Mensch anderen so viel Schmerz zufügen kann?)

Was tun Sie? Wenn Sie auf Autopilot geschaltet haben und keine spezielle Philosophie des Umgangs mit schwierigen Situationen die Basis für Ihr Tun darstellt, reagieren Sie möglicherweise einfach sofort, ohne viel nachzudenken oder eine Absicht zu verfolgen. Vielleicht packen Sie ihn, womöglich fester, als Sie es sollten, und sagen ihm mit zusammengebissenen Zähnen: „Schlagen ist nicht in Ordnung!" Dann verhängen Sie ihm unter Umständen irgendeine Konsequenz, lassen ihn vielleicht für eine Auszeit auf sein Zimmer marschieren.

Ist dies die schlimmstmögliche elterliche Reaktion? Nein, ist es nicht. Könnte es aber eine bessere geben? Definitiv. *Was nötig ist, ist ein klares Verständnis dessen, was Sie eigentlich erreichen wollen, wenn Ihr Kind sich auf eine Weise verhält, die Sie nicht tolerieren wollen.*

Das ist das übergeordnete Ziel dieses Kapitels: Es soll Ihnen helfen zu verstehen, wie wichtig es ist, auf der Basis einer wohlüberlegten Philosophie absichtsvoll zu handeln und eine klare Strategie für die schwierige Situationen zu haben. Wie wir schon in der Einleitung gesagt haben, bestehen die zwei Ziele der Disziplin darin, zum einen kurzfristig ein gutes äußeres Verhalten zu fördern und zum anderen die innere Struktur des Gehirns aufzubauen, damit sich langfristig bessere Verhaltensweisen und Beziehungskompetenzen einstellen. Denken Sie daran, dass es bei der Disziplin letztendlich um Einsicht geht. Handelt es sich beim Zähnezusammenbeißen, Fauchen einer Regel und Verhängen einer Konsequenz also um eine wirksame Maßnahme, Ihrem Kind zur Einsicht in ungeeignetes Verhalten zu verhelfen?

Nun, ja und nein. Diese Reaktion *könnte* die kurzfristige Wirkung erzielen, dass Ihr Sohn Sie nicht mehr schlägt. Furcht und Bestrafung können im Moment effektiv sein, funktionieren aber nicht auf lange Sicht. Und wollen wir wirklich, dass Furcht, Bestrafung und Drama die Hauptmotivatoren unserer Kinder sind? Falls ja, bringen wir ihnen bei, dass Macht und Kontrolle die besten Werkzeuge darstellen, um andere dazu zu bringen, zu tun, was wir wollen.

Auch hier gilt, es ist völlig normal, dass wir einfach nur reagieren, wenn wir wütend werden, insbesondere, wenn jemand uns körperlichen oder emotionalen Schmerz zufügt. Aber es gibt bessere Antworten, solche, die dasselbe kurzfristige Ziel – die Wahrscheinlichkeit zu verringern, dass das ungewollte Verhalten in Zukunft weiterhin auftritt – erreichen können und dabei gleichzeitig Kompetenzen aufbauen. Anstatt sich also einfach nur vor Ihrer Reaktion zu fürchten und einen Impuls in Zukunft zu unterdrücken, wird Ihr Kind eine Erfahrung machen, die eine innere Kompetenz erzeugt, welche über eine bloße Furchtassoziation hinausgeht. Und all dies Lernen kann stattfinden, während das Drama in der Interaktion reduziert und Ihre Verbindung zu Ihrem Kind gestärkt wird.

Lassen Sie uns nun darüber sprechen, wie Sie antworten können, um Disziplin weniger zu einer furchtauslösenden Reaktion und mehr zu einer Kompetenzen aufbauenden Antwort zu machen.

Die drei Fragen: Warum? Was? Wie?

Nehmen Sie sich, bevor Sie auf ein Kind reagieren, einen Moment Zeit, um sich drei einfache Fragen zu stellen:

1. *Warum hat mein Kind sich so benommen?* In unserer Wut kann unsere Antwort lauten: „Weil es ein verzogenes Balg ist" oder „Weil es versucht, mich in Rage zu bringen!" Gehen wir an die Frage jedoch mit Neugier statt mit Mutmaßungen heran und schauen wir uns genauer an, was hinter einem bestimmten Verhalten steckt, können wir häufig verstehen, dass unser Kind versucht hat, etwas auszudrücken oder zu probieren, es aber einfach nicht angemessen hinbekommen hat. Wenn wir dies verstehen, können wir selbst effektiver – und mitfühlender – auf das Kind eingehen.
2. *Was möchte ich meinem Kind in diesem Moment vermitteln?* Noch einmal: Das Ziel der Disziplin besteht nicht darin, eine Konsequenz zu verhängen. Wir möchten Einsicht fördern – sei es zum Thema Selbstbeherrschung, zur Bedeutung des Teilens, zu verantwortungsvollem Handeln oder zu irgendetwas anderem.
3. *Wie kann ich diese Einsicht am besten ermöglichen?* Wie können wir unter Berücksichtigung des Alters und der Entwicklungsstufe eines Kindes sowie des Kontexts der Situation (hatte er begriffen, dass das Megafon eingeschaltet war, bevor er es dem Hund ans Ohr hielt?) am effektivsten vermitteln, was wir dem Kind klarmachen wollen? Zu oft reagieren wir so, als bestünde das Ziel von Disziplin im Anordnen von Konsequenzen. Manchmal resultieren aus der Entscheidung eines Kindes natürliche Konsequenzen und die Lehre wird erteilt, ohne dass wir viel dafür tun müssten. Normalerweise aber gibt es wirksamere und liebevollere Möglichkeiten, unseren Kindern zu helfen, zu verstehen, was wir ihnen zu vermitteln versuchen, als sofort Konsequenzen nach Schema F zu verhängen.

Indem wir uns diese drei Fragen stellen – warum, was und wie –, wenn unsere Kinder etwas tun, das uns nicht gefällt, können wir den Autopilotmodus leichter abschalten. Das bedeutet, dass wir mit viel höherer Wahrscheinlichkeit auf eine Art und Weise auf ein Kind eingehen werden, die das Verhalten auf kurze Sicht beendet und zugleich größere, dauerhafte Lebenslehren und Kompetenzen vermittelt, welche der Charakterbildung dienen und unsere Kinder darauf vorbereiten, in Zukunft gute Entscheidungen zu treffen.

Schauen wir uns näher an, wie diese drei Fragen uns helfen können, auf den Vierjährigen zu reagieren, der uns schlägt, während wir eine E-Mail schreiben. Wenn Sie den Klaps hören und auf einer winzigen, handförmigen Stelle Ihres Rückens den Schmerz spüren, brauchen Sie möglicherweise einen Moment, um sich zu beruhigen und nicht sofort zu reagieren. Das ist nicht immer einfach, stimmt's? Unser Gehirn ist darauf programmiert, körperlichen Schmerz als Bedrohung zu interpretieren, wodurch das neuronale Schaltsystem aktiviert wird, das unsere Reaktivität erhöhen und uns in einen „Kampf"-Modus versetzen kann. Deshalb ist etwas Beherrschung nötig, manchmal sogar immense Beherrschung, um die Fassung nicht zu verlieren und eine Disziplin ohne Drama zu verfolgen. Dafür müssen wir unser primitives reaktives Gehirn außer Kraft setzen. Nicht einfach. (Übrigens wird es noch viel schwerer, wenn wir unausgeschlafen, hungrig oder überfordert sind oder der Selbstfürsorge keinen Vorrang einräumen.) Diese Pause zwischen Reaktivität und feinfühligem Eingehen auf das Kind ist der Beginn von Wahlmöglichkeit, Absicht und elterlichem Geschick.

Sie sollten also versuchen, so schnell wie möglich innezuhalten und sich die drei Fragen zu stellen. Dann können Sie sehr viel klarer sehen, was in der Interaktion mit Ihrem Kind gerade geschieht. Jede Situation ist anders und hängt von vielen verschiedenen Faktoren ab, doch könnten die Antworten auf die Fragen ungefähr so aussehen:

1. *Warum hat mein Kind sich so benommen?* Ihr Sohn hat Sie geschlagen, weil er Ihre Aufmerksamkeit forderte und sie nicht bekam. Hört sich ziemlich typisch an für einen Vierjährigen, oder? Erwünschenswert? Nein. Von der Entwicklung her angemessen? Absolut. Es fällt einem Kind in diesem Alter schwer, zu warten, und starke Gefühle tauchten auf, die es dem Jungen noch schwerer machten. Er ist noch nicht alt genug, um sich beständig effektiv oder schnell genug zu beruhigen, um ein Ausagieren seiner Gefühle zu verhindern. Sie wünschten, er würde sich einfach besänftigen und mit Fassung erklären: „Mama, ich bin frustriert, dass du mich darum bittest, weiterhin zu warten, und ich habe den starken und aggressiven Impuls, dich genau jetzt zu schlagen – aber ich habe mich entschieden, es nicht zu tun, und verwende stattdessen Worte." Aber das wird nicht geschehen. (Es wäre auch ziemlich komisch, wenn es geschehen würde.) In dem Moment ist das Schlagen die Standardstrategie Ihres Sohnes zum Ausdrücken seiner starken Gefühle der Frustration und Ungeduld, und er benötigt etwas Zeit und Übung im Aufbau von Kompetenzen, um zu lernen, mit einem Belohnungsaufschub zurechtzukommen und mit Wut auf angemessene Weise umzugehen. *Deshalb* hat er Sie geschlagen.

Jetzt fühlt es sich sehr viel weniger nach einem persönlichen Angriff an, stimmt's? *Unsere Kinder schlagen normalerweise nicht auf uns ein, weil sie einfach grob sind oder weil wir als Eltern Versager sind. Normalerweise schlagen sie, weil sie noch nicht über die Fähigkeit verfügen, ihre Gefühlszustände zu regulieren und ihre Impulse zu kontrollieren.* Und sie fühlen sich bei uns sicher genug, um zu wissen, dass sie unsere Liebe nicht verlieren werden, selbst wenn sie sich von ihrer schlimmsten Seite zeigen. Tatsächlich ist es so, dass wir uns Sorgen um die Bindung eines vierjährigen Kindes zu seiner Mutter bzw. seinem Vater machen sollten, wenn es nicht schlägt und sich die ganze Zeit „perfekt" benimmt. Wenn Kinder sicher an ihre Eltern gebunden sind, fühlen sie sich auch sicher genug, um diese Beziehung auszutesten. Mit anderen Worten ist das so genannte Fehlverhalten Ihres Kindes häufig ein Zeichen seines Vertrauens in Sie und seiner

Sicherheit bei Ihnen. Viele Eltern stellen fest, dass ihre Kinder „alles für sie aufsparen“ und sich in der Schule oder bei anderen Erwachsenen viel besser benehmen als zu Hause. Dies ist der Grund dafür. Diese Wutanfälle sind häufig ein Zeichen von Sicherheit und Vertrauen und eben nicht einfach nur irgendeine Form von Rebellion.

2. *Was für eine Lehre möchte ich meinem Kind in diesem Moment vermitteln?* Die Lehre ist *nicht* die, dass unangemessenes Verhalten eine Konsequenz verdient, sondern die, dass es für Ihren Sohn bessere Wege gibt, Ihre Aufmerksamkeit zu bekommen und mit seiner Wut umzugehen, als Gewalt anzuwenden. Sie wollen, dass er lernt, dass es nicht in Ordnung ist, zu schlagen, und dass es viele *angemessene* Möglichkeiten gibt, seine starken Gefühle auszudrücken.

3. *Wie kann ich diese Lehre am besten vermitteln?* Während eine Auszeit oder irgendeine andere Konsequenz, die in keinem Zusammenhang mit der eigentlichen Angelegenheit steht, wohl dazu führen *kann*, dass Ihr Sohn es sich das nächste Mal gut überlegt, ob er schlägt, aber nicht dazu führen *muss*, gibt es eine bessere Alternative. Wie wäre es, wenn Sie sich mit ihm verbänden, indem Sie ihn zu sich zögen und ihn wissen ließen, dass er Ihre volle Aufmerksamkeit bekommt? Dann könnten Sie seine Gefühle anerkennen und modellhaft vorführen, wie man diese Emotionen mitteilt: „Es fällt schwer, zu warten. Du willst unbedingt, dass ich mit dir spiele, und du bist sauer, dass ich am Computer sitze. Stimmt das?“ Höchstwahrscheinlich werden Sie als Antwort ein zorniges „Ja!“ erhalten. Das ist nichts Schlechtes; er weiß, dass er Ihre Aufmerksamkeit bekommt. Und Sie bekommen auch seine. Sie können nun mit ihm reden und, während er ruhiger wird und besser zum Zuhören imstande ist, Augenkontakt mit ihm herstellen, ihm erklären, dass Schlagen nie in Ordnung ist, und über einige Alternativen sprechen – wie zum Beispiel die, seiner Frustration mithilfe von Worten Ausdruck zu geben –, für die er sich das nächste Mal entscheiden könnte, wenn er Ihre Aufmerksamkeit fordert.

Statt einfach zu reagieren ...

... stellen Sie die drei Fragen

Diese Methode funktioniert auch bei älteren Kindern. Schauen wir uns einmal eines der üblichsten Probleme an, mit denen Eltern überall konfrontiert sind: die Kämpfe um die Hausaufgaben. Stellen Sie sich vor, dass Ihre neun Jahre alte Tochter sich wirklich schwertut, wenn sie lernen muss, und dass Sie beide sich regelmäßig im Kreis drehen. Mindestens einmal in der Woche rastet sie aus. Sie wird so frustriert, dass sie letztendlich anfängt zu weinen, Sie anschreit und ihre Lehrer als „gemein" bezeichnet, weil sie so schwere Hausaufgaben aufgeben, und sich selbst als „dumm", weil sie so große Mühe damit hat. Nach diesen Verkündigungen begräbt sie ihr Gesicht in der Armbeuge und bricht in einer Lache aus Tränen auf dem Tisch zusammen.

Für eine Mutter oder einen Vater kann diese Situation mindestens genauso unerträglich sein wie die, von einem Vierjährigen auf den Rücken geschlagen zu werden. Bei einer Reaktion im Autopilotmodus würden Sie der Frustration nachgeben und in der Hitze des Gefechts mit Ihrer Tochter streiten und sie belehren, es ihr anlasten, dass sie schlecht mit ihrer Zeit umgeht und im Unterricht nicht gut genug aufpasst. Wahrscheinlich sind Sie vertraut mit der Belehrung: „Wenn du angefangen hättest, als ich es dir gesagt habe, wärest du jetzt längst fertig." Wir haben noch nie von einem Kind gehört, das hierauf geantwortet hätte: „Du hast recht, Papa. Ich hätte wirklich anfangen sollen, als du es mir gesagt hast. Ich übernehme die Verantwortung dafür, dass ich nicht angefangen habe, als ich es sollte, und ich habe meine Lektion gelernt. Morgen mache ich mich einfach früher an meine Hausaufgaben. Danke, dass du mich darüber aufgeklärt hast."

Wie wäre es, wenn Sie, statt zu belehren, die Warum-Was-Wie-Fragen stellen würden?

1. *Warum hat mein Kind sich so verhalten?* Noch einmal, die Ansätze wechseln, je nachdem, wer Ihr Kind ist und was für eine Persönlichkeit es hat. Vielleicht sind die Hausaufgaben für Ihre Tochter ein Kampf und sie ist frustriert, weil sie das Gefühl hat, diesen Kampf nie gewinnen zu können. Vielleicht haben die Aufgaben etwas an

sich, das sie als zu schwer oder als Überforderung empfindet und das bewirkt, dass sie mit sich selbst unzufrieden ist. Vielleicht braucht sie aber auch nur mehr körperliche Betätigung. Die hauptsächlichen Gefühle könnten in diesem Fall Frustration und Hilflosigkeit sein.

Oder vielleicht fällt ihr die Schule normalerweise gar nicht so schwer und sie ist nur deshalb ausgerastet, weil sie heute müde ist und sich überfordert fühlt. Sie ist früh aufgestanden, war sechs Stunden in der Schule und hatte dann ein Pfadfindertreffen, das genau bis zum Abendessen dauerte. Jetzt, da sie gegessen hat, soll sie am Küchentisch sitzen und eine Dreiviertelstunde mit Brüchen arbeiten? Kein Wunder, dass sie ausflippt. Da wird einer Neunjährigen viel abverlangt (selbst für einen Erwachsenen wäre es viel!). Das bedeutet nicht, dass sie ihre Hausaufgaben nicht mehr erledigen müsste, doch kann sich Ihre Perspektive – und Ihre Reaktion – ändern, wenn Sie erkennen, woher ihr Verhalten rührt.

2. *Welche Lehre will ich in diesem Moment vermitteln?* Möglicherweise wollen Sie Ihrer Tochter etwas über effektives Zeitmanagement und über Verantwortung beibringen. Oder darüber, wie man sich entscheidet, an welchen Aktivitäten man teilnimmt. Oder darüber, wie man mit Frustration flexibler umgeht.

3. *Wie kann ich diese Lehre am besten vermitteln?* Egal, wie Sie Frage 2 beantworten, Ihrer Tochter einen Vortrag zu halten, wenn sie bereits aufgewühlt ist, ist definitiv nicht die beste Herangehensweise. Dies ist kein Moment, in dem sie zum Lernen bereit ist, weil die emotionalen, reaktiven Teile ihres Gehirns gerade am Wüten sind und die ruhigeren, rationalen, denkenden und empfänglichen Teile überwältigen. Stattdessen könnten Sie Ihrer Tochter bei ihren Brüchen helfen und dabei, diese bestimmte Krise einfach durchzustehen: „Ich weiß, das ist viel heute Abend und du bist müde. Aber du kannst das. Ich setz mich zu dir und wir machen das mal eben." Wenn sie sich dann beruhigt hat und Sie gemeinsam eine Schale Eiscreme essen – oder vielleicht auch erst am nächsten Tag –, können Sie darüber sprechen, ob sie mit Aktivitäten überlastet ist, ins Kalkül ziehen, dass sie

wirklich Mühe hat, ein Konzept zu verstehen, oder die Möglichkeit untersuchen, dass sie sich während des Unterrichts mit Freundinnen unterhält und nicht fertiggestellte Arbeit aus der Schule mit nach Hause bringt, wodurch sie letztendlich noch mehr Hausaufgaben zu erledigen hat. Stellen Sie ihr Fragen und arbeiten Sie mit ihr zusammen an dem Problem, um herauszufinden, was los ist. Fragen Sie, was ihrem Erledigen der Hausaufgaben in die Quere kommt, was sie glaubt, warum es nicht gut funktioniert, und welche Vorschläge sie hat. Sehen Sie die Situation als Gelegenheit an, gemeinsam an der Verbesserung der Hausaufgabenerfahrung zu arbeiten. Möglicherweise braucht Ihre Tochter Hilfe beim Aufbau von Kompetenzen, die es ihr ermöglichen, sich Lösungen einfallen zu lassen; beziehen Sie sie aber so weit wie möglich in den Prozess mit ein.

Denken Sie daran, sich einen Zeitpunkt auszusuchen, an dem Sie beide in einer guten, empfänglichen Geistesverfassung sind, und beginnen Sie das Gespräch dann, indem Sie so etwas sagen wie: „Mit den Hausaufgaben läuft es nicht besonders gut, stimmt's? Ich bin mir sicher, wir können eine bessere Lösung finden. Was, meinst du, würde funktionieren?“ (Übrigens machen wir Ihnen in Kapitel 6, in dem wir Umlenkungsstrategien besprechen, viele spezielle, praktische Vorschläge, die Ihnen bei dieser Art von Gespräch helfen.)

Unterschiedliche Kinder erfordern unterschiedliche Antworten auf die Warum-Was-Wie-Fragen. Wir sagen deshalb nicht, dass irgendwelche dieser speziellen Antworten unbedingt zu einem bestimmten Zeitpunkt auf Ihre Kinder zutreffen müssen. Es geht darum, Disziplin auf eine neue Art zu sehen, sie zu überdenken. Dann können Sie sich beim Interagieren mit Ihren Kindern durch eine Gesamtphilosophie leiten lassen, statt einfach so zu reagieren, wie es gerade aus Ihnen herausbricht, wenn Ihre Kinder etwas tun, was Ihnen nicht gefällt. Die Warum-Was-Wie-Fragen bieten uns einen neuen Weg, um von reaktiver Erziehung zu Empfänglichkeit und zu bewussten, absichtsvollen, vom integrierten Gehirn ausgehenden Strategien zu wechseln.

Zugegebenermaßen werden Sie nicht immer die Zeit haben, über die drei Fragen nachzudenken. Wenn ein freundlicher Ringkampf im Wohnzimmer zu einem blutigen Käfig-Match entartet oder wenn Sie junge Zwillinge haben, die für den Ballettunterricht schon spät dran sind, ist es nicht so einfach, einen Dreifragenplan durchzugehen. Wir verstehen das. Es mag sich vollkommen unrealistisch anhören, wenn wir sagen, Sie hätten die Zeit, im Eifer des Gefechts so achtsam zu sein.

Wir sagen nicht, dass Sie es jedes Mal perfekt hinbekommen werden oder dass Sie augenblicklich in der Lage sein werden, Ihre Reaktion zu durchdenken, wenn Ihre Kinder aus der Fassung geraten. Je mehr Sie sich aber mit diesem Ansatz befassen und je mehr Sie ihn praktizieren, umso natürlicher und automatischer werden Sie eine schnelle Einschätzung vornehmen und mit einer absichtsvollen Antwort reagieren. Dies kann sogar zu Ihrer Standardreaktion werden, zu derjenigen, auf die Sie immer zurückgreifen, auf die Sie sich immer verlassen können. Mit Übung können diese Fragen Ihnen helfen, angesichts von Interaktionen, die zuvor Reaktivität hervorgerufen haben, absichtsvoll und empfänglich zu bleiben. Das Fragen von Warum, Was und Wie kann selbst bei äußerem Chaos zur Erzeugung eines inneren Gefühls der Klarheit beitragen.

Im Ergebnis werden Sie in den Genuss des Bonus kommen, immer weniger eingreifen zu müssen, weil Sie nicht nur das Gehirn Ihres Kindes so prägen werden, dass Letzteres bessere Entscheidungen trifft und die Verbindung zwischen seinen Gefühlen und seinem Verhalten versteht, sondern weil Sie zudem besser darauf eingestimmt sein werden, was mit ihm los ist – warum es das tut, was es tut –, und es deshalb besser werden leiten können, bevor die Dinge eskalieren. Außerdem wird es Ihnen leichter fallen, die Dinge aus seiner Perspektive zu sehen, wodurch Sie erkennen werden, wann es statt Ihres Zorns Ihre Unterstützung benötigt.

Statt zu belehren …

… stellen Sie die drei Fragen

Kann nicht im Gegensatz zu *Will nicht*: Es gibt keine Universallösung

Um es einfach auszudrücken, hilft uns das Stellen der Warum-Was-Wie-Fragen, uns daran zu erinnern, wer unsere Kinder sind und was sie brauchen. Die Fragen fordern uns dazu heraus, uns des Alters und der einzigartigen Bedürfnisse eines jeden Individuums bewusst zu sein. Immerhin kann das, was bei dem einen Kind funktioniert, das genaue Gegenteil dessen sein, was sein Bruder braucht. Und was bei dem einen Kind in der einen Minute funktioniert, kann bei demselben Kind zehn Minuten später schon nicht mehr funktionieren. Stellen Sie sich Disziplin also nicht als eine Methode vor, bei der es eine Universallösung gibt. *Denken Sie stattdessen daran, wie wichtig es ist, auf dieses eine Kind in diesem einen Moment einzugehen.*

Wenn wir im Autopilotmodus sind, reagieren wir auf eine Situation zu häufig viel eher auf der Basis *unserer* allgemeinen Geistesverfassung als auf der Basis dessen, was unser Kind zu diesem speziellen Zeitpunkt braucht. Man vergisst leicht, dass unsere Kinder genau das sind – nämlich Kinder –, und erwartet ein Verhalten, das über ihre Entwicklungskapazität hinausgeht. Beispielsweise können wir von einem vierjährigen Jungen nicht erwarten, gut mit seinen Emotionen umzugehen, wenn er wütend ist, weil seine Mutter noch immer am Computer sitzt, und genauso wenig können wir von einer Neunjährigen erwarten, dass sie nicht von Zeit zu Zeit wegen ihrer Hausaufgaben ausflippt.

Tina beobachtete letztens eine Mutter und eine Großmutter beim Einkaufen. Sie hatten einen kleinen Jungen, ungefähr fünfzehn Monate alt, in ihrem Einkaufswagen festgeschnallt. Als die Frauen stöberten, sich Portemonnaies und Schuhe ansahen, weinte und weinte der Junge und wollte ganz offensichtlich aus dem Einkaufswagen heraus. Er *musste* sich bewegen und herumlaufen und Erkundungen anstellen. Seine Bezugspersonen reichten ihm geistesabwesend Gegenstände, um ihn abzulenken, was ihn nur noch mehr frustrierte. Dieser kleine Junge konnte nicht sprechen, aber seine Botschaft war eindeutig: „Ihr verlangt viel zu viel von mir! Ich will, dass ihr seht, was ich brauche!“ Sein Verhalten und sein emotionales Wehgeschrei waren vollkommen verständlich.

Wir sollten in der Tat *davon ausgehen*, dass Kinder manchmal emotionale Reaktivität empfinden und diese ebenso zeigen wie „oppositionelles“ Verhalten. Aufgrund ihrer Entwicklung bildet ein noch nicht vollständig geformtes Gehirn die Grundlage ihres Handelns (wie wir in Kapitel 2 erklären werden), also sind sie buchstäblich unfähig, jederzeit unsere Erwartungen zu erfüllen. Das bedeutet, *dass wir immer die Entwicklungskapazität eines Kindes, sein spezielles Temperament und seinen emotionalen Stil sowie den Kontext der Situation berücksichtigen müssen.*

Eine wertvolle Unterscheidung bietet die Vorstellung von *kann nicht* im Gegensatz zu *will nicht.* Unsere elterliche Frustration nimmt radikal und drastisch ab, wenn wir zwischen einem *Kann nicht* und einem *Will nicht* unterscheiden. Manchmal nehmen wir an, dass unsere Kinder sich nicht so verhalten *wollen*, wie wir es möchten, wenn sie es in Wirklichkeit einfach nicht *können*, zumindest nicht in diesem bestimmten Moment.

Die Wahrheit ist die, dass ein sehr hoher Prozentsatz des „ungehörigen“ Benehmens mehr mit „nicht können“ als mit „nicht wollen“ zu tun hat. Fragen Sie sich das nächste Mal, wenn Ihr Kind Schwierigkeiten hat, sich im Griff zu haben: „Ergibt sein Verhalten irgendeinen Sinn, wenn man sein Alter und die Umstände berücksichtigt?“ In den meisten Fällen wird die Antwort „Ja“ lauten. Machen Sie stundenlang mit einer Dreijährigen im Auto Besorgungen, wird sie quengelig. Ein Elfjähriger, der am Abend zuvor lange draußen geblieben ist, um das Feuerwerk anzusehen, und dann am nächsten Morgen früh aufstehen muss, um an der vom Schülerrat organisierten Autowäsche zum Eintreiben von Geld für Schulaktivitäten teilzunehmen, wird wahrscheinlich irgendwann im Laufe des Tages ausflippen. Nicht, weil er sich nicht zusammenreißen *will*, sondern weil er es nicht *kann*.

Wir weisen Eltern ständig auf diesen Punkt hin. Besonders wirksam war dies bei einem alleinerziehenden Vater, der Tina in ihrer Praxis aufsuchte. Er war mit seinem Latein am Ende, weil sein fünfjähriger Sohn eigentlich eindeutig die Fähigkeit demonstrierte, sich angemessen zu verhalten und gute Entscheidungen zu treffen. Aber manchmal rastete er wegen der kleinsten Dinge aus. Tina ging folgendermaßen an das Gespräch heran:

> Ich begann damit, diesem Vater zu erklären, dass sein Sohn sich manchmal nicht selbst regulieren *konnte*, dass er sich also nicht dafür *entschied*, eigensinnig oder aufsässig zu sein. Die Körpersprache des Vaters in Reaktion auf meine Erklärung war eindeutig. Er verschränkte die Arme und lehnte sich in seinem Stuhl zurück. Auch wenn er nicht buchstäblich die Augen verdrehte, war doch klar, dass er nicht vorhatte, einen Tina-Bryson-Fanclub zu gründen. Also sagte ich: „Ich habe das Gefühl, dass Sie in diesem Punkt nicht mit mir übereinstimmen.“
>
> Er erwiderte: „Es ergibt einfach keinen Sinn. Manchmal geht er selbst mit großen Enttäuschungen ganz toll um. Wie

letzte Woche, als er nicht zum Hockeyspiel gehen durfte. Andere Male verliert er dann komplett den Verstand, weil er nicht den blauen Becher haben kann, weil der im Geschirrspüler ist! Es hat nichts damit zu tun, dass er etwas nicht kann. Er ist einfach verwöhnt und muss strenger erzogen werden. Er muss lernen, zu gehorchen. Und er *kann* das! Er hat bereits bewiesen, dass er durchaus entscheiden kann, wie er sich benimmt."

Ich entschied mich dafür, ein therapeutisches Risiko einzugehen – etwas Ungewöhnliches zu tun, ohne recht zu wissen, wie es laufen würde. Ich nickte, fragte dann: „Ich wette, Sie sind die meiste Zeit ein liebevoller und geduldiger Vater, stimmt's?"

Er antwortete: „Ja, die meiste Zeit. Manchmal bin ich es natürlich nicht."

Ich versuchte, meinem Tonfall etwas Humorvolles und Scherzhaftes zu geben, als ich sagte: „Also *können* Sie geduldig und liebevoll sein, aber manchmal entscheiden Sie sich dafür, es nicht zu sein?" Zum Glück lächelte er, als er zu verstehen begann, worauf ich hinauswollte. Also fuhr ich fort. „Wenn Sie Ihren Sohn liebten, würden Sie dann nicht bessere Entscheidungen treffen und *ständig* ein guter Vater sein? Warum entscheiden Sie sich dafür, ungeduldig oder reaktiv zu sein?" Er fing an zu nicken und setzte ein noch größeres Lächeln auf, akzeptierte meine Scherzhaftigkeit, als der Punkt in sein Bewusstsein drang.

Ich fuhr fort. „Was macht es denn schwer, geduldig zu sein?"

Er sagte: „Nun, das hängt davon ab, wie ich mich fühle, ob ich zum Beispiel müde bin oder bei der Arbeit einen harten Tag hatte oder so etwas."

Ich lächelte und sagte: „Sie wissen, worauf ich hinauswill, stimmt's?"

Natürlich wusste er es. Tina führte weiter aus, dass die Fähigkeit eines Menschen, gut mit Situationen umzugehen und gute Entscheidungen zu treffen, tatsächlich je nach den Umständen und dem Kontext einer Situation schwanken kann. Einfach weil wir Menschen sind, ist unsere Fähigkeit, gelassen zu bleiben, nicht stabil und beständig. Und das trifft mit Sicherheit auf ein fünfjähriges Kind zu.

Der Vater verstand ganz klar, was Tina sagte: dass es irrig war, davon auszugehen, dass sein Sohn sich immer gut würde beherrschen können, nur weil er in einem Moment dazu in der Lage war. Und dass die Male, wenn sein Sohn seine Gefühle und Verhaltensweisen nicht im Griff hatte, kein Beweis dafür waren, dass er verwöhnt wäre und eine strengere Erziehung brauchte. Stattdessen brauchte der Junge Verständnis und Hilfe, und der Vater konnte das Vermögen seines Sohnes durch emotionale Verbindung und das Setzen von Grenzen erhöhen und ausweiten. *Tatsache ist, dass unser aller Vermögen angesichts unseres jeweiligen körperlichen und geistigen Zustands schwankt, und diese Zustände werden von so vielen Faktoren beeinflusst – insbesondere bei einem sich entwickelnden Kind mit einem in der Entwicklung begriffenen Gehirn.*

Tina und der Vater unterhielten sich weiter, und es war klar, dass der Mann Tinas Argument vollständig begriffen hatte. Er verstand den Unterschied zwischen *nicht können* und *nicht wollen*, und er sah, dass er starre und dem Entwicklungsstand unangemessene (universale) Erwartungen an seinen jungen Sohn sowie an dessen Schwester stellte. Diese neue Perspektive befähigte ihn, seinen väterlichen Autopilot auszuschalten und zu beginnen, bei seinen Kindern, die beide ihre eigene besondere Persönlichkeit und in unterschiedlichen Momenten ihre eigenen speziellen Bedürfnisse hatten, absichtsvolle, auf den jeweiligen Moment abgestimmte Entscheidungen zu treffen. *Der Vater erkannte, dass er nicht nur weiterhin klare, feste Grenzen setzen konnte, sondern dass er dies sogar auf effektivere und respektvollere Art tun konnte, weil er nun das individuelle Temperament und das schwankende Vermögen eines jeden Kindes sowie den Kontext einer jeden Situation berücksichtigte.* Dies sollte ihn in die Lage versetzen, beide Ziele zu erreichen: bei seinem Sohn insgesamt mehr Kooperationsbereitschaft zu sehen und ihm wichtige Kompetenzen und Lebenslehren beizubringen, die ihm auf seinem Weg zum Mannwerden helfen würden.

Der Vater lernte, gewisse Annahmen in seinem Denken infrage zu stellen, wie die, dass es sich bei emotionalen Ausbrüchen seines Sohnes immer um eigensinnigen Widerstand handelt statt um einen schwierigen Moment, in dem ein Kind versucht, mit Gefühlen und Verhaltensweisen umzugehen. Anschließende Gespräche mit Tina führten dazu, dass er nicht nur diese Annahme infrage stellte, sondern auch seinen nachdrücklichen Wunsch, sein Sohn und seine Tochter mögen ihm bedingungslos und ohne Ausnahme gehorchen. Ja, er wollte vernünftiger- und verständlicherweise, dass sein Verhalten die Kooperation seiner Kinder begünstigt. Aber vollständigen und bedingungslosen Gehorsam? Wollte er, dass seine Kinder zu Menschen heranwachsen, die ihr ganzes Leben lang jedermann blind gehorchen? Oder wollte er nicht vielmehr, dass sie ihre eigene individuelle Persönlichkeit und Identität entwickeln und dabei lernen, was es heißt, mit anderen zurechtzukommen, Grenzen zu beachten, gute Entscheidungen zu treffen, über Selbstdisziplin zu verfügen und durch selbstständiges Denken mit schwierigen Situationen fertigzuwerden? Wieder verstand er, was Tina ihm vermitteln wollte, und für seine Kinder änderte sich dadurch sehr viel.

Eine weitere Annahme, die dieser Vater in seinem Inneren infrage stellte, war die, dass es irgendeinen Königsweg oder Zauberstab gibt, dessen man sich bedienen kann, um eine verhaltensbezogene Schwierigkeit oder Sorge in Angriff zu nehmen. Wir wünschten, es gäbe so ein Allheilmittel, doch ist das nicht der Fall. Es ist verlockend, sich auf eine Methode einzulassen, die verspricht, jederzeit und in jeder Situation zu funktionieren oder ein Kind in nur wenigen Tagen radikal zu verändern. Aber die Dynamik des Interagierens mit Kindern ist immer sehr viel komplexer. Verhaltensbezogene Schwierigkeiten können einfach nicht mit einem universellen Ansatz gelöst werden, den wir auf jede Situation oder Umgebung oder jedes Kind anwenden.

Lassen Sie uns nun kurz über die zwei üblichsten Vorgehensweisen sprechen, auf die Eltern als Universallösung vertrauen: Schlagen und Auszeiten.

Schlagen und das Gehirn

Eine vom Autopiloten gesteuerte Reaktion, auf die eine Reihe von Eltern zurückgreifen, ist das Schlagen. Wir werden häufig nach unserer Meinung zu diesem Thema gefragt.

Wenngleich wir wirklich Befürworter von klaren Grenzen sind, sind wir doch beide vehemente Gegner des Schlagens. Körperliche Bestrafung ist ein komplexes und hoch sensibles Thema, und eine vollständige Erörterung der diesbezüglichen Forschung, der verschiedenen Zusammenhänge, in denen körperliche Bestrafung stattfindet, und der negativen Auswirkungen des Schlagens würde den Rahmen dieses Buches sprengen. Aufgrund unserer neurowissenschaftlichen Perspektive und nach Prüfung der Forschungsliteratur zum Thema sind wir überzeugt, dass das Schlagen mit Sicherheit kontraproduktiv ist, wenn es darum geht, respektvolle Beziehungen zu unseren Kindern aufzubauen, ihnen die Einsichten zu vermitteln, von denen wir möchten, dass sie sie lernen, und eine optimale Entwicklung zu fördern. Wir glauben zudem, dass Kinder das Recht haben sollten, frei von jeder Form von Gewalt aufzuwachsen, insbesondere von Gewalt durch die Menschen, auf deren Schutz sie am meisten vertrauen.

Wir wissen, es gibt alle möglichen Eltern, alle möglichen Kinder und alle möglichen Umstände, unter denen Disziplin stattfindet. Und wir verstehen natürlich, dass Frustration, zusammen mit dem Wunsch, das Richtige für ihre Kinder zu tun, manche Eltern dazu verleitet, Schlagen als Diziplinierungsmaßnahme zu nutzen. Die Forschung demonstriert aber durchweg, dass Schlagen selbst dann, wenn die Eltern warmherzig, liebevoll und fürsorglich sind, nicht nur weniger effektiv bei der langfristigen Verhaltensänderung ist, sondern in vielen Bereichen mit negativen Ergebnissen verbunden ist. Zugegebenermaßen gibt es viele Erziehungsansätze, die nichts mit Schlagen zu tun haben, aber genauso schädigend sein können. Kinder für einen langen Zeitraum zu isolieren, sie zu demütigen, ihnen durch das Herausschreien von Bedrohungen Angst einzujagen und andere Formen verbaler oder psychischer Aggression sind alles

Beispiele für Erziehungsmethoden, welche die Seelen von Kindern verwunden, auch wenn ihre Eltern sie niemals körperlich züchtigen.

Wir fordern Eltern deshalb dazu auf, *jeden* Erziehungsansatz zu vermeiden, der aggressiv ist, Schmerzen bereitet oder Angst oder Schrecken verursacht. Zunächst einmal ist er kontraproduktiv. Die Aufmerksamkeit des Kindes wechselt von seinem eigenen Verhalten und der Frage, wie sich dieses modifizieren lässt, zu der Reaktion der Bezugsperson auf sein Verhalten, wodurch das Kind sich nicht länger mit seinen eigenen Handlungen befasst. Stattdessen denkt es nur darüber nach, wie unfair und gemein seine Mutter oder sein Vater war, weil sie oder er ihm wehgetan hat – oder sogar darüber, wie unheimlich seine Mutter oder sein Vater in dem Augenblick war. *Die elterliche Reaktion untergräbt dann beide Hauptziele der Erziehung – Änderung des Verhaltens und Aufbau des Gehirns –, weil mit ihr eine Gelegenheit umgangen wird, das Kind über sein eigenes Verhalten nachdenken und vielleicht sogar gesunde Reue empfinden zu lassen.*

Ein weiteres wichtiges Problem im Zusammenhang mit dem Schlagen sind die Auswirkungen, die es in physiologischer und neurologischer Hinsicht auf das Kind hat. Das Gehirn interpretiert Schmerz als Bedrohung. Fügt eine Mutter oder ein Vater einem Kind also körperliche Schmerzen zu, ist dieses Kind mit einem unlösbaren biologischen Paradox konfrontiert. Wir werden alle mit dem Instinkt geboren, bei unseren Bezugspersonen Schutz zu suchen, wenn wir verletzt sind oder Angst haben. Wenn aber unsere Bezugspersonen auch die *Quelle* des Schmerzes und der Furcht sind, wenn die Mutter oder der Vater durch das, was sie oder er getan hat, den Zustand des Schreckens im Kind erzeugt hat, kann dies für das Gehirn des Kindes sehr verwirrend sein. Ein Schaltkreis treibt das Kind dazu an, der Mutter oder dem Vater zu entfliehen zu versuchen, die oder der ihm Schmerz zufügt; ein anderer Schaltkreis treibt das Kind auf der Suche nach Sicherheit *zu* der Bindungsperson *hin*. Wenn die Mutter oder der Vater also die Quelle von Furcht oder Schmerz ist, kann das Gehirn in seiner Funktionsweise desorganisiert werden, weil es keine Lösung gibt. Wir sprechen hierbei im Extremfall von einer Form von desorganisierter Bindung. Das Stresshormon Cortisol, das bei solch einem desorganisierten inneren Zustand und bei wiederholten zwischenmenschlichen Erfahrungen des Zorns und Schreckens ausgeschüttet wird, kann dauerhafte negative Auswirkungen auf die Gehirnentwicklung haben, weil Cortisol schädlich für das Gehirn ist und gesundes Wachstum verhindert. Harte und strenge körperliche Bestrafung kann in der Tat zu erheblichen Veränderungen im Gehirn führen, wie zum Beispiel zum Absterben von Gehirnverbindungen und sogar von Gehirnzellen.

Ein weiteres Problem mit dem Schlagen besteht darin, dass es dem Kind vermittelt, dass die Mutter oder der Vater abgesehen vom Zufügen körperlicher Schmerzen über keine wirksame Strategie verfügt. Das ist eine unmittelbare Lehre, über die alle Eltern sehr gut nachdenken sollten: Wollen wir unseren Kindern vermitteln, dass ein Konflikt nur gelöst wird, indem körperlicher Schmerz zugefügt wird, insbesondere jemandem, der schutzlos ist und sich nicht wehren kann?

Durch unser Studium von Gehirn und Körper wissen wir, dass Menschen darauf programmiert sind, Schmerz instinktiv zu vermeiden. Und derselbe Teil des Gehirns, der körperlichen Schmerz herbeiführt, verarbeitet auch soziale Ablehnung. Weil Kinder nicht perfekt sein können, sehen wir die Bedeutung der Forschungsergebnisse, die darauf hinweisen, dass Schlagen zwar häufig in einem bestimmten Moment ein Verhalten beenden kann, dieses Verhalten aber nicht gleichermaßen effektiv auf Dauer ändern kann. Vielmehr werden Kinder oft einfach besser darin, zu verheimlichen, was sie getan haben. Mit anderen Worten besteht die Gefahr, dass Kinder tun, was immer erforderlich ist, um den Schmerz der körperlichen Bestrafung (und der sozialen Ablehnung) zu vermeiden. Dies bedeutet häufig, dass es mehr Lügen und Verstecken gibt – nicht gemeinsames Kommunizieren und die Bereitschaft, zu lernen.

Ein letzter Punkt hinsichtlich des Schlagens hat mit der Frage zu tun, welchen Teil des Gehirns wir mit unserer Disziplin ansprechen und entwickeln wollen. Wie wir im nächsten Kapitel erklären werden, haben Eltern die Option, den oberen, empfänglichen, zur Einsicht fähigen Teil des Gehirns des Kindes zu aktivieren oder den unteren, reaktiveren Teil, das Reptiliengehirn. Wenn Sie ein Reptil bedrohen oder körperlich angreifen, was für eine Reaktion bekommen Sie dann wohl? Stellen Sie sich eine in die Enge getriebene Kobra vor, die Sie anspuckt. Reaktivität ist in keiner Weise klug oder verbindend.

Wenn wir bedroht sind oder körperlich angegriffen werden, übernimmt unser Reptiliengehirn oder primitives Gehirn die Führung. Wir verfallen in einen adaptiven Überlebensmodus, der häufig als „Kampf, Flucht oder Erstarrung" bezeichnet wird. Auch können wir ohnmächtig werden, eine Reaktion, die bei einigen Menschen auftritt, wenn sie sich vollkommen hilflos fühlen. Gleichermaßen aktivieren wir bei unseren Kindern, wenn wir sie zum Empfinden von Furcht, Schmerz und Wut veranlassen, eine Zunahme des Energie- und Informationsflusses zum primitiven, reaktiven Gehirn, anstatt den Fluss in die empfänglichen, zur Einsicht fähigen, höher entwickelten und potenziell klugen Regionen des Gehirns zu lenken, die es Kindern ermöglichen, gesunde und flexible Entscheidungen zu treffen und gut mit ihren Emotionen umzugehen.

Wollen Sie Reaktivität im primitiven Gehirn Ihres Kindes auslösen oder sein oberes, rationales Gehirn dazu veranlassen, empfänglich zu sein und im offenen Austausch mit der Welt zu stehen? Wenn wir die reaktiven Gehirnzustände aktivieren, verpassen wir die Chance, den denkenden Teil des Gehirns zu entwickeln. Es ist eine vertane Gelegenheit. Auch haben wir *so viele* andere, effektivere Möglichkeiten, unsere Kinder ins Leben zu begleiten – Strategien, mit denen sie Übung darin bekommen, ihr „oberes Gehirns" zu benutzen, sodass es stärker und weiter entwickelt ist und sie folglich sehr viel leichter verantwortungsbewusste Menschen sein können, die in den meisten Fällen das Richtige tun. (Noch viel mehr zu diesem Thema finden Sie in den Kapiteln 3–6.)

Wie sieht es mit Auszeiten aus? Sind sie kein effektives Erziehungswerkzeug?

Heutzutage gehen die meisten Eltern, die beschlossen haben, ihre Kinder nicht zu schlagen, davon aus, dass es sich bei Auszeiten um die bestmögliche Alternative handelt. Ist das aber wirklich so? Helfen Auszeiten uns, unsere Erziehungsziele zu erreichen?

Wir glauben, allgemein gesprochen lautet die Antwort „Nein".

Wir kennen viele liebevolle Eltern, die das Anordnen von Auszeiten als ihre primäre Disziplinierungsmethode einsetzen. Nach Untersuchung der einschlägigen Forschungsergebnisse, Gesprächen mit Tausenden von Eltern und den Erfahrungen mit unseren eigenen Kindern können wir jedoch mehrere wichtige Gründe vorbringen, warum Auszeiten unserer Meinung nach kein sinnvoller Weg sind. Erst einmal greifen Eltern, die Auszeiten verhängen, häufig sehr viel und aus Wut auf diese Methode zurück. Wir können Kindern jedoch positivere und bedeutsamere Erfahrungen ermöglichen, mit denen unser zweifaches Ziel, Kooperation zu begünstigen und das Gehirn aufzubauen, besser erreicht wird. Wie wir detaillierter im nächsten Kapitel erklären werden, werden Gehirnverbindungen durch wiederholte Erfahrungen gebildet. Und welche Erfahrung bietet eine Auszeit einem Kind? Isolation. Auch wenn Sie eine Auszeit auf liebevolle Art anbieten können, stellt sich doch die Frage, ob Sie wollen, dass die wiederholten Erfahrungen Ihres Kindes, nachdem es einen Fehler gemacht hat, aus Alleinsein bestehen, welches häufig, insbesondere bei kleinen Kindern, als Ablehnung empfunden wird?

Wäre es nicht besser, das Kind erfahren zu lassen, was es heißt, etwas *richtig* zu machen? Anstatt ihm eine Auszeit zu verpassen, könnten Sie es dazu auffordern, einen anderen Umgang mit der Situation zu üben. Wenn Ihre Tochter mit ihrem Tonfall oder ihrer Wortwahl Respektlosigkeit ausdrückt, können Sie sie dazu veranlassen, es noch einmal zu versuchen und das, was sie sagen will, respektvoll zu kommunizieren. Wenn sie gemein zu ihrem Bruder gewesen ist, können Sie sie bitten, sich drei nette Sachen auszudenken, die sie vor dem Zubettgehen für ihn tun könnte. Auf diese

Weise beginnt sich die wiederholte Erfahrung von positivem Verhalten in ihrem Gehirn zu verdrahten. (Auch dieses Thema werden wir gründlicher in den folgenden Kapiteln behandeln.)

Kurz gesagt erreichen Auszeiten oftmals nicht ihr Ziel, welches sein *sollte*, dass die Kinder sich beruhigen und über ihr Verhalten reflektieren. Unserer Erfahrung nach machen Auszeiten Kinder häufig einfach nur noch wütender und dysregulierter, wodurch sie noch weniger imstande sind, sich zu beherrschen oder darüber nachzudenken, was sie getan haben. Und außerdem – wie häufig nutzen Kinder Ihrer Meinung nach ihre Auszeit, um über ihr Verhalten zu reflektieren? Wir meinen: Das Wesentliche, worüber Kinder nachdenken, wenn sie auf ihrem Zimmer hocken, ist, wie gemein ihre Eltern sind, dass sie ihnen das angetan haben.

Wenn Kinder über ihr fürchterliches Pech reflektieren, Eltern zu haben, die so gemein und unfair sind, verpassen sie eine Gelegenheit, Einsicht, Empathie und Problemlösungskompetenzen aufzubauen. Sie in die Auszeit zu schicken, beraubt sie der Chance, es zu üben, aktive, empathische Entscheidungsträger zu sein, die Dinge herausfinden dürfen. Wir wollen ihnen Gelegenheit geben, Problemlöser zu sein, gute Entscheidungen zu treffen und getröstet zu werden, wenn sie zusammenbrechen. Sie können Ihren Kindern viel Gutes tun, indem Sie einfach fragen: „Was für Ideen hast du, wie man es besser machen und dieses Problem lösen kann?" Wird Kindern diese Chance gegeben, nachdem sie sich beruhigt haben, tun Sie normalerweise das Richtige und lernen dabei.

Darüber hinaus stehen Auszeiten zu oft nicht direkt und logisch im Zusammenhang mit einem bestimmten Verhalten, was jedoch eine Voraussetzung für effektives Lernen ist. Baut das Kind einen Berg aus Toilettenpapier, folgt daraus, dass es dazu angehalten wird beim Aufräumen zu helfen. Fährt es ohne Helm Fahrrad, folgt daraus, dass es zwei Wochen lang jedes Mal, wenn es das Rad aus der Garage holt, einen Sicherheitscheck abwarten muss, statt einfach auf das Rad zu springen und loszufahren. Lässt es einen Schläger beim Tennistraining liegen, folgt daraus, dass es den Schläger eines Mannschaftskameraden borgen muss, bis der andere wieder auftaucht. Bei diesen Folgen handelt es sich um elterliche

Was Eltern von Auszeiten erwarten:

Was tatsächlich während der Auszeiten passiert:

Reaktionen, die durch Verbindung gekennzeichnet sind und ganz klar mit dem Verhalten in Zusammenhang stehen. Sie haben in keiner Weise strafenden oder vergeltenden Charakter. Sie sind darauf ausgerichtet, Kindern Lehren zu vermitteln und ihnen zu helfen, zu verstehen, wie man Dinge in Ordnung bringt. Auszeiten hingegen stehen oft in keinem klaren Zusammenhang mit dem Verhalten des Kindes oder seiner außer Kontrolle geratenen Reaktion. Folglich sind sie, was das Ändern von Verhalten angeht, häufig nicht gleichermaßen effektiv.

Selbst wenn Eltern gute Absichten haben, werden Auszeiten häufig unangemessen eingesetzt. Wir mögen es *wollen*, dass Auszeiten Kindern eine Chance bieten, sich zu beruhigen und zusammenzureißen, damit sie aus ihrem inneren Chaos heraus- und zu Ruhe und Kooperation finden. Einen Großteil der Zeit aber setzen Eltern Auszeiten als Strafe ein, und dann liegt das Ziel nicht darin, dem Kind zu helfen, zu seinem ruhigen Ausgangszustand zurückzukehren und eine wichtige Lehre zu lernen, sondern darin, es für irgend etwas zu bestrafen. Der beruhigende, lehrende Aspekt der Auszeit geht vollkommen verloren.

Der wichtigste Grund aber, warum wir den Wert von Auszeiten bezweifeln, hat mit dem tiefen Bedürfnis eines Kindes nach Verbindung zu tun. Häufig ist ungeeinetes Verhalten ein Ergebnis emotionaler Überforderung, die bewirkt, dass ein Bedürfnis oder ein starkes Gefühl auf aggressive, respektlose oder unkooperative Weise zum Ausdruck gebracht wird. Das Kind kann hungrig oder müde oder aus irgendeinem anderen Grund in dem Moment nicht in der Lage sein, sich zu beherrschen und eine gute Entscheidung zu treffen. Vielleicht liegt die Erklärung einfach darin, dass es drei Jahre alt ist und sein Gehirn noch nicht weit genug entwickelt ist, um es ihm zu ermöglichen, seine Gefühle zu verstehen und ruhig auszudrücken. Statt also sein Bestes zu tun, um seiner fürchterlichen Enttäuschung und Wut darüber, dass kein Traubensaft mehr da ist, Ausdruck zu verleihen, beginnt es, Sie mit Spielzeug zu bewerfen.

Statt eine allgemeine Auszeit anzuordnen …

… lassen Sie Kinder das Treffen guter Entscheidungen üben

In diesen Situationen hat ein Kind unseren Trost und unsere ruhige Präsenz am nötigsten. Es zu zwingen, sich zu entfernen und alleine irgendwo zu sitzen, kann von einem Kind als Verlassenwerden empfunden werden, insbesondere dann, wenn es bereits das Gefühl hat, die Kontrolle verloren zu haben. Die Reaktion kann ihm sogar die subtile Botschaft vermitteln, dass Sie nicht in seiner Nähe sein wollen, wenn es nicht „das Richtige tut". *Sie wollen aber nicht die Botschaft aussenden, dass Sie zu ihm eine Beziehung haben, wenn es „gut" oder glücklich ist, Sie ihm aber Ihre Liebe und Zuneigung vorenthalten, wenn dies nicht der Fall ist.* Würden Sie in einer Beziehung dieser Art bleiben wollen? Würden wir unseren Teenagern nicht nahelegen, darüber nachzudenken, Freunde oder Partner zu vermeiden, die sie so behandeln, wenn sie einen Fehler gemacht haben?

Ist dies die Botschaft, die Sie Ihrem Kind vermitteln wollen?

Wir sagen nicht, dass kurze Auszeiten die schlimmstmögliche Erziehungssmethode sind, dass sie Traumata verursachen oder dass es nie eine Gelegenheit gibt, sie einzusetzen. Wenn sie auf angemessene Art mit liebevoller Verbindung ausgeführt werden, beispielsweise, indem Sie *bei* dem Kind sitzen und mit ihm sprechen oder es trösten – was eher als „Time-In" bezeichnet werden könnte –, kann etwas Zeit, um sich zu beruhigen, hilfreich für Kinder sein. Kindern beizubringen, innezuhalten und der inneren Betrachtung oder Reflexion etwas Zeit („Time-In") zu widmen, ist sogar wesentlich für den Aufbau der exekutiven Funktionen des Gehirns, welche die Impulsivität verringern und die Kraft fokussierter Aufmerksamkeit nutzbar machen. Aber eine derartige Reflexion wird, insbesondere bei kleinen Kindern, im Kontext von Beziehungen erzeugt, nicht in vollständiger Isolation. Wenn die Kinder älter werden, können sie von innerer Reflexion, von einer „Time-In", profitieren, um ihre Aufmerksamkeit auf ihre innere Welt zu richten. Auf diese Weise lernen sie, das „innere Meer" zu sehen und die Fähigkeit zu entwickeln, die inneren Stürme zur Ruhe zu bringen. Solch eine „Time-In" ist die Basis von *Mindsight*, dem Vermögen, den eigenen Geist und den anderer mit Einsicht und Empathie zu sehen. Und *Mindsight* umfasst den Prozess der Integration, der es möglich macht, dass innere Zustände sich ändern, dass man von Chaos oder Starrheit zu einem inneren Zustand der Harmonie und Flexibilität gelangt. *Mindsight* – Einsicht, Empathie und Integration – ist die Grundlage sozialer und emotionaler Intelligenz; indem wir gelegentlich „Time-In" für die Entwicklung innerer Reflexionskompetenz nutzen, helfen wir Kindern und Jugendlichen also beim Aufbau des Schaltsystems dieser wichtigen Fähigkeiten. Bei der Disziplin ohne Drama würde eine „Time-In" dafür genutzt werden, ein Verhalten zu beenden (das erste Ziel) und zu innerer Reflexion einzuladen, mit der exekutive Kompetenzen aufgebaut werden (unser zweites Ziel).

Als vorbeugende Strategie kann es effektiv sein, dem Kind beim Schaffen einer „Ruhezone" mit Spielzeug, Büchern oder seinem Lieblingsstofftier zu helfen, die es aufsuchen kann, wenn es die Zeit und den Platz braucht, um sich zu beruhigen. Das ist innere Selbstregulation, eine grundlegende

Fähigkeit der exekutiven Funktionen. (Dies ist auch für Eltern eine gute Idee! Vielleicht ein bisschen Schokolade, Zeitschriften, Musik, Rotwein ...) Es geht nicht darum, ein Kind zu bestrafen oder für seinen Fehler bezahlen zu lassen. Es geht darum, eine Wahl anzubieten und einen Ort, der dem Kind hilft, sich selbst zu regulieren, wozu gehört, dass es aus dem Zustand emotionaler Überlastung herausfindet.

Wie Sie auf den folgenden Seiten sehen werden, gibt es Dutzende andere, fürsorglichere, stärker dem Beziehungsaufbau dienende und *effektivere* Wege, auf Kinder einzugehen, als ihnen automatisch bei jedem Fehlverhalten als universale Standardkonsequenz eine Auszeit zu verpassen. Dasselbe gilt für das Schlagen und sogar für das Verhängen von Konsequenzen im Allgemeinen. Glücklicherweise gibt es, wie wir in Kürze deutlich machen werden, bessere Alternativen als das Schlagen, das Verordnen einer Auszeit oder das automatische Wegnehmen eines Spielzeugs oder Entziehen eines Privilegs. Alternativen, die in logischem und natürlichem Zusammenhang mit dem Verhalten des Kindes stehen, mit denen das Gehirn aufgebaut und eine starke Verbindung zwischen der Mutter oder dem Vater und dem Kind aufrechterhalten wird.

Welches ist Ihre Erziehungsphilosophie?

Der wichtigste Punkt, den wir in diesem Kapitel vermitteln wollten, ist der, dass Eltern auf ungeeignete Verhaltensweisen ihrer Kinder bewusst und absichtsvoll reagieren müssen. Statt eine dramatische oder emotionale Reaktion zu zeigen oder jede Missachtung von Regeln mit einer Universalstrategie zu beantworten, die den Kontext der Situation oder den Entwicklungsstand eines Kindes ignoriert, können Eltern auf der Basis von Prinzipien und Strategien handeln, die ihren Anschauungen entsprechen und mit denen ihre Kinder zugleich als die Individuen respektiert werden, die sie sind. Bei einer Disziplin ohne Drama liegt der Fokus nicht nur auf der Beschäftigung mit den unmittelbaren Umständen und dem

Verhalten auf kurze Sicht, sondern auch auf dem Aufbau von Kompetenzen und dem Erzeugen von Verbindungen im Gehirn, die den Kindern auf lange Sicht helfen, wohlüberlegte Entscheidungen zu treffen und mit ihren Emotionen ganz natürlich gut umzugehen.

Wie sieht es bei Ihnen aus? Wie absichtsvoll handeln Sie, wenn Sie Ihren Kindern etwas deutlich machen wollen?

Nehmen Sie sich jetzt einen Augenblick Zeit und denken Sie über Ihre normale Reaktion auf das Verhalten Ihrer Kinder nach. Reagieren Sie automatisch mit Schlagen, dem Verordnen einer Auszeit oder mit Schreien? Haben Sie eine andere Antwort, derer Sie sich immer sofort bedienen, wenn Ihre Kinder sich ausagieren? Vielleicht tun Sie einfach, was Ihre Eltern getan haben – oder das genaue Gegenteil. Die wirkliche Frage ist die, inwieweit Ihrer Strategie ein bewusster und klarer Ansatz zugrunde liegt und Sie nicht einfach reagieren oder sich auf alte Gewohnheiten und Standardmechanismen verlassen.

Hier sind einige Fragen, die Sie sich beim Nachdenken über Ihre allgemeine Erziehungsphilosophie stellen können:

- *Haben Sie eine Erziehungsphilosophie?* Wie zielbewusst und klar bin ich, wenn ich das Verhalten meiner Kinder nicht durchgehen lassen kann?
- *Funktioniert das, was ich tue?* Erlaubt mir mein Ansatz, meinen Kindern die Lehren zu vermitteln, die ich ihnen nahebringen möchte, sowohl im Zusammenhang mit dem augenblicklichen Verhalten als auch damit, wie sie heranwachsen und sich als Menschen entwickeln? Und stelle ich fest, dass ich mich immer weniger mit bestimmten Verhaltensweisen befassen muss, oder muss ich immer und immer wieder wegen derselben Verhaltensweisen Maßnahmen ergreifen?
- *Fühle ich mich wohl mit dem, was ich tue?* Hilft mir mein Erziehungsansatz, mehr Freude an der Beziehung zu meinen Kindern zu haben? Denke ich normalerweise über die Situationen, in denen ich etwas deutlich machen will, nach und bin ich dann zufrieden damit, wie ich mich verhalten habe? Frage ich mich häufig, ob es einen besseren Weg gäbe?

- *Fühlen meine Kinder sich wohl damit?* Disziplin ist selten beliebt, aber verstehen meine Kinder meinen Ansatz und spüren sie meine Liebe? Vermittle ich Respekt und lebe ich diesen auf eine Art vor, die es ihnen erlaubt, weiterhin ein gesundes Selbstvertrauen zu haben?
- *Fühle ich mich wohl mit den Botschaften, die ich meinen Kindern vermittle?* Gibt es Momente, in denen ich ihnen Lehren erteile, von denen ich nicht möchte, dass sie sie verinnerlichen – zum Beispiel die, dass es wichtiger ist, dem, was ich sage, zu gehorchen, als zu lernen, gute Entscheidungen zu treffen? Oder die, dass Macht und Kontrolle die besten Wege sind, Menschen dazu zu bekommen, zu tun, was wir wollen? Oder die, dass ich nur in ihrer Nähe sein möchte, wenn sie freundlich sind?
- *Wie stark ähnelt mein Ansatz dem meiner Eltern?* Wie wurde ich von meinen Eltern erzogen? Kann ich mich an ein spezielles Erlebnis und an mein Gefühl hinterher erinnern? Wiederhole ich einfach alte Muster? Rebelliere ich gegen sie?
- *Führt mein Ansatz jemals dazu, dass meine Kinder sich aufrichtig entschuldigen?* Das mag zwar nicht regelmäßig geschehen, aber lässt mein Ansatz hierfür wenigstens eine Tür offen?
- *Erlaubt er es mir, Verantwortung zu übernehmen und mich für meine eigenen Handlungen zu entschuldigen?* Wie offen bin ich meinen Kindern gegenüber hinsichtlich der Tatsache, dass ich Fehler mache? Bin ich bereit, ihnen vorzuleben, was es heißt, sich zu seinen eigenen Irrtümern zu bekennen?

Wie fühlen Sie sich jetzt, nachdem Sie sich diese Fragen gestellt haben? Viele Eltern empfinden Schuld, Scham oder sogar Hoffnungslosigkeit, wenn sie sich eingestehen, was nicht funktioniert hat, und sich Sorgen machen, dass sie möglicherweise nicht ihr Bestes gegeben haben. *Die Wahrheit aber ist, dass Sie Ihr Bestes gegeben haben. Hätten Sie etwas besser machen können, hätten Sie es getan.* Wenn Sie neue Prinzipien und Strategien erlernen, geht es nicht darum, dass Sie sich für verpasste Gelegenheiten selbst schelten, sondern darum, dass Sie versuchen, neue Möglichkeiten zu finden. Wenn wir es besser wissen, machen wir es auch besser. Es gibt Dinge, die wir, als Experten, im Laufe der Jahre gelernt haben, von denen wir wünschten, wir hätten sie gewusst oder an sie gedacht, als unsere Kinder noch Babys waren. Die Gehirne unserer Kinder sind extrem plastisch – sie verändern ihre Struktur als Reaktion auf eine Erfahrung –, und unsere Kinder können sehr schnell und sehr produktiv auf neue Erfahrungen reagieren. Je mehr Mitgefühl Sie für sich selbst haben können, umso mehr Mitgefühl können Sie für Ihr Kind haben. Selbst die besten Eltern erkennen, dass es immer Gelegenheiten geben wird, ihre Kinder absichtsvoller, effektiver und respektvoller zu behandeln.

Ziel der folgenden Kapitel ist es, Ihnen beim Nachdenken darüber zu helfen, was Sie mit Ihrem Leiten und Lehren bei Ihren Kindern erreichen wollen. Keiner von uns wird jemals perfekt sein. Aber wir können Schritte unternehmen, um unseren Kindern Ruhe und Selbstregulierung vorzuleben, wenn sie Fehler machen. Wir können die Warum-Was-Wie-Fragen stellen. Wir können universale Disziplinierungstechniken vermeiden. *Wir können die zwei Ziele anbieten, dass äußeres Verhalten eingeladen und innere Kompetenzen gelernt werden.* Und wir können daran arbeiten, die Zahl der Male zu verringern, die wir einfach auf eine Situation *reagieren* (oder überreagieren), und die Male zu erhöhen, die wir aufbauend auf einem klaren und empfänglichen Gefühl für das, was unsere Kinder brauchen, *antworten* – in jedem speziellen Augenblick und auf ihrem Weg durch die Kindheit bis hin zum Jugend- und Erwachsenenalter.

2 Disziplin und das Gehirn

Liz hatte einen guten Start in den Tag. Beide Kinder hatten gefrühstückt, alle waren angezogen, und sie und ihr Mann, Tim, gingen zur Tür hinaus, um ihre Töchter in die Schule und in den Kindergarten zu bringen. Dann plötzlich, als Liz beim Schließen der Haustür den scheinbar belanglosesten Satz aussprach – „Nina, du steigst in Papas Auto, und Vera, du steigst in den Kleinbus" –, geriet alles aus dem Gleis.

Tim und die siebenjährige Vera waren bereits auf dem Weg zur Auffahrt und Liz schloss gerade die Haustür ab, als ein wilder Schrei genau hinter ihrem Rücken ihr das Herz stocken ließ. Schnell fuhr sie herum und sah Nina, ihre Vierjährige, auf der untersten Stufe der Eingangstreppe stehen und in einer erstaunlich ohrenbetäubenden Stimmlage „Nein!" schreien.

Liz blickte zu Tim, dann zu Vera, die beide mit den Achseln zuckten, die Augen vor Verwirrung weit geöffnet. Ninas langes, anhaltendes „Nein!" war abgelöst worden von einem stakkatoartigen „Nein! Nein! Nein!", das noch einmal in voller Lautstärke wiederholt wurde. Schnell kniete Liz sich nieder und zog Nina zu sich heran, woraufhin die spitzen Schreie glücklicherweise verebbten und in Schluchzer übergingen.

„Schatz, was ist los?", fragte Liz. Sie war völlig verblüfft über diesen Ausbruch. „Was ist los?"

Nina weinte weiter, war aber in der Lage zu sagen: „Du hast Vera gestern mitgenommen!"

Liz sah wieder zu Tim, der auf sie zugekommen war und nur ein ratloses Achselzucken anbieten konnte, das so viel ausdrückte wie „Ich habe keine Ahnung". Liz, deren Ohren von den Schreien noch immer klingelten, versuchte zu erklären: „Ich weiß, Liebling. Das machen wir so, weil Veras Schule genau bei meiner Arbeit liegt."

Nina riss sich von ihrer Mutter los und schrie: „Aber *ich bin dran*!"

Jetzt, da sie wusste, dass ihre Tochter nicht in Gefahr war, atmete Liz einmal tief durch und stellte sich kurz die Frage, welchen Dezibelwert ein schriller Schrei wohl erreichen müsste, um Glas zum Zerspringen zu bringen.

Vera, die wie üblich kein Mitgefühl für die Verstörung ihrer Schwester hatte, verkündete ungeduldig: „Mama, ich komme zu spät."

Bevor wir beschreiben, wie Liz mit dieser klassischen Situation umgegangen ist, müssen wir einige einfache Fakten über das menschliche Gehirn anführen und erklären, wie dieses unsere Entscheidungen beeinflussen kann, wenn unsere Kinder sich unangemessen verhalten oder, wie in diesem Falle, einfach die Kontrolle über sich verlieren. Lassen Sie uns mit drei grundlegenden Erkenntnissen über das Gehirn beginnen – wir nennen sie die drei „Gehirnmerkmale" –, die Ihnen äußerst nützlich sein können, wenn Sie effektiv und mit weniger Drama erziehen und Ihren Kindern gleichzeitig wichtige Lehren über Selbstbeherrschung und Beziehungen erteilen wollen.

„Gehirnmerkmal" Nr. 1: Das Gehirn *verändert* sich

Das erste Gehirnmerkmal – dass das Gehirn sich verändert – klingt simpel, doch sind seine Auswirkungen enorm und es sollte so ungefähr alles, was wir mit unseren Kindern tun, einschließlich unserer „Erziehungsmaßnahmen", durch das Wissen um diese Tatsache geprägt sein.

Das Gehirn eines Kindes ist vergleichbar mit einem Haus, das sich im Bau befindet. Das „Erdgeschoss" besteht aus dem Hirnstamm und der limbischen Region, die gemeinsam die unteren, häufig als „Reptiliengehirn" und als „altes Säugetiergehirn" bezeichneten Bereiche des Gehirns bilden. Diese unteren Regionen reichen im Schädel etwa von der Höhe des Nasenrückens bis zum oberen Bereich des Halses hinunter, und ein Teil davon, der Hirnstamm, ist bei der Geburt gut entwickelt. Wir halten dieses untere Gehirn für sehr viel primitiver, weil es für unsere grundlegendsten neuronalen und mentalen Vorgänge verantwortlich ist: für starke Emotionen, für Instinkte wie das Beschützen unserer Kleinen und für elementare Funktionen wie das Atmen, das Regulieren der Schlaf- und Wachzyklen und die Verdauung. Es ist das untere Gehirn, das ein Kleinkind dazu veranlasst, mit einem Spielzeug zu werfen oder jemanden zu beißen, wenn etwas nicht nach seinem Willen läuft. Es kann die Quelle unserer Reaktivität sein, und sein Motto ist ein hastiges „Feuer! Zielen! Fertig!" – und häufig überspringt es die Teile „fertig" und „zielen" komplett. Es war Ninas unteres Gehirn, das die Regie übernahm, als sie hörte, dass sie nicht von ihrer Mutter zum Kindergarten gebracht werden würde.

Wie Sie gut wissen, wenn Sie selbst Mutter oder Vater sind, ist das untere Gehirn mit all seinen primitiven Funktionen selbst beim jüngsten Kind herausgebildet und munter am Werke. Das „Obergeschoss" des Gehirns jedoch, das für anspruchsvolleres und komplexeres Denken verantwortlich ist, ist bei der Geburt noch nicht entwickelt und wächst erst während des Säuglingsalters und der Kindheit heran. Dieses obere Gehirn besteht aus dem zerebralen Kortex, welcher die äußerste Schicht des Gehirns darstellt, und befindet sich direkt hinter der Stirn. Von dort aus setzt es sich als Halbkuppel, die das unter ihr liegende Erdgeschoss des Gehirns bedeckt, zur Rückseite des Kopfes fort. Der Kortex wird manchmal als die „äußere Rinde des Gehirns" bezeichnet. Anders als das primitive untere Gehirn mit all seinen rudimentären Funktionen ist das obere Gehirn verantwortlich für eine lange Liste an denkenden, emotionalen und beziehungsbezogenen Kompetenzen, die es uns erlauben, ein ausgeglichenes, bedeutsames Leben zu führen und uns an gesunden Beziehungen zu erfreuen:

- Kluge Entscheidungsfindung und umsichtiges Planen
- Regulation von Emotionen und Körper
- Persönliche Einsicht
- Flexibilität und Anpassungsfähigkeit
- Empathie und Mitgefühl
- Moral

Dies sind genau die Eigenschaften, die wir in unseren Kindern fördern möchten, und sie alle erfordern ein gut entwickeltes oberes Gehirn.

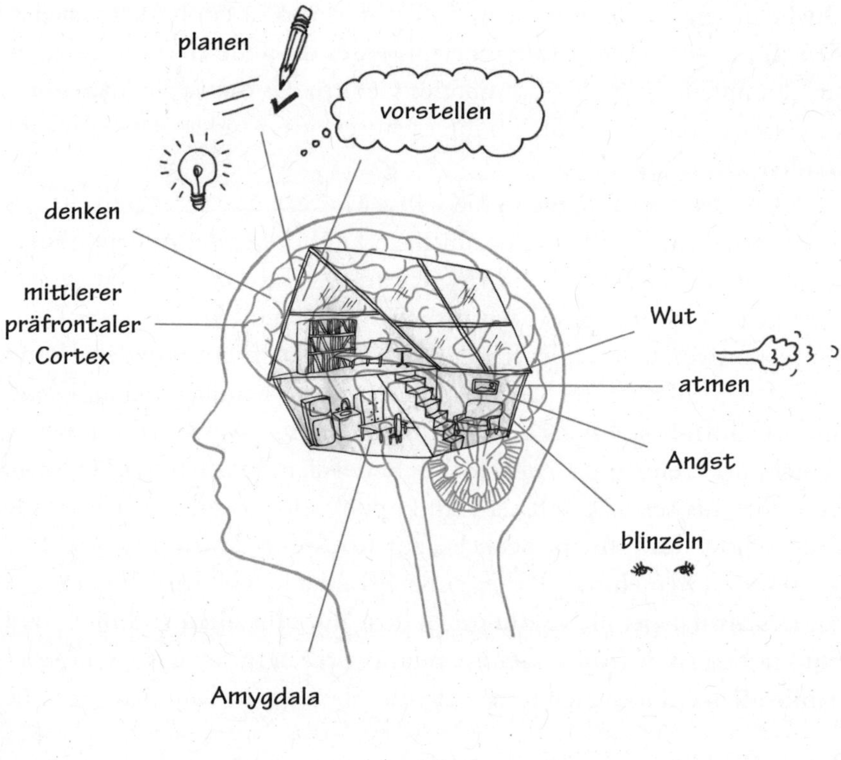

Das Problem besteht darin, dass das obere Gehirn für seine Entwicklung Zeit braucht. Viel Zeit. Es tut uns leid, Ihnen mitteilen zu müssen – insbesondere, wenn Ihr zwölfjähriger Sohn heute ganz zufällig das dritte Mal diese Woche seine Mappe mit den Hausaufgaben in der Schule hat liegen lassen –, dass das obere Gehirn tatsächlich bis zum Alter von Mitte zwanzig nicht vollständig ausgebildet ist. Das bedeutet jedoch nicht, dass es bis zu diesem Zeitpunkt für diesen Teil des Gehirns nichts zu tun gäbe – es bedeutet einfach, dass das Gehirn im Kindesalter aufgebaut wird, es sich im Jugendalter aber in einer Zeit der Umgestaltung befindet und die grundlegenden Strukturen des oberen Gehirns, die in den ersten zwölf Lebensjahren geschaffen wurden, verändert werden. Dan untersucht all dies in seinem über und für Jugendliche geschriebenen Buch mit dem Titel *Aufruhr im Kopf*. Die gute Nachricht ist die, dass das Wissen über das Gehirn bei Ihnen und Ihrem Kind oder Jugendlichen eine Veränderung der Herangehensweise an die Punkte Lernen und Verhalten bewirken kann. Wenn wir wissen, wie das Gehirn funktioniert, können wir unseren Geist – die Art, wie wir unsere Aufmerksamkeit auf etwas richten, wie wir denken, wie wir fühlen, wie wir mit anderen interagieren – in einer Weise lenken, die eine solide, gesunde Hirnentwicklung über die gesamte Lebensspanne hinweg unterstützt.

Dennoch bedeutet all dies, dass wir noch so sehr wünschen mögen, unsere Kinder würden sich durchweg so benehmen, als wären sie vollständig entwickelte, pflichtbewusste Erwachsene mit verlässlich funktionierender Logik, emotionalem Gleichgewicht und Moral – sie können es einfach noch nicht, wenn sie jung sind. Zumindest nicht immer. Deshalb müssen wir entsprechend vorgehen und unsere Erwartungen anpassen. Wir sollten uns unserem neunjährigen Sohn zuwenden und ihn, während wir unsere vierjährige Tochter trösten, deren Auge von einem schändlicherweise aus nächster Nähe abgefeuerten Schaumstoffgeschoss getroffen wurde, fragen: „Was hast du dir *dabei gedacht*?"

Seine Antwort wird natürlich lauten: „Weiß ich nicht" oder „Ich hab' mir *nichts* gedacht." Und höchstwahrscheinlich wird er damit recht haben. Sein oberes Gehirn war nicht eingeschaltet, als er auf die Pupille seiner

Schwester zielte, genauso wie ihr oberes Gehirn gestern nicht eingeschaltet war, als sie darum bat, dass die Strandparty ihres Cousins nach drinnen verlegt werden möge, weil sie sich einen Schnitt an der Ferse zugezogen hatte und nicht wollte, dass Sand in die Wunde geriet. Unter dem Strich heißt das, dass es unfair ist, von seinem Kind zu erwarten, sich immer gut zu beherrschen oder immer zwischen einer guten und einer schlechten Entscheidung unterscheiden zu können, ganz gleich, wie klug, verantwortungsbewusst oder pflichtbewusst Ihr Kind ist. Selbst Erwachsenen ist dies nicht immer möglich.

Ein gutes Beispiel für diese graduelle Entwicklung lässt sich in einem bestimmten Areal des oberen Gehirns finden, das als rechter temporoparietaler Übergang (TPJ) bezeichnet wird.

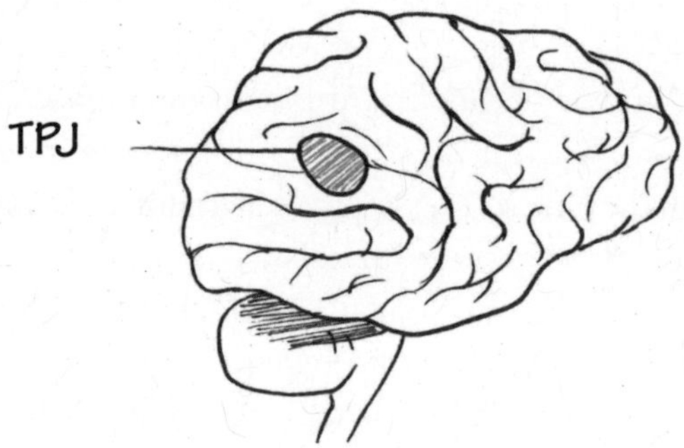

Der rechte TPJ spielt eine besondere Rolle, wenn es darum geht, zu verstehen, was im Geiste eines anderen Menschen vor sich geht. Betrachten wir eine Situation oder ein Problem so, wie jemand anders es tun würde, wird der rechte TPJ aktiv und arbeitet mit direkt hinter der Stirn liegenden Bereichen im präfrontalen Kortex zusammen, um uns das Mitfühlen mit jemand anders zu ermöglichen. Diese und andere Areale gehören zum sogenannten „Mentalisierungsschaltkreis", da sie an den *Mindsight*-Fähigkeiten beteiligt sind – das heißt an dem Vermögen, den Geist anderer und sogar unseren eigenen Geist zu sehen! Wir können *Mindsight*-Fähigkeiten in unseren Kindern aufbauen, während wir ihnen den Weg zu Einsicht, Empathie und moralischem Denken weisen. Empathie hat natürlich einen wichtigen und grundlegenden Einfluss auf unsere Moral und unser Beziehungsleben. Wir sind bereit, nachsichtig mit jemandem zu sein, wenn er gute Absichten hatte, als er eine Dummheit beging. Wir sind gewillt, jemandem einen Vertrauensvorschuss zu geben, wenn wir seinen Motiven vertrauen.

Ein Kind aber, das sich noch in der Entwicklung befindet und dessen oberes Gehirn – das seinen rechten TPJ und präfrontale Regionen umfasst – noch im Aufbau ist, ist häufig nicht dazu imstande, beim Betrachten einer Situation oder eines Problems Motive und Absichten zu berücksichtigen. Ethische Entscheidungen sind viel mehr Schwarz-Weiß-Entscheidungen, und Meinungen zu Themen wie Gerechtigkeit und Fairness fallen sehr viel klarer und bestimmter aus. Nina beispielsweise hatte kein Interesse daran, sich mit kontextueller Information darüber, wie nahe die Schule ihrer Schwester am Arbeitsplatz ihrer Mutter lag, auseinanderzusetzen. Diese logische, sachliche Einzelheit war ihr egal. Für sie war lediglich wichtig, dass ihre Schwester am Tag zuvor bei ihrer Mutter mitgefahren war – und die Gerechtigkeit würde gebieten, dass heute Nina bei ihr mitfährt. Um also den Blickpunkt ihrer Tochter zu verstehen, musste Liz begreifen, dass Nina die Ereignisse durch die Linse ihres noch wachsenden oberen Gehirns betrachtete, das nicht immer in der Lage war, mit der Situation oder dem Kontext zusammenhängende Information zu berücksichtigen.

Wenn wir unsere eigenen *Mindsight*-Schaltkreise nutzen, um den hinter dem Verhalten unseres Kindes stehenden Geist wahrzunehmen, führen wir, wie wir in nachfolgenden Kapiteln erläutern werden, unseren Kindern modellhaft vor, wie sie den Geist in sich selbst und in anderen wahrnehmen können. *Mindsight* ist eine erlernbare Fähigkeit, die maßgeblich an unserem Vermögen beteiligt ist, empathisch und einfühlsam, moralisch und mitfühlend zu sein. *Mindsight* ist die Basis sozialer und emotionaler Intelligenz, und wir können diese unseren Kindern beim Steuern der Entwicklung ihres sich verändernden Gehirns vorleben.

Der entscheidende Punkt ist der, dass wir uns bei der Erziehung und insbesondere bei der Disziplin große Mühe geben müssen, um die Sichtweise unserer Kinder und ihren Entwicklungsstand zu verstehen und um zu begreifen, wozu sie letztlich fähig sind. So nutzen wir unsere eigenen *Mindsight*-Fähigkeiten, um hinter dem Verhalten unserer Kinder den Geist zu sehen. Wir reagieren nicht einfach auf ihre äußerlichen Handlungen, wir stellen uns auf den hinter dem Verhalten stehenden Geist ein. Wir müssen ebenfalls daran denken, dass sie nicht immer dasselbe zu leisten imstande sind; ihr Vermögen ändert sich, wenn sie müde, hungrig oder überfordert sind. Das Verständnis dieses speziellen Gehirnmerkmals – dass das Gehirn sich verändert und noch entwickelt – kann uns in die Lage versetzen, unseren Kindern mit größerem Verständnis und mit mehr Mitgefühl zuzuhören und besser zu verstehen, warum sie aufgewühlt sind und es ihnen schwerfällt, sich unter Kontrolle zu haben. Es ist einfach unfair, davon auszugehen, dass unsere Kinder ihre Entscheidungen unter Einsatz eines vollständig ausgebildeten, perfekt funktionierenden Gehirns treffen und die Welt so sehen können, wie wir es tun.

Denken Sie an die Liste von Funktionen, für die das obere Gehirn verantwortlich ist. Handelt es sich hierbei um eine realistische Beschreibung des Charakters irgendeines Kindes? *Natürlich* hätten wir es gerne, dass unsere Kinder diese Eigenschaften in jedem einzelnen Augenblick ihres Lebens demonstrieren. Wer hätte nicht gerne ein Kind, das vorausdenkt und beständig gute Entscheidungen trifft, das seine Emotionen und seinen Körper unter Kontrolle hat, Flexibilität, Empathie und Selbstverständnis zeigt und aus einem gut entwickelten moralischen Empfinden heraus handelt? Aber das wird einfach nicht geschehen. Zumindest nicht immer. Je nach Kind und Alter vielleicht sogar nicht einmal besonders häufig.

Ist dies also eine Entschuldigung für schlechtes Benehmen? Sollen wir einfach ein Auge zudrücken, wenn unsere Kinder sich daneben benehmen? Gewiss nicht. Dass sich das Gehirn eines Kindes in der Entwicklung befindet, ist sogar einfach noch ein weiterer Grund, warum wir klare Grenzen setzen und dem Kind helfen müssen, zu verstehen, was akzeptabel ist. Dadurch, dass es kein gleichbleibend arbeitendes oberes Gehirn besitzt, ergeben sich *innere* Beschränkungen, die sein Verhalten steuern. Dies bedeutet, dass ihm *äußere* Beschränkungen auferlegt werden müssen. Und raten Sie einmal, woher diese äußeren Beschränkungen kommen müssen: von seinen Eltern und anderen Bezugspersonen und von den Leitlinien und der Orientierung, die diese ihnen vermitteln. *Wir müssen unseren Kindern bei der Entwicklung ihres oberen Gehirns – samt aller Kompetenzen, die es möglich macht – helfen und dabei möglicherweise in dieser Zeit als ein äußeres oberes Gehirn dienen, mit ihnen zusammenarbeiten und ihnen helfen, Entscheidungen zu treffen, die alleine zu treffen sie noch nicht vollständig imstande sind.*

Wir werden diese Idee bald sehr viel eingehender behandeln und praktische Vorschläge zu ihrer Umsetzung machen. Behalten Sie jetzt jedoch erst einmal einfach dieses erste Gehirnmerkmal im Kopf: Das Gehirn eines Kindes verändert und entwickelt sich, deshalb müssen wir unsere Erwartungen dämpfen und verstehen, dass emotionale und verhaltensbezogene Schwierigkeiten einfach zu erwarten sind. *Selbstverständlich* sollten wir trotzdem respektvolles Verhalten vermitteln. Dabei müssen wir jedoch immer das sich verändernde, sich entwickelnde Gehirn im Hinterkopf behalten. Sobald wir diese grundlegende Realität verstehen und akzeptieren, sind wir sehr viel besser in der Lage, in einer Weise auf ein Kind einzugehen, die dieses und die Beziehung würdigt, und uns trotzdem um sämtliche Verhaltensweisen zu kümmern, denen wir gegebenenfalls Einhalt gebieten müssen.

„Gehirnmerkmal" Nr. 2: Das Gehirn ist *veränderlich*

Das zweite Gehirnmerkmal ist immens aufregend und bietet Eltern überall Hoffnung: Das Gehirn verändert sich nicht nur – es entwickelt sich im Laufe der Zeit –, sondern es ist auch veränderlich – es lässt sich bewusst und gezielt durch Erfahrung formen. Wenn Sie heutzutage viel über das Gehirn lesen, stoßen Sie wahrscheinlich auf das Konzept der „Neuroplastizität".

Dieser Begriff bezeichnet die Art und Weise, wie das Gehirn sich auf der Basis erlebter Erfahrungen physisch verändert. Das Gehirn ist, wie Wissenschaftler es ausdrücken, plastisch oder formbar. Ja, die konkrete physische Architektur des Gehirns ändert sich aufgrund dessen, was uns widerfährt.

Vielleicht haben Sie von wissenschaftlichen Untersuchungen gehört, mit denen Beweise für die Neuroplastizität erbracht werden. In unserem Buch *Achtsame Kommunikation mit Kindern* sprechen wir über die Forschung, die im Gehirn von Tieren, welche für die Jagd auf ihr Gehör angewiesen sind, ein vergrößertes Hörzentrum nachgewiesen hat, sowie über Studien, die zeigen, dass bei Geigern die Regionen des Kortex, die die linke Hand repräsentieren – welche die Saiten des Instruments mit erstaunlicher Geschwindigkeit greift –, größer sind als normal.

Andere jüngst durchgeführte Untersuchungen zeigen, dass bei Kindern, denen das Notenlesen und das Spielen auf einer Klaviatur beigebracht wird, bedeutende Veränderungen im Gehirn stattfinden und eine höhere Fähigkeit zur sogenannten „räumlichen sensomotorischen Kartierung" vorliegt. Mit anderen Worten entwickeln sich die Gehirne von Kindern, die auch nur die Grundlagen des Klavierspielens erlernen, anders als die Gehirne von Kindern, bei denen dies nicht der Fall ist, wodurch Erstere ihren eigenen Körper in Beziehung zu den Objekten ihrer Umgebung besser verstehen können. Wir haben ähnliche Ergebnisse bei Studien an Menschen gesehen, die meditieren. Achtsamkeitsübungen bewirken buchstäbliche Veränderungen in den Verbindungen des Gehirns, was einen signifikanten Einfluss darauf hat, wie gut eine Person mit anderen Menschen interagieren und sich an schwierige Situationen anpassen kann.

Natürlich soll das nicht heißen, dass jedes Kind Klavierunterricht nehmen oder dass jeder Mensch meditieren sollte (auch wenn wir von keiner der beiden Aktivitäten abraten würden!). Der Punkt ist der, dass die Erfahrung, diesen Unterricht zu nehmen oder Achtsamkeitsübungen auszuführen (oder Geige zu spielen oder sogar Karate zu trainieren), das plastische Gehirn grundlegend *und physisch* verändert – insbesondere während seiner Entwicklung in der Kindheit und Jugend, aber sogar unser gesamtes Leben lang. Um ein extremeres Beispiel anzuführen: Missbrauch in der

Erfahrung verändert buchstäblich das Gehirn

frühen Kindheit kann zur Folge haben, dass Menschen zu einem späteren Zeitpunkt im Leben anfällig für psychische Erkrankungen sind. Bei jüngsten Untersuchungen, die sich die funktionelle Magnetresonanztomografie (fMRT), oder Gehirnscans, zunutze machten, wurden in den Gehirnen junger Erwachsener, die missbraucht worden waren, spezielle Veränderungen in bestimmten Bereichen des sogenannten Hippocampus entdeckt. Diese Individuen verzeichnen höhere Raten an Depression, Abhängigkeit und posttraumatischer Belastungsstörung (PTBS). Ihre Gehirne haben sich infolge des Traumas, dem sie als Kind ausgesetzt waren, grundlegend verändert.

Die Neuroplastizität hat enorme Konsequenzen für unser Verhalten als Eltern. *Wenn wiederholte Erfahrungen tatsächlich die physische Architektur des Gehirns verändern, ist es von höchster Bedeutung, dass wir die Erfahrungen, die wir unseren Kindern bieten, bewusst auswählen.* Denken Sie darüber nach, wie Sie mit Ihren Kindern interagieren. Wie kommunizieren Sie mit ihnen? Auf welche Weise helfen Sie ihnen, über ihre Handlungen und ihr Verhalten zu reflektieren? Was bringen Sie ihnen über Beziehungen bei – über Respekt, Vertrauen und Anstrengung? Welche Möglichkeiten eröffnen Sie ihnen? Welche wichtigen Menschen bringen Sie in ihr Leben? Alles, was sie sehen, hören, fühlen, berühren oder sogar riechen, hat Auswirkungen auf ihr Gehirn und beeinflusst damit die Art, wie sie ihre Welt – darunter ihre Familie, ihre Nachbarn, Fremde, Freunde, Klassenkameraden und sogar sich selbst – sehen und mit ihr interagieren.

All dies geschieht auf der Zellebene, in unseren Neuronen und in den Verbindungen zwischen unseren Hirnzellen, die Synapsen genannt werden. Neurowissenschaftler bringen diese Idee mit folgendem Satz zum Ausdruck: „Neurone, die gemeinsam feuern, verdrahten sich miteinander" (griffiger im Englischen: „neurons that fire together wire together").

Neurone, die gemeinsam feuern, verdrahten sich

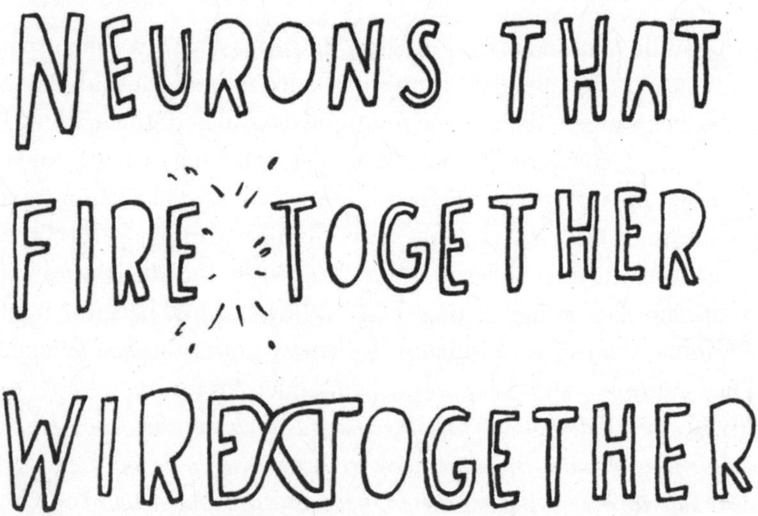

Dieser Satz, der als „Hebbsche Lernregel“ bekannt ist – benannt nach dem kanadischen Neuropsychologen Donald Hebb –, erklärt im Wesentlichen, dass bei simultanem Feuern von Neuronen als Reaktion auf eine Erfahrung diese Neurone eine Verbindung miteinander eingehen und so ein Netzwerk bilden. Und wenn eine Erfahrung mehrfach wiederholt wird, vertiefen und verstärken sich die Verbindungen zwischen diesen Neuronen. Wenn Neurone gemeinsam feuern, verdrahten sie sich also miteinander.

Der berühmte Physiologe Iwan Pawlow akzeptierte diese Idee, als er herausfand, dass seine Hunde nicht erst Speichel produzierten, wenn tatsächlich Nahrung vor ihnen auftauchte, sondern bereits, wenn er für sie die Essensglocke läutete, um sie zur Fütterung zu holen. Es hatte eine Verdrahtung oder funktionelle Verbindung der „Speichelfluss-Neurone“ mit den „Essensglocke-Neuronen“ stattgefunden. Ein jüngeres Beispiel aus der Tierwelt sieht man jedes Mal, wenn in San Francisco ein Abendspiel der Baseballmannschaft San Francisco Giants stattfindet. Gegen Ende eines jeden Spiels taucht ein Schwarm Möwen auf, bereit für einen Festschmaus aus liegen gebliebenen Hotdogs, Erdnüssen und Popcorn, sobald das Stadion an der Bucht sich leert. Biologen sind ratlos, wie genau die Vögel den Zeitpunkt ihrer Ankunft so wählen, dass diese zum neunten Inning oder Spielabschnitt erfolgt. Liegt es am erhöhten Lärm der Menge? An der Lockung der Stadionbeleuchtung? An der Orgel, die traditionell im siebten Inning „Take Me Out to the Ball Game“ spielt? Eine Sache scheint jedoch klar zu sein: Die Vögel sind darauf konditioniert oder geprimt, Nahrung zu erwarten, sobald das Spiel zu Ende geht. Neurone haben gemeinsam gefeuert und sich danach miteinander verdrahtet.

Die Hebbsche Lehrregel ist der Grund dafür, warum ein Kleinkind seine Arme in die Höhe streckt und sagt: „Arm?“, wenn es hochgenommen werden möchte. Es kann noch keinen Satz formulieren. Aber es weiß, dass es hochgehoben wird, wenn es gefragt wird: „Willst du auf den Arm?“ Wenn es auf den Arm genommen werden will, sagt es also: „Arm?“ Feuern und Verdrahten.

Dass Neurone sich miteinander verdrahten, kann eine gute Sache sein. Eine positive Erfahrung mit einem Mathematiklehrer kann neuronale Verbindungen zur Folge haben, die Mathematik mit Vergnügen und Leistung verknüpfen und durch die das Kind mit sich selbst als Schüler zufrieden ist. Aber genauso gilt das Gegenteil. Negative Erfahrungen mit einem strengen Lehrer oder einem Test mit Stoppuhr und die hiermit einhergehende Angst können Verbindungen im Gehirn bilden, die nicht nur dem Vergnügen an Mathematik und an Zahlen, sondern auch an Prüfungen und sogar der Schule im Allgemeinen ein ernsthaftes Hindernis in den Weg stellen.

Der Punkt ist einfach, sein Verständnis jedoch von entscheidender Bedeutung: Erfahrungen führen zu Veränderungen in der Architektur des Gehirns. In der Praxis sollten wir also die Neuroplastizität im Hinterkopf behalten, wenn wir Entscheidungen darüber treffen, wie wir mit Kindern interagieren und womit sie ihre Zeit verbringen. Wir sollten berücksichtigen, welche neuronalen Verbindungen gebildet werden und wie sich diese in Zukunft manifestieren werden.

Von welchen Filmen möchten Sie beispielsweise, dass Ihre Kinder sie sehen, und an welchen Aktivitäten sollen sie gerne stundenlang ihren

Spaß haben? Wenn wir wissen, dass sich das plastische Gehirn durch Erfahrung verändert, sind wir vielleicht weniger glücklich damit, dass sie stundenlang bestimmte Fernsehprogramme sehen oder gewalttätige Videospiele spielen. Wir könnten unsere Kinder stattdessen dazu ermuntern, Aktivitäten nachzugehen, mit denen ihre Beziehungskompetenz aufgebaut wird sowie ihre Fähigkeit, andere Menschen zu verstehen – sei es, indem sie Zeit mit Freunden verbringen, Spiele mit ihrer Familie spielen oder sich mit Sport und anderen Gruppenaktivitäten beschäftigen, bei denen sie dazu aufgefordert sind, mit anderen im Team zusammenzuarbeiten. Wir könnten sogar bewusst dafür sorgen, dass sie an einem Sommertag Langeweile haben, damit sie in die Garage gehen und herausfinden müssen, was für einen interessanten Spaß sie mit einer Seilrolle, etwas Seil und einer Rolle Klebeband haben können. (Sollte eines von ihnen wieder ins Haus kommen, um „Fallschirm aus Klebeband für kleinen Bruder" zu googeln, holen Sie vielleicht doch lieber das Monopolybrett heraus.)

Wir können und wollen unsere Kinder nicht vor allen Widrigkeiten und negativen Erfahrungen schützen oder bewahren. Diese herausfordernden Erfahrungen sind ein wichtiger Bestandteil des Erwachsenwerdens und Entwickelns von Resilienz, und sie ermöglichen den Erwerb der inneren Kompetenzen, die für das Bewältigen von Stress und Versagen und für flexibles Reagieren notwendig sind. Wir können unseren Kindern jedoch helfen, die Bedeutung ihrer Erfahrungen zu verstehen, damit diese Herausforderungen mit größerer Wahrscheinlichkeit im Gehirn bewusst als „Lernerfahrungen" codiert werden und nicht als unbewusste Assoziationen oder sogar Traumata, welche die Kinder in Zukunft einschränken. Wenn Eltern mit ihren Kindern über Erfahrungen und Erinnerungen sprechen, haben die Kinder normalerweise einen besseren Zugang zu Erinnerungen an diese Erfahrungen. Kinder, deren Eltern mit ihnen über ihre Gefühle sprechen, entwickeln zudem eine stabilere emotionale Intelligenz und können deshalb ihre eigenen Gefühle sowie die anderer Menschen besser wahrnehmen und verstehen. Neurone, die gemeinsam feuern, verdrahten sich miteinander und verändern so das veränderliche Gehirn.

Letztendlich läuft alles wieder darauf hinaus, dass das Gehirn sich als Reaktion auf Erfahrung verändert. Was sollen Ihre Kinder erleben, das ihr veränderliches Gehirn beeinflussen wird? Welche Gehirnverbindungen möchten Sie fördern? Und, mehr auf das Thema dieses Buches bezogen: Wie wollen Sie, wissend, dass das Gehirn eines Kindes veränderlich ist, auf unangemessens Verhalten eingehen? Schließlich wird auch die wiederholte Erfahrung Ihrer Kinder mit Disziplin ihr Gehirn verdrahten.

„Gehirnmerkmal" Nr. 3: Das Gehirn ist *komplex*

Das Gehirn verändert sich also und ist veränderlich. Es ist auch komplex, womit wir bei unserem dritten Gehirnmerkmal wären. Das Gehirn ist facettenreich, und unterschiedliche Teile sind für unterschiedliche Aufgaben verantwortlich. Manche Teile sind für das Gedächtnis verantwortlich, andere für die Sprache, wieder andere für Empathie und so weiter.

Das dritte Gehirnmerkmal ist eine der wichtigsten Gegebenheiten, die wir im Hinterkopf behalten müssen. Weil das Gehirn so komplex ist, können wir bei unseren Kindern, wenn sie aufgewühlt sind oder sich auf eine Art verhalten, die wir nicht mögen, unterschiedliche „Teile" des Gehirns ansprechen, unterschiedliche Regionen und Funktionsweisen des Gehirns, wobei unterschiedliche elterliche Reaktionen unterschiedliche Schaltsysteme aktivieren. Wir können deshalb einen Teil des Gehirns ansprechen, um das eine Ergebnis zu erlangen, und einen zweiten, um ein anderes Ergebnis zu erreichen.

Kehren wir zum Beispiel noch einmal zum oberen und unteren Gehirn zurück. Welchen Teil des Gehirns Ihres Kindes möchten Sie lieber ansprechen, wenn es gerade durchdreht und außer Kontrolle ist? Denjenigen, der primitiv und reaktiv ist? Oder denjenigen, der höher entwickelt und zu Logik, Mitgefühl und Einsicht (je nach Alter des Kindes) in der Lage ist? Versuchen wir uns mit dem Teil zu verbinden, der reagiert, wie ein Reptil es tun würde – mit defensiver Haltung und Angriffen –, oder mit dem, der das Potenzial besitzt, sich zu beruhigen, Probleme zu lösen und sich sogar zu entschuldigen? Die Antwort ist klar. Wir wollen die Empfänglichkeit des oberen Gehirns in Gang setzen und nicht die Reaktivität des unteren Gehirns auslösen. Dann können die höheren Teile des Gehirns miteinander kommunizieren und die niedrigeren, impulsiveren und reaktiveren Teile außer Kraft setzen.

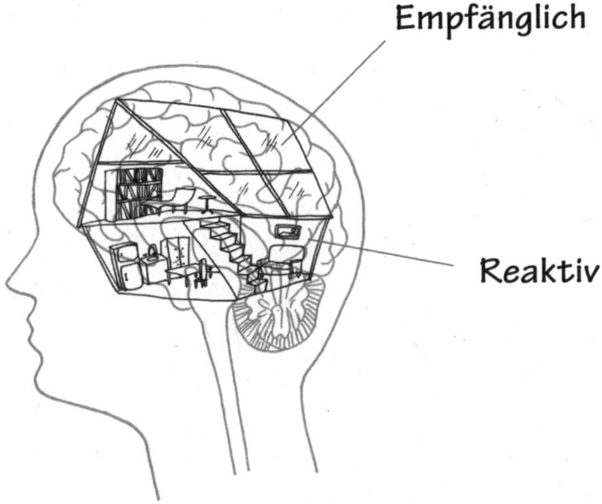

Wenn wir mit Drohungen erziehen – sei es explizit durch unsere Worte oder implizit durch beängstigende nonverbale Mittel wie unseren Tonfall, unsere Haltung und unseren Gesichtsausdruck –, aktivieren wir die defensiven Schaltkreise im reaktiven unteren Reptiliengehirn unseres Kindes. Wir nennen dies „die Echse reizen", und wir raten davon ab, weil es fast immer dazu führt, dass die Emotionen eskalieren, bei den Eltern wie beim Kind. Wenn Ihr fünfjähriger Sohn im Supermarkt einen Wutanfall bekommt und Sie in überragender Größe vor ihm stehen, den Finger erheben und mit zusammengebissenen Zähnen darauf bestehen, dass er sich „sofort beruhigt", reizen Sie die Echse. Sie lösen eine Reaktion im unteren Gehirn aus, die in den überwiegenden Fällen für keinen der Beteiligten zu einem produktiven Ergebnis führt. Das Sinnessystem

Ihres Kindes nimmt Ihre Körpersprache und Ihre Worte auf und erkennt *Bedrohung*, wodurch biologisch das neuronale Schaltsystem angeschaltet wird, das es ihm ermöglicht, eine von der Umgebung ausgehende Bedrohung zu überleben – durch Kampf, Flucht, Erstarren oder Ohnmächtigwerden. Sein unteres Gehirn tritt in Aktion, bereitet ihn darauf vor, schnell zu reagieren, statt in einem empfänglicheren, aufnahmebereiteren Zustand in vollem Umfang über Alternativen nachzudenken. Seine Muskeln können sich anspannen, wenn er sich bereit macht, sich zu verteidigen und, falls notwendig, mit Erstarrung oder Kampf zu reagieren. Oder vielleicht läuft er fluchtartig davon oder bricht ohnmächtig zusammen. Eine jede dieser Reaktionen ist ein Weg der Reaktivität des unteren Gehirns. Und sein denkendes, rationales, Selbstbeherrschung ermöglichendes Schaltsystem des oberen Gehirns schaltet sich ab, steht in dem Augenblick nicht mehr zur Verfügung. Das ist der Punkt: Wir können nicht gleichzeitig in einem reaktiven, durch das untere Gehirn ausgelösten und in einem empfänglichen, durch das obere Gehirn bestimmten Zustand befinden. Die Reaktivität des unteren Gehirns setzt sich durch und beherrscht die Lage.

In dieser Situation können Sie das höher entwickelte obere Gehirn Ihres Kindes ansprechen und es ihm ermöglichen, das reaktivere untere Gehirn zu zügeln. Indem Sie Ihrem Kind Respekt entgegenbringen, es mit viel Empathie und Mitgefühl umgeben und offen für gemeinsame und reflektierende Gespräche bleiben, vermitteln Sie ihm die Botschaft „keine Bedrohung“, sodass das Reptiliengehirn in seiner Reaktivität nachlassen kann. Dabei aktivieren Sie die Schaltkreise des oberen Gehirns, darunter den extrem wichtigen präfrontalen Kortex, der für das ruhige Treffen von Entscheidungen und für die Regulierung von Emotionen und Impulsen verantwortlich ist. Auf diese Weise bewirken wir einen Wechsel von Reaktivität zu Empfänglichkeit. Und das ist es, was wir unseren Kindern beibringen möchten.

Statt also heftig darauf zu bestehen, dass Ihr Fünfjähriger sich beruhigt, können Sie das untere Gehirn besänftigen und beschwichtigen und an seiner Stelle das obere Gehirn einschalten, indem Sie ihn sanft dazu einladen, ganz nah bei Ihnen zu sein, und sich anhören, worüber er so wütend ist. (Wenn Sie sich an einem öffentlichen Ort befinden und Ihr Kind alle Menschen in der Umgebung stört, können Sie möglicherweise mit ihm hinausgehen, während Sie versuchen, sein oberes Gehirn anzusprechen.)

Die Forschung stützt diese Strategie, lieber das obere Gehirn anzusprechen, als das untere zu erzürnen. Wir haben zum Beispiel gesehen, dass bei einer Person, der ein Foto eines wütenden oder ängstlichen Gesichts gezeigt wird, die Aktivität in einer Region des unteren Gehirns zunimmt, die Amygdala genannt wird und für das schnelle Verarbeiten und Ausdrücken starker Emotionen, insbesondere Wut und Angst, zuständig ist. Eine der Hauptaufgaben der Amygdala besteht darin, wachsam zu bleiben und jedes Mal Alarm zu schlagen, wenn wir bedroht sind. Dies ermöglicht uns ein rasches Handeln. Interessanterweise verursacht das bloße Sehen eines Fotos einer Person mit wütendem oder ängstlichem Gesicht beim Betrachter eine Aktivierung der Amygdala. Selbst wenn der Betrachter das Foto so schnell sieht, dass er sich der Tatsache, das Bild gesehen zu haben, nicht einmal bewusst ist, veranlasst eine unterschwellige, instinktive, emotionale Reaktion die Amygdala dazu, zu feuern oder aktiv zu werden.

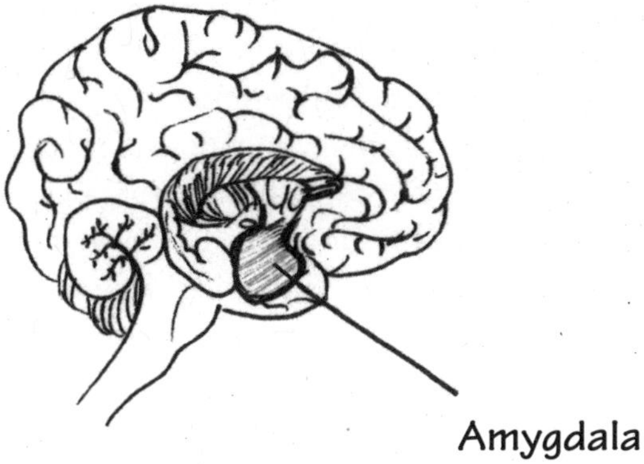

Noch faszinierender an dieser Untersuchung ist die Tatsache, dass die Aktivität der Amygdala abnahm, wenn die Betrachter aufgefordert wurden, die auf dem Bild dargestellte Emotion zu benennen, und sie sie als

Angst oder Wut bezeichneten. Warum war das so? Weil ein Teil des oberen Gehirns – ein der ventrolaterale präfrontale Kortex genannter Bereich – beim Bezeichnen die Regie übernahm und die Emotion dann verarbeitete. Dies ermöglichte es dem denkenden, analytischen Teil des Gehirns, das Heft in die Hand zu nehmen und die gereizten unteren Regionen zu besänftigen, und ließ eben nicht zu, dass das reaktive, emotionale untere Gehirn dominieren und die Gefühle und Reaktionen der Person diktieren würde. Dies ist ein klassisches Beispiel für die Strategie „Benennen, um es zu zähmen", die wir detailliert in unserem Buch *Achtsame Kommunikation mit Kindern* besprechen. Einfach durch das Benennen der Emotion spürt eine Person, wie das Maß ihrer Angst oder Wut sinkt. So kann das obere Gehirn das untere Gehirn beruhigen. Und das ist eine Fähigkeit, die ein Leben lang andauern kann.

Das wollen wir für unsere Kinder tun, wenn sie die Fassung verlieren und sich ausagieren: ihnen helfen, ihr oberes Gehirn einzuschalten. Der präfrontale Teil des oberen Gehirns besitzt tatsächlich beruhigende Fasern, welche die unteren Regionen beruhigen können, wenn diese reaktiv sind. Entscheidend ist, dass wir bei unseren Kindern für ein gutes Wachstum dieser Fasern sorgen und sie in einem Augenblick der Not aktivieren, indem wir uns, bevor wir umlenken, als Erstes verbinden. Wir wollen, dass unsere Kinder die innere Kompetenz entwickeln, den Sturm zu besänftigen und über das, was in ihrem Inneren passiert, zu reflektieren.

Denken Sie noch einmal an die Funktionen des oberen Gehirns: gute Entscheidungsfindung, Emotions- und Körperregulation, Flexibilität, Empathie, Mitgefühl, Einsicht und Moral. Dies sind Eigenschaften unserer Kinder, die wir entwickeln möchten, nicht wahr? Wie wir es in *Achtsame Kommunikation mit Kindern* deutlich gemacht haben, wollen wir das obere Gehirn ansprechen, statt das untere Gehirn zu erzürnen. Ansprechen, nicht erzürnen. Wenn wir das untere Gehirn erzürnen, geschieht das normalerweise, weil *unsere* Amygdala ebenfalls am Feuern ist. Und raten Sie einmal, was die Amygdala gerne möchte. Gewinnen! Wenn also die Amygdala des Elternteils und die des Kindes beide in Höchstgeschwindigkeit feuern, beide darauf aus sind, zu gewinnen, resultiert daraus praktisch immer ein

Statt das untere Gehirn zu erzürnen …

… sprechen Sie das obere Gehirn an

dramatischer Kampf, der damit endet, dass beide Seiten verlieren. Keiner gewinnt, und die Beziehung erleidet Verluste. All das, weil wir das untere Gehirn erzürnt statt das obere angesprochen haben.

Kampf der Amygdalae: Keiner gewinnt

Um eine andere Metapher zu benutzen: Es ist, als hätten Sie eine Fernbedienung für Ihr Kind und die Macht, zumindest in gewissem Maße die Art von Reaktion zu bestimmen, die Sie bekommen, wenn Sie beide interagieren. Drücken Sie auf den Knopf „ansprechen“ – den „Beruhigen-und-Denken“-Knopf –, stimulieren Sie das obere Gehirn und aktivieren eine beruhigende Reaktion. Drücken Sie aber auf den Knopf „erzürnen“ – den „Ausflippen-und-Emotionen-eskalieren-lassen“-Knopf –, indem Sie Drohungen äußern und Forderungen stellen, bitten Sie praktisch darum, dass der kämpfende Teil des Gehirns in Aktion tritt. Sie reizen die Echse und bekommen eine reaktive Reptilreaktion. Es hängt von Ihnen ab, auf welchen Knopf Sie drücken.

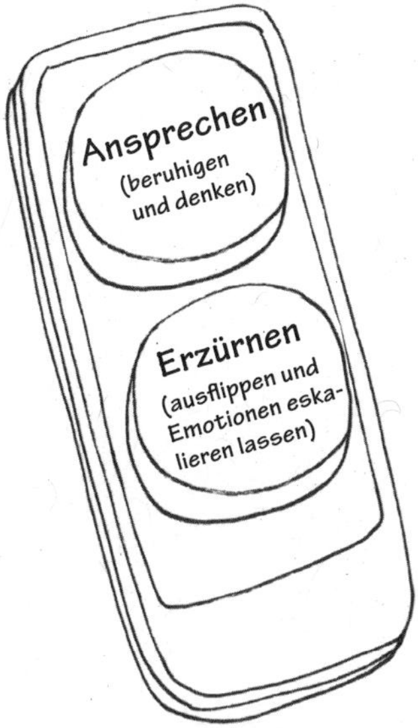

Denken Sie daran, nichts hiervon soll Eltern von der Verantwortung befreien, Grenzen zu setzen und klar zu kommunizieren. Wir werden Ihnen auf den folgenden Seiten viele praktische Anregungen dafür geben. Wenn Sie aber diese Grenzen setzen und auf Ihr Kind eingehen, machen Sie die Sache für sich selbst, Ihr Kind und jeden anderen, der sich in Hörweite befindet, sehr viel leichter, wenn Sie das klügere und empfängliche Selbst des Kindes und sein oberes Gehirn ansprechen statt seine echsenhafte Reaktivität und sein unteres Gehirn.

Noch spannender ist das, was passiert, *nachdem* wir das obere Gehirn angesprochen haben. Wenn es wiederholt aktiviert wird, wird es stark. Neurone, die gemeinsam feuern, verdrahten sich miteinander. Wenn sich also ein Kind in einem aufgewühlten Geisteszustand befindet und wir das obere Gehirn einladen, aktiv zu werden, erzeugen wir eine funktionelle Verbindung zwischen diesem dysregulierten Zustand und einer Aktivierung des Teils seines Gehirns, der es in einen wohlregulierten Zustand zurückbringt. Wir können das Wachstum jener beruhigenden Fasern anregen, die sich vom präfrontalen oberen Gehirn bis ins untere Gehirn hinein erstrecken.

Je mehr wir also die integriertere Natur unseres Kindes ansprechen – je mehr wir es dazu auffordern, innezuhalten, bevor es handelt, oder Rücksicht auf die Gefühle einer anderen Person zu nehmen, je mehr wir es dazu einladen, ethisch oder empathisch zu handeln –, umso mehr wird es sein oberes Gehirn benutzen und umso stärker wird dieses werden, da es Verbindungen aufbaut und sich mehr mit den unteren Bereichen integriert. Der Gebrauch seines oberen Gehirns wird immer mehr zu seinem Weg werden, zu seiner automatischen Standardantwort, selbst wenn die Emotionen hochgehen. Im Ergebnis wird es immer besser darin werden, gute Entscheidungen zu fällen, mit seinen Emotionen umzugehen und sich um andere zu kümmern.

Berücksichtigung der drei Gehirnmerkmale

Sprechen wir nun darüber, wie sich die drei Gehirnmerkmale – das Gehirn verändert sich, ist veränderlich und komplex – in der Praxis darstellen. Als Nina auf der Eingangstreppe ausflippte, bestand Liz' erster Impuls darin, logisch zu erklären, wie die Entscheidungen, wer mit wem fährt, getroffen worden waren: „Die Schule deiner Schwester liegt genau bei meiner Arbeitsstelle." Sie hätte weiter erklären können, dass Tim mehr Zeit hatte, um Nina zum Kindergarten zu fahren, und dass Nina gerade am Vortag darum gebeten hatte, mehr Zeit mit ihrem Vater zu verbringen. All diese Aussagen waren wahr und rational.

Wie jedoch bereits gesagt, ist Logik häufig unwirksam, manchmal sogar kontraproduktiv, wenn ein Kind gerade durchdreht – zumal Kinder in diesem Alter zu logischem Denken noch gar nicht fähig sind. Das begriff Liz, als sie ihre zornerfüllte Tochter ansah. Was sie da erkannte, war tatsächlich das erste der drei Gehirnmerkmale: Ninas Gehirn *veränderte* sich. Es entwickelte sich. Es war nicht entwickelt, es *entwickelte* sich. Was bedeutete, dass Liz mit ihrer jüngeren Tochter geduldig sein musste und nicht von ihr erwarten konnte, sich ständig wie eine Erwachsene oder auch nur wie ein älteres Kind im Griff zu haben. Sie atmete tief durch und gab sich Mühe, ungeachtet des durch die Vierjährige hervorgerufenen Stresses, der ungeduldigen Siebenjährigen und der unaufhörlich tickenden Uhr ruhig zu bleiben.

Genauso wichtig war in dieser Situation das zweite Gehirnmerkmal: Das Gehirn ist *veränderlich*. Liz verstand, dass die Art, wie sie und ihr Mann mit einer jeden Situation, die mit ihren Töchtern zu tun hatte, umgingen, die sich entwickelnden Gehirne der Mädchen verdrahtete, zum Guten oder zum Schlechten. In diesem Moment des Gewahrseins widerstand Liz also dem sich gerade in ihr regenden Drang, ihre schreiende Tochter eilig und sogar aggressiv hochzunehmen, stampfend mit ihr zu Tims Auto zu marschieren, sie in ihrem Kindersitz festzuschnallen und die Tür zuzuknallen.

Übrigens: Sollten Sie in der Beschreibung der wuterfüllten Liz und der Art, wie sie mit der Situation umgehen wollte, sich selbst erkennen, stehen Sie nicht alleine da. Wir haben das alle schon erlebt. (Siehe den Abschnitt „Wenn ein Erziehungsexperte durchdreht“ am Ende des Buches.) Fürsorgliche Eltern verurteilen sich häufig wegen jedes kleinen Fehlers, den Sie machen, oder wegen jeder versäumten Gelegenheit, einen schwierigen Moment aus der Perspektive des integrierten Gehirns anzugehen. Wir legen Ihnen eindringlich nahe, diesem inneren Kritiker nur lange genug zuzuhören, um etwas Bewusstsein zu erlangen, damit Sie es das nächste Mal besser machen können, dann aber großzügig zu sein und sich selbst zu verzeihen. Selbstverständlich wollen Sie bei Ihren Kindern und für diese Ihr Bestes geben. Wie wir aber ausführlich am Schluss dieses Buches erklären werden, können selbst elterliche Fehler extrem wertvoll für unsere Kinder sein – wir können ihnen vermitteln, dass wir alle nur Menschen sind, und wir können die Verantwortung für das Geschehene übernehmen und entstandenen Schaden reparieren. Das ist für alle Kinder eine grundlegende Erfahrung.

Liz war ein Mensch und eine Mutter, deshalb machte sie natürlich ihren Anteil an Fehlern, wie wir alle es tun. Aber in diesem Fall handelte sie mit einem integrierten Gehirn aus einer auf das Vermeiden von Drama ausgerichteten Haltung heraus und traf die bewusste Entscheidung, sich einen Augenblick Zeit zu nehmen und emotional für ihre kleine Tochter da zu sein. Zu diesem Zeitpunkt war die Familie weniger als eine Minute später dran als geplant. Und Liz erkannte, dass Ninas Gefühle, so dramatisch sie auch wirkten, real waren. Das Mädchen brauchte seine Mutter genau jetzt. Also verbot sich Liz den Impuls, zu tun, was am einfachsten und schnellsten ging, und zog ihre Tochter wieder nah zu sich heran.

Bei der Frage, wie genau sie auf die Situation einging, kommt das dritte Gehirnmerkmal – *komplex* – ins Spiel. Liz verstand ihre Tochter gut genug, um Besseres zu tun, als das untere Gehirn zu erzürnen. Dieses war bereits sehr aktiv. Stattdessen musste sie Ninas oberes Gehirn ansprechen und einschalten. Der erste Schritt hatte jedoch darin zu liegen, eine Verbindung herzustellen. Bevor wir umlenken, verbinden wir uns stets. Das tat Liz, als sie ihre Tochter in den Arm nahm. Ja, sie war in Eile, aber nichts Positives konnte geschehen, bevor Nina sich etwas beruhigt hatte, was nicht lange auf sich warten ließ, sobald sie in den Armen ihrer Mutter lag. In nur wenigen Sekunden spürte Liz, wie Nina einen tiefen Atemzug machte und ihr kleiner Körper begann, weich zu werden.

Wäre Nina Ihr Kind, gäbe es je nach Ihrem Stil und dem Temperament Ihrer Tochter einige Möglichkeiten, wie Sie mit dieser Situation umgehen würden. Wie Liz würden Sie wahrscheinlich als Erstes versuchen, Ihre Tochter zu beruhigen, damit sich ihr oberes Gehirn wieder einschalten würde und sie auf die Stimme der Vernunft hören könnte. Vielleicht würden Sie ihr versprechen, am nächsten Morgen früher aufzustehen, um Zeit zu haben, sie in den Kindergarten zu bringen. Oder möglicherweise würden Sie ihr versichern, dass Sie Ihren Chef bitten würden, am Nachmittag früher Schluss machen zu dürfen, um Ihre Tochter abholen zu können und dann etwas besondere Zeit mit ihr alleine zu verbringen. Oder vielleicht würden Sie ihr anbieten, ihr von Ihrem Auto aus über die Freisprecheinrichtung eine Geschichte zu erzählen, während ihr Vater sie zum Kindergarten fährt.

Wie sich herausstellte, probierte Liz mehrere dieser Strategien aus, alle ohne Erfolg. Keine kreative Inspiration traf ins Schwarze. Nina weigerte sich, irgendetwas davon zu akzeptieren.

Sind Sie nicht froh, dass wir kein Beispiel gewählt haben, in dem die Situation schön und perfekt endet? Sie sind erleichtert, nicht wahr, weil Sie wissen, dass es eben nicht immer so läuft. Egal, wie gekonnt wir mit einer Situation umgehen, und egal, wie bewusst wir uns wichtiger Information wie der drei Gehirnmerkmale sind, manchmal machen unsere Kinder trotzdem nicht alles so, wie wir es gerne hätten. Sie heben ihr Spielzeug nicht auf. Sie entschuldigen sich nicht automatisch bei ihrem Bruder. Sie beruhigen sich nicht. Das ist genau das, was hier stattfand. Nina kooperierte nicht. Ganz gleich, ob man sich anhörte, wie sie sich fühlte, ob man sie im Arm hielt, einen Plan vorbrachte … nichts klappte.

Aber Liz musste trotzdem zur Arbeit, und die Kinder mussten in die Schule und in den Kindergarten. Indem sie ruhig und empathisch blieb – das ist unser Ziel –, erklärte Liz also, dass sie los müssten und dass Tim Nina wie geplant an dem Morgen zum Kindergarten bringen würde: „Ich weiß, dass du traurig bist, und ich verstehe, dass du bei mir mitfahren möchtest. Ich fände das auch schön. Aber heute bekommen wir das nicht hin. Möchtest du jetzt reinklettern oder soll Papa dir helfen, ins Auto zu kommen? Papa wird bei dir sein und dich auf dem Weg zum Kindergarten trösten. Ich hab dich lieb und wir sehen uns heute Nachmittag." Und so endete die Situation, die auf der Eingangstreppe begonnen hatte, damit, dass Tim eine schreiende Nina zu seinem Auto trug.

Bitte beachten Sie, was wir hier eingestehen. Eine Disziplin ohne Drama kann nicht garantieren, dass Ihre Kinder jedes Mal, wenn Sie ihrem Verhalten begegnen, so handeln, wie Sie es gerne hätten. Das mit dem integrierten Gehirn erfolgende Vorgehen erhöht definitiv Ihre Chance, das kurzfristige Ziel, die Kooperation Ihrer Kinder, zu erreichen. Es trägt außerdem zur Beseitigung oder zumindest Verringerung der explosivsten Emotionen in der jeweiligen Situation bei, deeskaliert das Drama und verhindert damit den Schaden und den Schmerz, die sich ergeben, wenn eine Mutter oder ein Vater schreit oder bei der Angelegenheit persönlich wird. Aber es wird nicht *immer* genau das Verhalten hervorbringen, auf das Sie hoffen. Kinder sind schließlich Menschen, die ihre eigenen Emotionen, Wünsche und Absichten haben; sie sind keine Computer, die wir darauf programmieren können, zu tun, was wir wollen. Aber zumindest haben Sie bei einer Disziplin ohne Drama, wie Sie nach dem Lesen der folgenden Kapitel sicher bestätigen werden, deutlich bessere Chancen, mit Ihren Kindern auf eine Art zu kommunizieren, die sich für Sie beide besser anfühlt, durch die sich Vertrauen und Respekt zwischen Ihnen aufbauen und die das Drama in den meisten Disziplinssituationen verringert.

Zudem bietet uns das mit dem integrierten Gehirn erfolgende Vorgehen die Möglichkeit, unseren Kindern zu zeigen, wie sehr wir sie lieben und respektieren, auch wenn wir ihnen nicht immer geben was sie wollen. Unsere Kinder wissen – und wir verstärken dieses Wissen ihr ganzes Leben lang immer und immer wieder –, dass wir für sie da sind, wenn sie aufgewühlt sind oder sich unangemessen verhalten. Und dass wir bei ihnen sind. Wir kehren ihnen nicht den Rücken zu oder weisen sie nicht zurück, wenn sie verstört sind. Wir sagen nicht, und deuten nicht einmal an, dass ihr Wohlverhalten eine Bedingung sei, die sie erfüllen müssten, um unsere Liebe zu erhalten. *Die Disziplin ohne Drama erlaubt es uns, unseren Kindern zu vermitteln: „Ich bin bei dir. Ich halte dir den Rücken frei. Selbst wenn du dich von deiner schlimmsten Seite zeigst und ich es nicht mag, wie du dich benimmst, habe ich dich lieb und bin ich für dich da. Ich verstehe, dass es gerade schwer für dich ist, und ich bin da.“* Keine Mutter und kein Vater kann diese Botschaft jederzeit und in jeder Situation kommunizieren. Aber wir können sie konsequent und wiederholt aussenden, sodass in den Köpfen und Herzen unserer Kinder niemals Zweifel aufkommen.

Diese Art von berechenbarer, einfühlsamer, liebevoller, beziehungsfördernder Erziehung erlaubt es Kindern, sich sicher zu fühlen. Dadurch haben sie die Freiheit, zu unabhängigen Individuen zu werden, deren Gehirne so verdrahtet oder vernetzt sind, dass sie besser imstande sind, Entscheidungen gründlich zu durchdenken, zu verstehen, was sie angesichts einer Situation empfinden, die Perspektiven anderer zu berücksichtigen und selbstständig zu einer gesunden Schlussfolgerung zu kommen. Mit anderen Worten geben ihnen die Erfahrungen der emotionalen und physischen Sicherheit das Vermögen, verantwortungsbewusst zu handeln und gute Entscheidungen zu treffen. Im Gegensatz dazu untergräbt ein Erziehungsstil, der auf

Kontrolle und Angst ausgerichtet ist und betont, dass ein Kind jederzeit zu gehorchen hat, dieses Gefühl der Sicherheit. Wenn ein Kind in ständiger Sorge lebt, es könnte Dummheiten anstellen und seine Eltern unglücklich machen oder bestraft werden, fühlt es nicht die Freiheit, all die Dinge zu tun, die der Entwicklung und Stärkung seines oberen Gehirns dienen: über die Gefühle anderer nachzudenken, alternative Handlungsoptionen zu untersuchen, sich selbst zu verstehen und zu versuchen, in einer bestimmten Situation die beste Entscheidung zu fällen. Wir wollen nicht, dass unsere Disziplin unsere Kinder dazu veranlasst, all ihre Energie und sämtliche neuronalen Ressourcen darauf zu verwenden, uns glücklich zu machen oder Schwierigkeiten zu vermeiden. Vielmehr wollen wir, dass unser Umgang mit unseren Kindern zur Entwicklung ihres oberen Gehirns beiträgt. Und das ist genau das, was die Disziplin ohne Drama erreicht.

Disziplin ohne Drama baut das Gehirn auf

Die drei Gehirnmerkmale führen zu einer entscheidenden und unleugbaren Schlussfolgerung, die den zentralen Gedanken dieses Kapitels bildet: Eine Disziplin ohne Drama hilft tatsächlich beim Aufbau des Gehirns. Das stimmt. Es ist nicht allein so, dass ein vom integrierten Gehirn ausgehendes Vorgehen schwierige und hochgradig spannungsgeladene Situationen mit Ihren Kindern entschärfen kann. Oder Ihnen helfen kann, Ihre Beziehung zu Ihren Kindern auszubauen, weil Sie ihnen klarer vermitteln, wie sehr Sie sie lieben und dass sie in Sicherheit sind, selbst wenn Sie ihrem Verhalten Grenzen setzen. All das ist wahr; die Prinzipien und Strategien, die wir Ihnen auf den kommenden Seiten vorstellen werden, bieten tatsächlich alle diese Vorteile, sorgen für eine Erleichterung und Entlastung Ihres Alltags und fördern gleichzeitig Ihre Beziehung zu Ihrem Kind.

Aber darüber hinaus verhilft eine Disziplin ohne Drama ihrem Kind ein integriertes Gehirn zu entwickeln. Sie stärkt die neuronalen Verbindungen zwischen dem unteren und dem oberen Teil des Gehirns, und diese Verbindungen führen zu persönlicher Einsicht, zu Verantwortungsbewusstsein, flexibler Entscheidungsfindung, Empathie, Mitgefühl, Einsicht und Moral. Dies liegt daran, dass die höheren Teile des Gehirns immer häufiger mit den primitiven Impulsen eines Kindes kommunizieren und diese außer Kraft setzen können, wenn wir zur Stärkung der Verbindungsfasern zwischen dem Ober- und dem Erdgeschoss des Gehirns beitragen. Und unsere Entscheidungen tragen viel zur Festlegung dessen bei, wie stark diese Verbindungen sind. *Wie wir mit unseren Kindern interagieren, wenn sie aufgewühlt sind, hat einen erheblichen Einfluss darauf, wie sich ihr Gehirn entwickelt, und deshalb darauf, was für Menschen sie sind, sowohl heute als auch in den kommenden Jahren.* So hat die Art, wie wir mit unseren Kindern kommunizieren, Auswirkungen auf ihre inneren Kompetenzen, die eingebettet sind in die Verbindungen in ihren sich verändernden, veränderlichen, komplexen Gehirnen!

Bei näherem Hinsehen ist dies vollkommen einleuchtend. Jedes Mal, wenn wir einem Kind die Erfahrung gewähren, sein oberes Gehirn zu trainieren, wird dieses stärker und schreitet in seiner vollständigen Entwicklung weiter voran. Wenn wir ihm Fragen stellen, durch die es Einsicht entwickelt, wird es auch einsichtiger und verständnisvoller.

Wenn wir das Kind dazu ermuntern, sich in jemand anderes hineinzuversetzen und mit ihm mitzufühlen, wird es empathischer.

Wenn wir einem Kind Gelegenheit geben, zu *entscheiden*, wie es handeln sollte, statt ihm einfach nur zu sagen, was es tun sollte, wird es zu einem besseren Entscheider.

Und ist das nicht eines der obersten Ziele der Erziehung? Dass unsere Kinder einsichtiger, verständnisvoller und empathischer werden sowie fähiger, *selbstständig* gute Entscheidungen zu fällen? Sie kennen das alte Sprichwort: „Gib einem Mann einen Fisch, und du ernährst ihn für einen Tag. Lehre einen Mann zu fischen, und du ernährst ihn ein ganzes Leben." Unser oberstes Ziel ist nicht, dass unsere Kinder tun, was wir wollen, weil wir sie beobachten oder ihnen sagen, was sie tun sollen. (Das wäre in der Tat auch ziemlich unnütz, es sei denn, wir haben vor, für den Rest ihres Lebens mit ihnen zusammenzuleben und zur Arbeit zu gehen.) Vielmehr wollen wir ihnen helfen, zu lernen, selbstständig positive und produktive Entscheidungen zu treffen, in welcher Situation auch immer sie sich befinden. Und das bedeutet, dass wir die Male, die sie sich unangemessen verhalten, als Gelegenheiten sehen müssen, sie das Aufbauen wichtiger Kompetenzen üben zu lassen und die Verdrahtung dieser Erfahrungen im Gehirn zu ermöglichen.

Das Gehirn durch das Setzen von Grenzen aufbauen – aber wie?

Diese Perspektive kann unsere Betrachtungsweise der Gelegenheiten, die wir haben, um unseren Kindern beim Treffen besserer Entscheidungen zu helfen, vollkommen verändern. Wenn wir Grenzen setzen, tragen wir zur Entwicklung der Teile des oberen Gehirns bei, die es Kindern ermöglichen, sich zu beherrschen und ihr Verhalten sowie ihren Körper zu regulieren.

Wir können uns das so vorstellen, dass wir unseren Kindern beim Entwickeln der Fähigkeit helfen, zwischen den unterschiedlichen Aspekten des sogenannten autonomen Nervensystems zu wechseln. Ein Teil des autonomen Nervensystems ist der sympathische Zweig, den man sich als „Gaspedal" des Systems vorstellen kann. Denn wie ein Gaspedal veranlasst er uns, mit Schwung auf Impulse und Situationen zu reagieren, weil er den Körper zum Handeln bereit macht. Der andere Teil ist der parasympathische Zweig, der als die „Bremse“ des Systems fungiert und es uns ermöglicht, innezuhalten und uns selbst sowie unsere Impulse zu regulieren. Das Aufrechterhalten des Gleichgewichts zwischen Gaspedal und Bremse ist der Schlüssel zur Emotionsregulation; wenn wir Kindern also beim Entwickeln der Fähigkeit helfen, sich auch dann zu beherrschen, wenn sie aufgewühlt sind, helfen wir ihnen, zu lernen, diese zwei Zweige des autonomen Nervensystems im Gleichgewicht zu halten.

Was die reine Gehirnfunktion angeht, führt ein aktiviertes Gaspedal (das die unangemessene und impulsive Handlung eines Kindes zur Folge haben kann), dem ein plötzlicher Einsatz der Bremsen folgt (in Form des elterlichen Grenzensetzens), manchmal zu einer Reaktion des Nervensystems, die das Kind dazu veranlasst, innezuhalten und sich zu schämen. Dies kann sich physiologisch durch die Vermeidung von Blickkontakt, eine Schwere in der Brust und gegebenenfalls ein flaues Gefühl im Magen manifestieren. Eltern beschreiben diesen Zustand, wenn sie sagen, das Kind habe „ein schlechtes Gewissen wegen dem, was es getan hat“.

Dieses erste Gewahrsein, eine Grenze überschritten zu haben, ist äußerst gesund und ein Beweis dafür, dass sich das obere Gehirn des Kindes entwickelt. Manche Wissenschaftler behaupten, ein Grenzensetzen, das ein „gesundes Schamgefühl“ erzeugt, führe zu einem inneren Kompass, der das zukünftige Verhalten leitet. Das bedeutet, dass das Kind zusammen mit einem Verständnis von Moral und Selbstbeherrschung ein Gewissen oder eine innere Stimme zu erwerben beginnt. Wenn ihm seine Eltern wiederholt helfen, die Augenblicke zu erkennen, in denen es die Bremse betätigen muss, beginnt sich sein Verhalten mit der Zeit zu ändern. Es lernt nicht einfach nur, dass eine bestimmte Handlung schlecht ist oder dass seine Eltern nicht mögen, was es getan hat, und es diese Handlung deshalb besser vermeidet, um keinen Ärger zu bekommen. In diesem Kind findet mehr statt als das bloße Lernen der Regeln von gut versus schlecht oder akzeptabel versus inakzeptabel.

Vielmehr verändert sich in der Tat sein Gehirn, und sein Nervensystem wird darauf programmiert, ihm zu sagen, was „sich richtig anfühlt“, wodurch sich sein zukünftiges Verhalten ändert. Neue Erfahrungen erzeugen neue Verbindungen zwischen seinen Neuronen, und die Veränderungen im Schaltsystem seines Gehirns verwandeln seine Art, mit der Welt zu interagieren, grundlegend und positiv. Seine Eltern ermöglichen diesen Prozess, indem sie ihm liebevoll und empathisch vermitteln, welches Verhalten akzeptabel ist und welches nicht. Deshalb ist es von entscheidender Bedeutung, dass wir Grenzen setzen und dass unsere Kinder, wenn nötig, ein „Nein" verinnerlichen, insbesondere in den frühen Jahren, in denen sich die regulierenden Schaltkreise des Gehirns verdrahten. Indem wir ihnen helfen, die Regeln und Grenzen in ihren jeweiligen Umgebungen zu verstehen, tragen wir zur Entwicklung ihres Gewissens bei.

Dies fällt liebenden Eltern häufig schwer. Wir wollen, dass unsere Kinder glücklich sind, und wir haben es gerne, wenn sie bekommen, was sie sich wünschen. Außerdem wissen wir, wie schnell eine angenehme Situation ausarten kann, wenn ein Kind nicht bekommt, was es will. Wenn wir unsere Kinder jedoch wirklich lieben und das Beste für sie wollen, müssen wir in der Lage sein, das Unbehagen und die Anspannung zu tolerieren, die sie (und wir) empfinden können, wenn wir eine Grenze setzen. Wir wollen zu unseren Kindern so oft wie möglich Ja sagen, aber Nein zu sagen kann manchmal das Liebevollste sein, was wir tun können.

An dieser Stelle ist eine Warnung angebracht: Viele Eltern sagen viel zu häufig Nein oder eine Form des Neins. Sie sagen es automatisch und oftmals, wenn es nicht nötig ist. *Hör auf den Ball zu berühren. Hier wird nicht gelaufen. Klecker nicht.* Wir wollen hier nicht sagen, dass unsere Kinder das Wort „Nein" oft hören sollten. Viel wirksamer als ein ärgerliches Nein ist in Wirklichkeit ein Ja mit einer Bedingung: „Ja, du kannst später baden" oder „Ja, wir werden eine weitere Geschichte lesen, aber wir können es erst morgen tun". *Es geht mit anderen Worten nicht darum, sich das Neinsagen zum Prinzip zu machen, sondern darum, zu verstehen, wie wichtig es ist, Kindern zu helfen, Grenzen zu erkennen, damit sie zunehmend besser darin werden, selbst die Bremsen zu betätigen, wenn es sein muss.*

Auch eine zweite Warnung ist an dieser Stelle wichtig. Werden das Grenzensetzen und das „Nein" von elterlicher Wut oder negativen, das

Kind angreifenden Bemerkungen begleitet, wird die „gesunde, entwicklungsgemäße Scham“ eines Kindes, das einfach lernt, sein Verhalten zu zügeln, in kompliziertere „giftige Scham“ und Demütigung verwandelt. In der Wissenschaft gibt es die Auffassung, dass giftige Scham nicht einfach nur das Gefühl beinhaltet, etwas falsch gemacht zu haben, das korrigiert werden kann und muss, sondern auch das schmerzhafte Empfinden, dass das eigene innere Selbst fehlerhaft ist. Und dieses vermeintlich beschädigte Selbst wird vom Kind als unveränderlicher Zustand empfunden – nicht als ein Verhalten, das sich modifizieren lässt. Einige Wissenschaftler betrachten diesen Wechsel von einem „Verhalten, das in Zukunft geändert werden kann“ zu einem „Selbst, das grundlegend mangelhaft ist“ als das Ergebnis, das sich bei Kindern einstellt, die in Erwiderung auf ihr Verhalten wiederholte elterliche Feindseligkeit erleben. Giftige Scham und Demütigung können sich die gesamte Kindheit hindurch und bis ins Erwachsenenalter hinein fortsetzen, auch unter der Oberfläche des Gewahrseins, und hinterlassen den betroffenen Individuen das verborgene „Geheimnis“, dass sie für immer und zutiefst fehlerhaft sind und nicht genügen. Eine Kaskade negativer Konsequenzen – Schwierigkeiten mit engen Beziehungen, die dieses verborgene Geheimnis enthüllen könnten, ein Gefühl der Unwürdigkeit, der Zwang, im Leben Erfolg zu haben, aber nie das Gefühl der Zufriedenheit – kann dann das Leben des Individuums dominieren. Sie als Mutter oder Vater können es vermeiden, Ihrem Kind diese negative Kaskade der giftigen Scham zuzufügen, indem Sie lernen, wie Sie benötigte Struktur erzeugen, ohne Ihr Kind zu demütigen. Hierbei handelt es sich um ein erreichbares Ziel, und wir sehen es als unsere Aufgabe an, Ihnen diesen Weg zugänglich zu machen, wenn Sie sich dafür entscheiden, ihn zu gehen.

Statt eines klaren Neins …

… probieren Sie ein Ja mit einer Bedingung

Kurz gesagt ermutigt eine Disziplin ohne Drama Kinder dazu, in sich selbst hineinzusehen, die Gefühle anderer zu berücksichtigen und oftmals schwierige Entscheidungen zu fällen, auch wenn sie den Impuls oder Wunsch haben, die Dinge anders zu machen. Sie erlaubt es Kindern, die emotionalen und sozialen Fähigkeiten in die Tat umzusetzen, von denen wir möchten, dass sie sie verstehen und sich an ihnen orientieren. Sie ermöglicht es Ihnen als Eltern, mit Respekt Struktur zu schaffen. Wenn wir bereit sind, liebevoll eine Grenze zu setzen, erzeugen wir – genauso wie dann, wenn wir mit dem Bewusstsein handeln, dass die Gehirne unserer Kinder sich verändern, veränderlich und komplex sind –, neuronale Verbindungen, welche die Beziehungskompetenz unserer Kinder und ihre Fähigkeit zu Selbstregulation, Empathie, Mitgefühl, Einsicht, Moral und vielem, vielem mehr, verbessern. Und die Kinder können sich als die Individuen wohlfühlen, die sie sind, während sie lernen, ihr Verhalten zu ändern.

All dies führt zu einer für Eltern spannenden Schlussfolgerung: Jedes Mal, wenn unsere Kinder sich unangemessen verhalten, geben sie uns Gelegenheit, sie besser zu verstehen und ein besseres Gefühl dafür zu bekommen, beim Lernen welcher Dinge sie Hilfe benötigen. Kinder agieren sich häufig aus, weil sie auf einem bestimmten Gebiet noch keine Kompetenzen entwickelt haben. Wenn also Ihre dreijährige Tochter einen Jungen aus der Kindergartengruppe an den Haaren zieht, weil er den ersten Pappbecher voller Knusper-Fischlis bekommen hat, sagt sie Ihnen eigentlich: „Ich muss die Fähigkeit aufbauen, abzuwarten, bis ich an der Reihe bin." Und wenn Ihr siebenjähriger Sohn aufsässig wird und Sie „Furzgesicht" nennt, nachdem Sie ihm gesagt haben, dass es Zeit sei, sich von seinen Spielgefährten zu trennen, sagt er eigentlich: „Ich muss die Fähigkeit aufbauen, meine Emotionen besser zu regulieren und meine Enttäuschung respektvoll zu kommunizieren, wenn ich nicht meinen Willen bekomme." Wenn sich Kinder unangemessen verhalten, teilen sie genau genommen mit, an was sie arbeiten müssen – was noch nicht entwickelt wurde oder bei welchen speziellen Fähigkeiten sie Übung benötigen.

Was die Eltern sehen:

Was das Kind tatsächlich sagt:

Die schlechte Nachricht ist die, dass dies selten Spaß macht, weder dem Kind noch den Eltern. Die gute Nachricht ist die, dass wir auf diese Weise Informationen erhalten, die wir sonst möglicherweise nicht bekommen würden. Die noch bessere Nachricht ist die, dass wir dann bewusste, absichtsvolle Schritte unternehmen können, um unseren Kindern Erfahrungen zu ermöglichen, die ihre Fähigkeit verbessern, zu teilen, an andere zu denken, freundlich zu sprechen und so weiter. Wir sagen nicht, dass Sie unbedingt feiern sollten, wenn Ihre Kinder mit bestimmten Dingen nicht gut umgehen. („Juhu! Eine Gelegenheit, einem Gehirn zu helfen, sich durch meine bewusste Vorgehensweise optimal zu entwickeln!") Sie werden wahrscheinlich kein Vergnügen an der Disziplin finden und sich nicht auf zukünftige Wutanfälle oder Trotzreaktionen freuen. Wenn Sie aber erkennen, dass diese „Momente des Fehlverhaltens" nicht einfach nur elende Erfahrungen sind, die es auszuhalten gilt, sondern tatsächlich Gelegenheiten für Wissen und Wachstum, können Sie der gesamten Erfahrung einen neuen Rahmen geben und sie als Chance erkennen, das Gehirn aufzubauen und etwas Bedeutungsvolles und Wesentliches im Leben Ihres Kindes zu schaffen.

3 Vom Wutanfall zur Ruhe: Verbindung ist der Schlüssel

Michael hörte, dass im Zimmer seines Sohnes die Stimmen lauter wurden, sah sich aber gerade das Basketballspiel im Fernsehen an und beschloss, bis zur nächsten Werbepause zu warten, bevor er der Sache auf den Grund gehen wollte. Großer Fehler.

Sein Achtjähriger, Graham, und dessen Freund James hatten die letzte halbe Stunde damit zugebracht, sorgfältig Grahams Hunderte von Legoteilen zu ordnen und zu sortieren. Graham hatte sein Taschengeld für den Kauf eines Angelkastens verwendet, und er hatte jedem Legoteil, jedem Kopf, Oberkörper, Helm, Schwert, Lichtsäbel, Zauberstab, jeder Axt und allem möglichen anderen, was die kreativen Genies aus Dänemark sich hatten einfallen lassen, ein anderes Fach zugedacht. Die beiden Jungs fühlten sich bei ihrem Sortieren wie im siebten Himmel.

Das Problem war nur, dass Michaels Fünfjähriger, Matthias, sich zunehmend von Graham und James ausgeschlossen fühlte. Die drei Jungs hatten das Projekt gemeinsam begonnen, aber die älteren beiden merkten irgendwann, dass Matthias ihr komplexes Ordnungssystem nicht recht verstand. Daraufhin verboten sie ihm, weiter mitzumachen.

Das Signal waren die lauter werdenden Stimmen.

Michael schaffte es nicht bis zur Werbepause. Das Geschrei machte ihm klar, dass er sofort einzuschreiten hatte, aber er war nicht schnell genug. Als er noch drei Schritte vom Kinderzimmer entfernt war – drei kurze Schritte! – hörte er das unmissverständliche Geräusch von Hunderten sich über den Parkettboden ergießenden Kunststoff-Legoteilen.

Drei Schritte weiter wurde er Zeuge von Verstümmelung und Gemetzel. Es war ein absolutes Massaker. Abgeschlagene Köpfe übersäten den gesamten Boden, lagen neben armlosen Körpern und mittelalterlichen sowie futuristischen Waffen. Ein Regenbogen des Chaos spannte sich von der Tür bis zum Kleiderschrank auf der anderen Seite des Zimmers.

Neben dem umgekippten Angelkasten stand mit rotem Gesicht Michaels wütender Fünfjähriger und schaute ihn mit einem irgendwie zugleich aufsässigen und entsetzten Blick an. Michael drehte sich zu seinem älteren Sohn, der schrie: „Er macht *alles* kaputt!" und heulend aus dem Zimmer lief, gefolgt von einem verlegen dreinblickenden und sich sichtlich unwohl fühlenden James.

Was tun? Das nennt man wohl eine schwierige Situation. Jetzt heulten beide Söhne, ein Freund stand zwischen den Fronten, und Michael selbst war wütend. Nicht nur hatte Matthias die ganze Arbeit der älteren Jungs zerstört, auch galt es jetzt, im Zimmer ein riesiges Chaos zu beseitigen. (Falls Sie jemals den Schmerz gespürt haben, den es bereitet, auf einen Legostein zu treten, wissen Sie, warum es nicht infrage kam, die Teile auf dem Boden verstreut liegen zu lassen.) Und er verpasste das Spiel.

Michael beschloss, erst später nach den älteren Jungs zu sehen und sich als Erstes um Matthias zu kümmern. Sein ursprünglicher Impuls war, sich über seinen kleinen Sohn zu beugen, mit dem Finger vor dem Gesicht des Jungen zu wedeln und ihn dafür zu schelten, den Angelkasten ausgekippt zu haben. In seiner Wut wollte er unmittelbare Konsequenzen verhängen. Er wollte schreien: „Warum hast du das *getan*?" Er wollte sagen, dass Matthias niemals mehr dabei sein dürfe, wenn Graham sich mit jemandem zum Spielen verabredet, und dann hinzufügen: „Verstehst du jetzt, warum sie nicht wollten, dass du mit ihren Legosteinen spielst?"

Glücklicherweise übernahm jedoch Michaels besonnener Teil (sein oberes Gehirn) die Regie, und er ging die Situation aus einer Perspektive des integrierten Gehirns an. Diese reifere und empathischere Herangehensweise wurde dadurch ausgelöst, dass er erkannte, wie sehr sein kleiner Junge ihn genau jetzt *brauchte*. Natürlich würde Michael Matthias' Verhalten ansprechen müssen. Und ja, offensichtlich würde er nächstes Mal ein bisschen früher reagieren müssen und sich um eine Situation kümmern, bevor sie außer Kontrolle geriet. Er würde Matthias helfen müssen, darüber nachzudenken, wie Graham sich fühlte, und zu verstehen, dass unsere Handlungen häufig erhebliche Auswirkungen auf andere Menschen haben. All dieses Vermitteln, all dieses Umlenken war unbedingt notwendig.

Aber nicht genau jetzt.

Genau jetzt musste er sich verbinden.

Matthias war emotional vollkommen dysreguliert, und sein Vater musste die verletzten Gefühle, die Traurigkeit und die Wut lindern, die entstanden waren, weil er zum Verstehen als zu klein erachtet und ausgeschlossen worden war. Dies war nicht der Zeitpunkt, um umzulenken, etwas zu lehren oder über Familienregeln und Respekt für das Eigentum anderer zu sprechen. Es war der Zeitpunkt, um sich zu verbinden.

So kniete Michael sich hin und öffnete seine Arme, und Matthias fiel in sie hinein. Michael hielt ihn, während er schluchzte, strich ihm über den Rücken und sagte nichts weiter als ein gelegentliches: „Ich weiß, mein Freund, ich weiß."

Eine Minute später sah Matthias mit vor Tränen glänzenden Augen zu ihm auf und sagte: „Ich hab die Legos ausgekippt."

Als Antwort lachte Michael ein wenig und sagte: „Ich würde sagen, du hast mehr gemacht als das, Kleiner!"

Matthias lächelte, und an diesem Punkt wusste Michael, er könnte nun zum umlenkenden Teil übergehen und Matthias helfen, einige wichtige Lehren über Empathie und das angemessene Ausdrücken starker Gefühle zu verstehen. Er war jetzt *in der Lage*, seinen Vater zu hören. Michaels Verbindung und Trost hatten es seinem Sohn ermöglicht, aus einem reaktiven Zustand in einen empfänglichen zu wechseln, in dem er seinen Vater hören und wirklich etwas aufnehmen konnte.

Beachten Sie, dass es nicht nur beziehungsfördernder und liebevoller ist, sich als Erstes zu verbinden. Ja, es erlaubt es Eltern, sich auf ihre Kinder einzustimmen, wie Michael es hier tat, und emotional auf sie einzugehen, wenn sie aufgewühlt und dysreguliert sind. Dies ermöglicht es dem Kind, sich „gefühlt zu fühlen", das heißt das innere Gefühl zu haben, gesehen und verstanden zu werden, welches Chaos in Ruhe verwandelt und Isolation in Verbindung. Sich als Erstes mit dem Kind zu verbinden, ist ein von Grund auf liebevoller Weg Kindern etwas zu vermitteln. Beachten Sie aber, wie viel *effektiver* ein ohne Drama ablaufender Ansatz zudem sein kann. Nicht, dass eine Standpauke als Michaels erste Reaktion auf die Situation *falsch* gewesen wäre. Es geht uns hier nicht um die Richtigkeit oder Unrichtigkeit von Erziehungsansätzen (auch wenn wir definitiv behaupten würden, dass eine mit dem integrierten Gehirn erfolgende Erziehung grundsätzlich liebevoller und mitfühlender ist). Der Punkt ist der, dass Michael mit seiner Taktik, sich zuerst zu verbinden, die zwei Ziele der Disziplin ohne Drama – Kooperation und Gehirnaufbau – ausgesprochen effektiv nutzte. So konnte Lernen stattfinden, das Lehren wirksam sein und Verbindung hergestellt und aufrechterhalten werden. Seine Herangehensweise ließ Michael die Aufmerksamkeit seines Sohnes bekommen, und zwar schnell und ohne Drama, woraufhin die beiden über Matthias Verhalten *so sprechen konnten, dass dieser zuhören konnte*. Außerdem vermochte sie beim Aufbau von Matthias' Gehirn zu helfen, weil dieser jetzt Michaels Argumente hören und die wichtigen Lehren verstehen konnte, die sein Vater ihm erteilte. Des Weiteren lebte Michael seinem Sohn eingestimmte Verbindung vor und zeigte ihm, dass es ruhigere, liebevollere Möglichkeiten des Interagierens gibt, wenn man über jemanden verärgert ist. Und all dies geschah, weil Michael sich verband, bevor er umlenkte.

Vorbeugendes Elternverhalten

Wir werden gleich darüber sprechen, warum Verbindung so ein mächtiges Instrument ist, wenn unsere Kinder aufgewühlt sind oder Schwierigkeiten haben, gute Entscheidungen zu treffen. Michael setzte dieses Instrument offensichtlich einfühlsam ein. Aber dadurch, dass er ein bisschen zu lange brauchte, um auf die Situation zu reagieren – drei kurze Schritte –, verpasste er eine Gelegenheit, die Eskalation komplett zu vermeiden.

Es stimmt wirklich. Manchmal können wir es einfach durch *vorbeugendes* statt *reagierendes* Verhalten vermeiden, überhaupt eingreifen zu müssen. Wenn wir vorbeugend handeln, achten wir auf Momente, in denen wir erkennen können, dass bei unseren Kindern ein Fehlverhalten und/oder emotionale Reaktion kurz bevorsteht – sie macht sich gerade am Horizont bemerkbar –, und schreiten ein und versuchen die Kinder um diese potenzielle Landmine herumzuleiten. Michael wollte es noch bis zur nächsten Werbepause schaffen, deshalb reagierte er nicht schnell genug auf die Hinweise darauf, dass sich im Zimmer seines Sohnes Ärger abzuzeichnen begann.

Vorbeugendes Elternverhalten kann alles verändern. Nehmen wir zum Beispiel einmal an, Ihre liebe und normalerweise pflegeleichte achtjährige Tochter macht sich gerade bereit für den Schwimmunterricht, und Sie merken, dass sie ein bisschen überreagiert, als sie Sonnencreme auftragen soll: „Warum muss ich jeden Tag Sonnencreme benutzen?“ Als Sie dann ihrem kleinen Bruder beim anziehen helfen, setzt sie sich eine Minute lang ans Klavier, um eines ihrer Lieder zu spielen. Aber sie trifft ein paar Töne nicht und schlägt dann in ihrer Frustration mit der Faust auf die Tastatur.

Sie könnten diese Handlungen als isolierte Vorfälle interpretieren und über sie hinwegsehen. Oder Sie könnten sie als die Warnsignale erkennen, die sie wahrscheinlich sind. Vielleicht erinnern Sie sich daran, dass diese bestimmte Tochter besonders leicht aus der Fassung gerät, wenn sie hungrig ist, und hören deshalb mit dem, was Sie gerade tun auf und legen ihr einen Apfel hin. Wenn sie zu Ihnen aufblickt, können Sie ihr ein wissendes Lächeln schenken, mit dem sie ihr zeigen, dass Sie sich an diese Neigung von ihr erinnern, und dann wird sie hoffentlich nicken, den Apfel essen und zu ihrem inneren Gleichgewicht zurückfinden.

Zugegebenermaßen zeigen sich manchmal keine offensichtlichen Zeichen, bevor unsere Kinder ungeeignete Entscheidungen treffen und sich nicht gerade optimal verhalten. Andere Male aber können wir die Signale unserer Kinder lesen und vorbeugende Schritte unternehmen, um der Krise voraus zu sein. Das kann bedeuten, dass Sie fünf Minuten, bevor es den Park zu verlassen gilt, eine Vorwarnung geben oder dass Sie eine feste Zubettgehzeit durchsetzen, damit Ihre Kinder nicht zu müde und quengelig werden. Es kann bedeuten, dass Sie anfangen, einem Kindergartenkind eine spannende Geschichte zu erzählen, und dann unterbrechen und erklären, Sie würden die Fortsetzung preisgeben, sobald das Kind im Auto in seinem Kindersitz sitzt. Oder vielleicht bedeutet es, dass Sie einschreiten, um mit Ihren Kindern ein neues Spiel zu beginnen, wenn Sie hören, dass sie drauf und dran sind, in erheblichen Streit zu geraten. Es kann bedeuten, dass Sie einem Kleinkind mit Neugier erweckender Stimme sagen: „Hey, bevor du diese Fritte durchs Restaurant wirfst, möchte ich dir zeigen, was ich in der Tasche habe."

Statt reagierend einzuschreiten …

… agieren Sie vorbeugend

Eine weitere Möglichkeit, vorbeugend zu handeln, besteht darin, innezuhalten und sich eine Frage zu stellen, bevor Sie auf Ihre Kinder eingehen. Wenn Sie sehen, dass das Verhalten Ihres Kindes in eine Richtung tendiert, die Sie nicht mögen, fragen Sie sich: „Ist mein Kind hungrig, wütend, einsam oder müde?“ Es kann sein, dass Sie nichts weiter tun müssen, als ein paar Weintrauben hinzustellen, sich seine Gefühle anzuhören, ein Spiel mit ihm zu spielen oder ihm zu helfen, mehr Schlaf zu bekommen. Manchmal ist mit anderen Worten nichts weiter nötig als ein wenig Vorausdenken und Vorausplanung.

Ist Ihr Kind zu:	IS YOUR CHILD TOO:
HUNGRIG?	HUNGRY?
WÜTEND?	ANGRY?
EINSAM?	LONELY?
MÜDE?	TIRED?

Vorbeugend zu handeln ist nicht einfach und erfordert ziemlich viel Gewahrsein Ihrerseits. *Je mehr Sie aber auf die Anfänge negativen Verhaltens achten und dieses abwenden können, umso weniger müssen Sie am Ende im buchstäblichen oder übertragenen Sinne die Teile aufsammeln, was bedeutet, dass Sie und Ihre Kinder mehr Zeit haben werden, um sich einfach aneinander zu erfreuen.*

Wie wir jedoch alle wissen, eskalieren Situationen manchmal einfach. Oh ja, und wie das geschieht. Und keine noch so große vorbeugende Maßnahme kann dies verhindern. Dann ist es Zeit, sich zu verbinden. Wir müssen gegen den Drang angehen, sofort zu bestrafen, zu belehren, Vorschriften zu machen oder sogar umgehend positiv umzulenken. Stattdessen müssen wir uns *verbinden.*

Warum sich zuerst verbinden?

Lassen Sie uns konkreter werden und darüber sprechen, *warum* Verbindung ein so leistungsstarkes Instrument ist. Wir werden uns dreierlei Nutzen ansehen – einen kurzfristigen, einen langfristigen und einen beziehungsbezogenen –, der sich ergibt, wenn das Herstellen von Verbindung unsere erste Antwort auf unserer Kinder Schwierigkeit ist, sich zu regulieren und gute Entscheidungen zu fällen.

Nutzen 1: Verbindung holt ein Kind aus der Reaktivität in den Zustand der Empfänglichkeit

Wie auch immer wir uns genau entscheiden zu reagieren, wenn unsere Kinder sich unangemessen verhalten, gibt es eine Sache, die wir tun müssen: Wir müssen emotional mit ihnen verbunden bleiben, auch wenn – und vielleicht gerade wenn – sie außer sich sind. *Schließlich brauchen unsere Kinder uns dann am meisten, wenn sie am aufgewühltesten sind.* Denken Sie daran: Sie *wollen* nicht frustriert, wütend oder außer Kontrolle sein. Das ist nicht nur unangenehm, es ist auch ausgesprochen anstrengend.

Gewöhnlich ist so genanntes „Fehlverhalten“ die Folge der Schwierigkeiten eines Kindes, mit dem umzugehen, was in seiner Umgebung – und in seinem Inneren – geschieht. Es hat all diese starken Gefühle, die zu bewältigen es noch nicht in der Lage ist, und sein Verhalten ist ganz einfach das Ergebnis davon. Seine Handlungen – insbesondere, wenn es außer Kontrolle ist – sind eine Botschaft, dass es Hilfe benötigt. Sie sind eine Bemühung um Unterstützung und um Verbindung.

Wenn Kinder also wütend, niedergeschlagen, beschämt, verlegen, überwältigt oder auf irgendeine andere Art außer Kontrolle sind, müssen wir für sie da sein. Durch Verbindung können wir den in ihrem Inneren tobenden Sturm lindern, ihnen helfen, sich zu beruhigen, und sie beim Treffen besserer Entscheidungen unterstützen. Wenn sie unsere Liebe und Akzeptanz spüren, wenn sie sich durch uns „gefühlt fühlen“, auch wenn sie wissen, dass uns ihre Handlungen nicht gefallen (oder wenn sie unsere nicht mögen), können sie anfangen, sich zu regulieren, und ihr oberes Gehirn wieder einschalten. Dann kann effektive Disziplin tatsächlich stattfinden. Mit anderen Worten: Verbindung holt Kinder aus einem reaktiven Zustand in einen Zustand, in dem sie empfänglich für die Lehre sein können, die wir ihnen vermitteln wollen, und für die gesunden Interaktionen, die wir mit ihnen haben wollen.

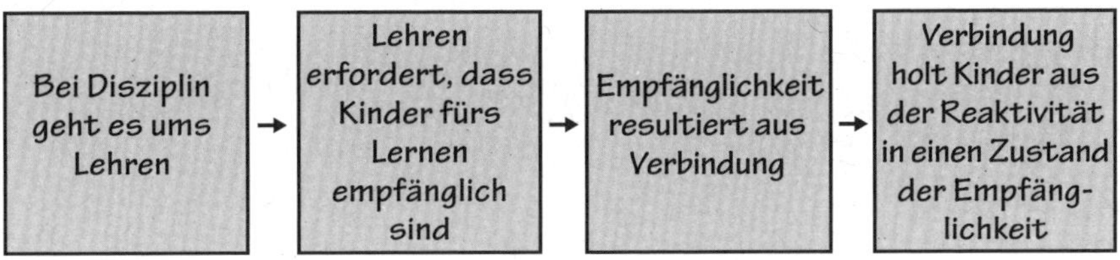

Bevor wir mit dem Umlenken und dem expliziten Lehren beginnen, können wir uns also eine große Frage stellen: *Ist mein Kind bereit? Bereit, mich zu hören, bereit zu lernen, bereit zu verstehen?* Wenn ein Kind nicht bereit ist, ist mit hoher Wahrscheinlichkeit mehr Verbindung angezeigt.

Wie wir bei Michael und seinem fünfjährigen Sohn gesehen haben, beruhigt Verbindung das Nervensystem, lindert damit die im Augenblick vorherrschende Reaktivität der Kinder und bringt sie in einen Zustand, in dem sie uns hören, in dem sie lernen und sogar ihre eigenen, vom integrierten Gehirn ausgehenden Entscheidungen treffen können. Wenn der emotionale Pegel ansteigt, ist Verbindung der Regler, der dafür sorgt, dass die Gefühle nicht zu hochkochen. Ohne Verbindung können die Emotionen weiter außer Kontrolle geraten.

Verbindung beruhigt

Denken Sie an das letzte Mal, als Sie richtig traurig oder wütend oder durcheinander waren. Wie hätte es sich angefühlt, wenn jemand, den Sie lieben, zu Ihnen gesagt hätte: „Du musst dich beruhigen“ oder „Das ist doch nicht *so* schlimm“? Oder was wäre gewesen, wenn Sie gesagt bekommen hätten: „Du gehst jetzt und bleibst allein in deinem Zimmer, bis du dich beruhigt hast und wieder nett und fröhlich sein kannst“? Diese Reaktionen würden sich schrecklich anfühlen, nicht wahr? Doch sagen wir unseren Kindern ständig Sachen dieser Art. Und wenn wir das tun, *erhöhen* wir ihre innere Verstörung, was dazu führt, dass sie sich noch mehr ausagieren statt weniger. Diese Reaktionen erreichen das Gegenteil von Verbindung, da sie negative Zustände effektiv *verstärken*.

Verbindung hingegen beruhigt und lässt Kinder damit die Kontrolle über ihre Emotionen und ihren Körper zurückgewinnen. Sie ermöglicht es ihnen, sich „gefühlt zu fühlen", und diese Empathie lindert das Gefühl der Isolation oder des Missverstandenwerdens, das mit der Reaktivität ihres unteren Gehirns und des gesamten Nervensystems entsteht: Das Herz pocht, die Lungen atmen schnell, die Muskeln spannen sich an und der Darm bewegt sich heftig. Diese reaktiven Zustände sind unangenehm, und sie können durch weitere Forderungen sowie durch Trennung intensiviert werden. Mit Verbindung jedoch können Kinder überlegtere Entscheidungen treffen und sich besser regulieren.

Die Wirkung der Verbindung liegt im Wesentlichen darin, dass sie das Gehirn *integriert*. Das funktioniert so: Das Gehirn ist, wie bereits gesagt, komplex. (Das ist das dritte Gehirnmerkmal.) Es besteht aus vielen Teilen, die alle unterschiedliche Aufgaben zu erfüllen haben. Das obere Gehirn, das untere Gehirn. Die linke Seite und die rechte Seite. Es gibt Erinnerungszentren und Schmerzregionen. Diese Teile unseres Gehirns haben, gemeinsam mit sämtlichen Systemen und Schaltkreisen des Gehirns, ihre eigenen Zuständigkeiten, ihre eigenen Aufgaben. Wenn sie als koordiniertes Ganzes zusammenarbeiten, wird das Gehirn integriert. Seine vielen Teile können als Team agieren und dadurch mehr erreichen und effektiver sein, als wenn sie alleine arbeiten würden.

Wie wir in unserem Buch *Achtsame Kommunikation mit Kindern* erläutert haben, ist der „Fluss des Wohlbefindens" ein gutes Bild für das Verständnis der Integration. Stellen Sie sich vor, Sie säßen in einem Kanu und glitten einen friedlichen, idyllischen Fluss entlang. Sie fühlen sich ruhig, entspannt und bereit, mit allem umzugehen, was da kommen mag. Das heißt nicht unbedingt, dass alles perfekt ist oder nach Ihrem Willen läuft. Es ist eher so, dass Sie sich in einem integrierten Geisteszustand befinden – Sie sind ruhig, empfänglich und ausgeglichen, und Ihr Körper fühlt sich vital und wohl. Auch wenn die Dinge letztendlich nicht so laufen, wie Sie es gerne hätten, können Sie sich flexibel anpassen. Das ist der Fluss des Wohlbefindens.

Manchmal jedoch sind Sie nicht in der Lage, im Strom des Flusses zu bleiben. Sie steuern zu weit auf das eine oder andere Ufer zu. Eine Seite des Flusses repräsentiert Chaos. Nicht weit von diesem Ufer gibt es gefährliche Stromschnellen, die das Leben wild und unkontrollierbar erscheinen lassen. Wenn Sie dem Ufer des Chaos nahe sind, geraten Sie leicht aus der Fassung, und selbst kleine Hindernisse können bewirken, dass Sie die Kontrolle verlieren. Sie können überwältigende Emotionen wie große Unruhe oder heftige Wut empfinden, und Sie können merken, dass sich auch Ihr Körper – mit seinen angespannten Muskeln, einem schnellen Herzschlag und einer gerunzelten Stirn – chaotisch anfühlt.

Das andere Ufer ist nicht weniger unangenehm, denn es repräsentiert Erstarrung. Hier bleiben Sie mit Ihrem Wunsch oder Ihrer Erwartung stecken, die Welt möge auf eine bestimmte Art funktionieren, und sind nicht bereit oder nicht imstande, sich anzupassen, wenn dies nicht geschieht. In Ihrem Bemühen, Ihrer Umwelt Ihre eigene Sicht und Ihre speziellen Wünsche aufzudrängen, wollen Sie keine nennenswerten Kompromisse schließen oder Verhandlungen austragen – oder können dies vielleicht nicht einmal.

Am einen Ufer ist also Chaos, am anderen Erstarrung. Die zwei Extreme bieten entweder fehlende Kontrolle oder so viel Kontrolle, dass es keine Flexibilität oder Anpassungsfähigkeit gibt. Und beide Extreme halten Sie vom friedlichen Strom des Flusses des Wohlbefindens fern. Egal, ob Sie chaotisch oder erstarrt sind, Sie verpassen die Gelegenheit, sich an psychischer und emotionaler Gesundheit zu erfreuen und mit der Welt im Einklang zu sein.

Chaos

Erstarrung

Stellen Sie sich den Fluss des Wohlbefindens in Bezug auf Ihre Kinder vor. Fast immer, wenn Kinder ausrasten oder aufgewühlt sind, zeigen sie Anzeichen von Chaos, Erstarrung oder beidem. Wenn eine Neunjährige wegen eines am nächsten Tag in der Schule anstehenden Referats ausflippt und letztendlich ihre Aufzeichnungen zerreißt und mit schluchzender Stimme sagt, sie würde niemals in der Lage sein, sich den Beginn ihres Vortrags einzuprägen, ist sie dem Chaos erlegen. Sie ist gegen das Ufer geknallt, weit weg von dem sanft dahinfließenden Strom des Flusses des Wohlbefindens. Ebenso ist ein Fünfjähriger, der stur darauf besteht, eine weitere Gutenachtgeschichte vorgelesen zu bekommen, oder sich weigert, in die Badewanne zu steigen, bevor er sein ganz spezielles Armband gefunden hat, direkt ans Flussufer der Erstarrung gestoßen. Und erinnern Sie sich noch an Nina aus dem letzten Kapitel? Als sie zusammenbrach, weil ihre Mutter ihr sagte, dass ihr Vater sie an jenem Morgen zum Kindergarten fahren würde, sich dann weigerte, irgendwelche anderen Sichtweisen der Situation zu berücksichtigen, bewegte sie sich im Zickzack zwischen Chaos und Erstarrung hin und her und durfte nie den friedlichen Strom in der Mitte des Flusses des Wohlbefindens genießen.

Das also ermöglicht Verbindung. Sie holt die Kinder weg von den Ufern und zurück in den Strom, in dem sie innere Ausgeglichenheit empfinden und sich glücklicher und stabiler fühlen. Dann können sie hören, was wir ihnen zu sagen haben, und bessere Entscheidungen treffen. Wenn wir uns mit einem Kind verbinden, das sich überwältigt und chaotisch fühlt, helfen wir ihm, sich von diesem Ufer weg und in die Mitte des Flusses zu bewegen, wo es sich ausgeglichener und beherrschter fühlen kann. Wenn wir uns mit einem Kind verbinden, das in einem starren Geisteszustand feststeckt, unfähig, alternative Sichtweisen zu berücksichtigen, helfen wir ihm beim Integrieren, sodass es seinen unnachgiebigen Griff, mit dem es an einer Situation festhält, lockern und flexibler und anpassungsfähiger werden kann. In beiden Fällen erzeugt Verbindung einen integrierten Geisteszustand und die Voraussetzung zum Lernen.

Wir werden im nächsten Kapitel sehr viel konkreter auf praktische Wege eingehen, wie Sie sich mit Ihren Kindern verbinden können, wenn sie aufgewühlt sind. Die grundsätzliche Vorgehensweise besteht jedoch normalerweise darin, zuzuhören und auf verbale wie nonverbale Art viel Empathie zu vermitteln. So stimmen wir uns auf unsere Kinder ein, auf das Innenleben ihres Geistes – auf ihre Gefühle und Gedanken, auf ihre Perspektiven und Erinnerungen, auf das, was in ihrem Leben innere subjektive Bedeutung besitzt. Das heißt, wir stimmen uns auf den *hinter ihrem Verhalten stehenden Geist* ein. Eine der wirksamsten Möglichkeiten, sich mit seinen Kindern zu verbinden, ist beispielsweise einfach die, sie körperlich zu berühren. Eine liebevolle Berührung – die etwas so Einfaches sein kann wie eine Hand auf dem Arm oder ein Streichen über den Rücken oder eine warme Umarmung – sorgt für die Ausschüttung von Wohlfühlhormonen (wie Oxytocin und natürliche Opioide), die sich dann im Gehirn und Körper ausbreiten, und senkt das Niveau unseres Stresshormons Cortisol. Wenn Ihre Kinder aufgewühlt sind, kann eine liebevolle Berührung selbst in Momenten großen Stresses bewirken, dass sich die Dinge beruhigen, und Ihnen helfen, sich zu verbinden. Hierbei verbinden Sie sich mit der inneren Verstörung der Kinder, reagieren nicht einfach nur auf ihr äußerlich sichtbares Verhalten.

Verbindung holt ein Kind aus der Reaktivität in den Zustand der Empfänglichkeit

Beachten Sie, dass dies das Erste war, was Michael tat, als er sich seinen inmitten des Lego-Schlachtfelds stehenden kleinen Jungen ansah: Er setzte sich hin und nahm ihn in den Arm.

Dadurch begann er Matthias' winziges Kanu vom Ufer des Chaos weg- und in den friedlichen Strom des Flusses zurückzuziehen. Dann hörte er zu. Matthias brauchte nicht viel zu sagen: „Ich hab die Legos ausgekippt." Damit konnte er anfangen, sich voranzubewegen. Manchmal müssen Kinder sehr viel mehr erzählen und muss ihnen sehr viel länger zugehört werden. Manchmal möchten sie nicht reden. Und manchmal kann es so schnell gehen wie in diesem Fall. Eine nonverbale Berührung, eine empathische Äußerung – „Ich weiß, mein Freund" – und die Bereitschaft, zuzuhören: Das war es, was Matthias brauchte, um sein junges Gehirn und seinen gefühlsbeherrschten Körper wieder einigermaßen ins Gleichgewicht zu bringen. Sobald das geschah, konnte sein Vater beginnen, ihm die notwendigen Lehren zu vermitteln.

Auch wenn Michael nicht in diesen Begriffen dachte, nutzte er doch seine Beziehung, seine verbindende Kommunikation, um in Matthias' Gehirn Integration herbeizuführen, sodass zum einen dessen oberes und unteres Gehirn, zum anderen die rechte und die linke Seite seines Gehirns zusammenarbeiten konnten. Als Matthias wütend auf die älteren Jungs wurde, übernahm sein unteres Gehirn vollständig die Regie und schaltete sein oberes Gehirn aus. Die instinktiven, reaktiven unteren Teile seines Gehirns wurden so aktiv, dass er den Zugriff auf die höheren Teile des Gehirns verlor, auf diejenigen also, die ihm helfen, über Konsequenzen nachzudenken und die Gefühle anderer zu berücksichtigen. Diese zwei Teile seines Gehirns arbeiteten nicht zusammen. Mit anderen Worten war sein Gehirn in dem Moment des-integriert, und die Folge davon war das Lego-Massaker. Indem Michael eine nonverbale Geste anbot, statt einfach ein paar logische, dem linken Gehirn entstammende Worte zu äußern, war er in der Lage, sich mit Matthias' rechtem Gehirn zu verbinden: der Seite, die direkter mit dem unteren Gehirn verbunden ist und mit Emotionen überschwemmt wird. Rechts und links, unten und oben war Matthias' Gehirn bereit, bei seiner Annäherung an den Zustand der

Integration koordinierter und ausgeglichener zu werden. Die Verbindung integrierte sein emotionsfokussiertes unteres Gehirn und sein denkorientiertes oberes Gehirn und ermöglichte Michael das Erreichen des kurzfristigen Ziels, die Kooperation seines Sohnes zu gewinnen.

Nutzen 2: Verbindung baut das Gehirn auf

Wie wir im letzen Kapitel erklärt haben, baut eine Disziplin ohne Drama das Gehirn eines Kindes auf, indem sie seine Beziehungskompetenz und seine Fähigkeit zur Selbstregulation, Empathie, Mitgefühl, persönlicher Einsicht, Moral und vielem mehr verbessert. Wir haben darüber gesprochen, wie wichtig es ist, Grenzen zu setzen, Struktur zu schaffen und Kindern beim Aufbau innerer Kompetenzen und der Impulshemmung zu helfen. So nutzen wir unsere Beziehungen zu unseren Kindern für den Aufbau der exekutiven Funktionen ihres Gehirns. Wir haben außerdem über andere Möglichkeiten gesprochen, die Beziehungs- und Entscheidungsfähigkeiten eines Kindes zu fördern. Jede Interaktion mit unseren Kindern bietet uns Gelegenheit, ihre Gehirne aufzubauen und ihrem Potenzial zur Entfaltung zu verhelfen.

Und all das beginnt mit Verbindung. Zusätzlich zu dem kurzfristigen Nutzen, dass wir die Kinder aus der Reaktivität in einen Zustand der Empfänglichkeit holen, hat das Herstellen von Verbindung bei einer heiklen Interaktion auch langfristige Auswirkungen auf ihr Gehirn, die sich beim Heranwachsen bemerkbar machen werden. Wenn wir unseren Kindern Trost bieten, wenn sie aufgewühlt sind, wenn wir uns ihre Gefühle anhören, wenn wir ihnen mitteilen, wie sehr wir sie lieben, auch wenn sie Unsinn angestellt haben: Wenn wir auf diese Weise auf sie eingehen, hat das ganz erheblichen Einfluss auf die Art, wie sich ihr Gehirn entwickelt, sowie darauf, was für Menschen sie sein werden, sowohl heute als auch auf ihrem Weg ins Jugend- und Erwachsenenalter.

In den kommenden Kapiteln werden wir mehr über das Umlenken sprechen, darunter auch über die expliziten Lehren, die wir vermitteln, und über die Verhaltensweisen, die wir unseren Kindern vorleben, wenn wir mit ihnen interagieren. Natürlich wird das Gehirn eines Kindes stark durch das beeinflusst, was wir ihm vermitteln, wenn wir auf Fehlverhalten entsprechend eingehen. Und es wird ebenso durch das verändert, was wir mit unseren eigenen Handlungen in dem Augenblick vorleben. Ob bewusst oder unbewusst, das Gehirn eines Kindes nimmt je nach der elterlichen Reaktion auf eine Situation alle möglichen Informationen in sich auf. Wichtiger an dieser Stelle aber ist das Thema Verbindung sowie die Tatsache, dass Eltern die Gehirne von Kindern durch das, was sie diese in einem solchen Moment erfahren lassen, verändern und sogar aufbauen.

Um es in neurologischen Begriffen auszudrücken, stärkt Verbindung die Verbindungsfasern zwischen dem oberen und dem unteren Gehirn, wodurch die höheren Teile des Gehirns effektiver mit den unteren, primitiveren Impulsen kommunizieren und diese regulieren können. Wir haben diesen (die oberen und unteren Hirnareale verbindenden) Fasern den Spitznamen „Treppe des Gehirns" gegeben. Die Treppe integriert das Obergeschoss und das Erdgeschoss und kommt der Region des Gehirns zugute, die präfrontaler Kortex genannt wird. Dieser Schlüsselbereich des Gehirns erzeugt die exekutiven Funktionen der Selbstregulation, darunter unsere Fähigkeit, unsere Emotionen im Gleichgewicht zu halten, unsere Aufmerksamkeit zu fokussieren, unsere Impulse zu kontrollieren und uns empathisch mit anderen zu verbinden. Mit der harmonischen Entwicklung des präfrontalen Kortex sind Kinder besser in der Lage, die sozialen und emotionalen Kompetenzen in die Tat umzusetzen, von denen wir möchten, dass sie sie entwickeln und letztendlich verinnerlichen, wenn sie sich von unserem Zuhause aus in die größere Welt hinausbewegen.

Einfach ausgedrückt, erzeugt Integration in einer Beziehung Integration im Gehirn. Eine integrierte Beziehung entwickelt sich, wenn wir die Unterschiede zwischen uns und anderen anerkennen und uns dann durch mitfühlende Kommunikation miteinander verbinden. Wir versetzen uns in eine andere Person hinein, empfinden ihre Gefühle und verstehen ihre Sicht. Bei dieser Verbindung respektieren wir das innere Seelenleben einer Person, werden aber nicht zu der anderen Person. Auf diese Weise bleiben wir unterschiedliche Individuen, verbinden uns aber auch miteinander. Eine derartige Integration erzeugt Harmonie in einer Beziehung.

Verblüffenderweise ist zwischenmenschliche Integration im Rahmen von Eltern-Kind-Beziehungen auch ganz wesentlich an der Förderung der Integration im Gehirn eines Kindes beteiligt. Unterschiedliche Regionen – wie die linke und die rechte oder die obere und die untere – bleiben einzigartig und spezialisiert, werden aber auch miteinander verknüpft. Die Regulation im Gehirn ist auf die Koordination verschiedener Regionen und das Gleichgewicht zwischen ihnen angewiesen, die durch Integration entstehen. Und solch eine neuronale Integration ist die Grundlage für die exekutiven Funktionen, für das Vermögen, die Aufmerksamkeit, die Emotionen, die Gedanken und das Verhalten zu regulieren. Das ist das ganze Geheimnis! Zwischenmenschliche Integration fördert innere neuronale Integration!

Das ist also der langfristige Nutzen von Verbindung: Durch Beziehungen erzeugt sie neuronale Verknüpfungen und sorgt für das Wachstum integrativer Fasern, die buchstäblich das Gehirn verändern und das Geschick unserer Kinder erhöhen, gute Entscheidungen zu treffen, an Beziehungen teilzuhaben und erfolgreich mit ihrer Welt zu interagieren.

Nutzen 3: Verbindung vertieft die Beziehung zu Ihrem Kind

So bietet Verbindung also den kurzfristigen Nutzen, dass sie Kinder aus der Reaktivität in einen Zustand der Empfänglichkeit holt, und den langfristigen Nutzen, dass sie das Gehirn aufbaut. Der dritte Nutzen, den wir hervorheben möchten, hat mit Beziehungen zu tun: Verbindung stärkt die Bande zwischen Ihnen und Ihrem Kind.

Augenblicke des Konflikts können in jeder Beziehung die schwierigsten und prekärsten Momente darstellen. Sie können auch zu den wichtigsten zählen. *Natürlich* wissen unsere Kinder, dass wir für sie da sind, wenn wir uns aneinanderschmiegen und gemeinsam ein Buch lesen oder wenn wir bei ihren Aufführungen erscheinen und jubeln. Was aber ist mit den Augenblicken, wenn Spannungen und Konflikte entstehen? Wenn wir unvereinbare Wünsche oder Ansichten haben? Diese Augenblicke sind die wahre Prüfung. Wie wir auf unsere Kinder reagieren, wenn wir mit ihren Entscheidungen nicht glücklich sind – mit liebevoller Führung?

Mit Verärgerung und Kritik? Mit Wut und einem beschämenden Ausbruch? –, hat Auswirkungen auf die Entwicklung unserer Beziehung zu ihnen und sogar auf ihr Selbstbild.

Es ist nicht immer leicht, sich auch nur verbinden zu *wollen*, wenn unsere Kinder sich daneben benehmen oder wenn sie gemein und unbeherrscht sind. Verbindung herzustellen kann das Letzte sein, was Sie tun möchten, wenn in einem stillen Flugzeug zwischen Ihren Kindern ein Streit entbrennt oder wenn sie jammern und klagen, dass ihnen kein besseres Vergnügen geboten wird, nachdem Sie gerade mit ihnen ins Kino gegangen sind.

Und doch sollte Verbindung in praktisch jeder Situation, in der es brenzlig wird, unsere erste Reaktion sein. Nicht nur, weil sie uns helfen kann, mit dem Problem auf kurze Sicht fertigzuwerden. Nicht nur, weil sie aus unseren Kindern auf lange Sicht bessere Menschen machen wird. Sondern auch und vor allem, weil sie uns hilft, ihnen mitzuteilen, wie sehr wir die Beziehung zu ihnen schätzen. Wir wissen, dass unsere Kinder sich verändernde, veränderliche und komplexe Gehirne besitzen und dass sie uns brauchen, wenn sie sich schwertun oder mit etwas zu kämpfen haben. Je mehr wir mit Empathie, Unterstützung und Zuhören reagieren, umso besser ist es für unsere Beziehung zu ihnen.

Tina war kürzlich mit ihrem sechsjährigen Sohn auf einer Geburtstagsfeier bei dessen Freundin Sabrina. Am Ende der Feier begleiteten Sabrinas Eltern, Bassil und Kimberley, die Gäste zur Tür. Als sie ins Wohnzimmer zurückkamen, erwartete sie eine Überraschung. Lesen Sie, wie Kimberley Tina darüber in einer E-Mail berichtete:

> Nach der Feier ist Sabrina ins Haus gegangen und hat *unbeaufsichtigt* alle ihre Geschenke geöffnet. Also konnte ich nicht aufschreiben, wer was geschenkt hat. Es war die Hölle! Ich habe es geschafft, die meisten Sachen zuzuordnen, weil meine Tochter Sierra dabei war, als sie die Geschenke öffnete. Bevor Sabrina die Dankeskarten schreibt, möchte ich eins jedoch gerne klären. Hat JP ihr die bunte Kreide

geschenkt? Ich bin mir sicher, dass Miss Manners meine Taktik missbilligen würde, aber ich möchte das lieber herausfinden, als nur ganz allgemein zu danken und nichts Spezielles zu erwähnen!

In dieser Situation hätten wir gewiss Mitgefühl mit einer müden Mutter, die sich nicht beherrschen kann, als sie ins Wohnzimmer zurückkommt und überall soeben ausgewickeltes Spielzeug und auf dem ganzen Boden verstreutes, zerrissenes Geschenkpapier vorfindet. Immerhin hatte Kimberley gerade eine lustige, aber laute, eine unterhaltsame, aber chaotische Geburtstagsfeier für fünfzehn Sechsjährige sowie deren Eltern und Geschwister ausgerichtet. Die Situation war reif für einen elterlichen Zusammenbruch, markiert durch viel Geschrei über ein verwöhntes Kind, das nicht einmal warten konnte, bis die Feier vorbei war, bevor es die Geschenke aufriss wie ein wildes Tier, das sich über rohes Fleisch hermacht.

Weil sie ihre Selbstbeherrschung behielt, war Kimberley jedoch in der Lage, die Situation aus einer Drama vermeidenden, vom integrierten Gehirn bestimmten Geisteshaltung anzugehen, weshalb sie – Sie haben es erraten – mit dem Herstellen von Verbindung begann. Statt eine Standpauke zu halten oder eine Schimpftirade loszulassen, verband sie sich mit ihrer Tochter. Als Erstes bestätigte sie, wie viel Spaß die Feier gemacht hatte und wie schön es war, jetzt die Geschenke öffnen zu dürfen. Sie saß sogar geduldig da, als Sabrina ihr das Set falscher Schnurrbärte zeigte, von dem sie so begeistert war. (Sie müssten Sabrina kennen.) Und dann, sobald Kimberley sich verbunden hatte, sprach sie mit ihrer Tochter, vermittelte ihr das, was sie sie über Geschenke und Warten und Dankesschreiben wissen lassen wollte. So erzeugte Verbindung eine Gelegenheit zur Integration, baute ein stärkeres Gehirn auf und stärkte eine Beziehung.

Werden Sie in der Lage sein, sich jedes Mal, wenn Ihre Kinder Dummheiten anstellen oder ausrasten, als Erstes mit ihnen zu verbinden? Natürlich nicht. Uns gelingt das mit unseren eigenen Kindern selbstverständlich

Verbindung vertieft Ihre Beziehung zu Ihrem Kind

auch nicht. Je öfter wir aber Verbindung zu unserer ersten Antwort machen können, egal, was unsere Kinder getan haben und ob wir selbst im Fluss des Wohlbefindens dahingleiten oder nicht, umso mehr zeigen wir unseren Kindern, dass sie auf unseren Trost und unsere bedingungslose Liebe und Unterstützung bauen können, selbst wenn sie sich auf eine Art und Weise benommen haben, die wir nicht mögen. So etwas nennt man Verstärken und Vertiefen einer Beziehung! Auch werden Sie Ihre Kinder durch das Stärken Ihrer Beziehung zu ihnen besser dafür rüsten, auf dem Weg zum Erwachsenwerden gute Geschwister, Freunde und Partner zu sein. Sie werden lehren, indem Sie vorleben, werden leiten durch das, was Sie tun, und nicht nur durch das, was Sie sagen. Dies ist der beziehungsbezogene Nutzen der Verbindung: Mit ihr vermitteln wir Kindern, was es heißt, eine Beziehung zu haben und jemanden zu lieben, selbst wenn wir mit den Entscheidungen der Person, die wir lieben, nicht immer glücklich sind.

Was ist mit Wutausbrüchen? Sollten wir die nicht ignorieren?

Wenn wir Eltern das Sichverbinden und Umlenken nahebringen, ist die häufigste Frage, die wir hören, eine zum Thema Wutausbrüche. Gewöhnlich fragt jemand aus dem Publikum so etwas wie: „Ich dachte, wir sollten Wutausbrüche ignorieren. Bekommt ein Kind nicht einfach nur Aufmerksamkeit, wenn wir uns mit ihm verbinden, wenn es ausflippt? Verstärken wir damit nicht einfach nur das negative Verhalten?"

Unsere Antwort auf diese Frage zeigt einen weiteren Punkt auf, in dem die Philosophie der Disziplin ohne Drama und mit dem integrierten Gehirn von konventionellen Ansätzen abweicht. Ja, es mag Momente geben, in denen ein Kind sozusagen einen strategischen Wutanfall bekommt, bei dem es seiner Sinne mächtig ist und sich absichtlich verstört verhält, um ein gewünschtes Ziel zu erreichen: um ein Spielzeug zu bekommen, das es haben möchte, um länger im Park zu bleiben und so weiter. Bei den meisten Kindern aber, und bei kleinen Kindern fast immer, sind strategische Wutanfälle viel, viel eher die Ausnahme als die Regel.

In der überwiegenden Zahl der Fälle ist ein Wutanfall ein Hinweis darauf, dass das untere Gehirn eines Kindes sein oberes Gehirn überwältigt hat und das Kind berechtigterweise und ehrlich außer Kontrolle geraten ist. Oder dass es, falls es nicht vollkommen dysreguliert ist, in seinem Nervensystem genug „von der Rolle" ist, um zu jammern oder nicht die Fähigkeit zu besitzen, in diesem Augenblick flexibel zu sein und mit seinen Gefühlen fertigzuwerden. Und wenn ein Kind nicht in der Lage ist, seine Emotionen und Handlungen zu regulieren, sollte unsere Reaktion darin bestehen, dass wir Hilfe anbieten und die Betonung auf Trost legen. Wir sollten fürsorglich und empathisch sein und uns auf die Verbindung konzentrieren. Ganz gleich, ob das Kind nicht gut aufgelegt ist und gerade beginnt, in Verzweiflung abzugleiten, oder ob es so aufgewühlt ist, dass es bereits die Kontrolle über sich verloren hat, es *braucht* uns in diesem Moment. Wir müssen trotzdem Grenzen setzen – wir können ein Kind in seiner Verzweiflung nicht die Gardinen im Restaurant herunterreißen lassen –, aber unser Ziel besteht in dem Augenblick darin, das Kind zu trösten und ihm zu helfen, sich zu beruhigen, damit es sein inneres Gleichgewicht zurückgewinnen kann. Denken Sie daran, dass Chaos und Kontrollverlust Zeichen von blockierter Integration sind, bei der die unterschiedlichen Teile des Gehirns nicht als koordiniertes Ganzes zusammenarbeiten. Und da Verbindung integrative Gelegenheiten schafft, wird das Herstellen von Verbindung unsere Art, zu trösten. Integration erzeugt die Fähigkeit, Emotionen zu regulieren – und so beruhigen wir unsere Kinder und helfen ihnen, aus dem Chaos oder der Erstarrung nicht integrierter Zustände zur ruhigeren und klareren Harmonie der Integration und des Wohlbefindens zu gelangen.

Fragen Eltern uns also nach unserer Meinung zu Wutanfällen, lautet unsere Antwort, dass wir unserem Denken über die Momente, die unsere Kinder am aufgewühltesten und am stärksten außer Kontrolle sind, einen völlig anderen Rahmen geben müssen. Wir schlagen Eltern vor, einen Wutanfall nicht bloß als eine unangenehme Erfahrung zu sehen, die sie lernen müssen durchzustehen, mit der sie in ihrem eigenen Interesse zurechtkommen müssen oder die sie um jeden Preis so schnell wie möglich beenden sollten, sondern vielmehr als eine Bitte um Hilfe – als eine weitere Gelegenheit, einem Kind das Gefühl der Sicherheit und des Geliebtwerdens zu geben. Hier bietet sich die Chance, Not zu lindern, dem Kind ein Zufluchtsort zu sein, wenn in seinem Inneren ein Sturm tost, und sein Gehirn durch Verbindung von einem Zustand der Desintegration in einen Zustand der Integration zu bringen. Deshalb nennen wir diese Momente der Verbindung „integrative Gelegenheiten". Denken Sie daran, die wiederholte Erfahrung eines Kindes, dass seine Bezugsperson emotional auf es eingeht und sich auf es einstimmt – sich mit ihm verbindet –, baut mit der Zeit die Fähigkeit seines Gehirns auf, sich selbst zu regulieren und zu trösten, was zu mehr Selbstständigkeit und Resilienz führt.

Eine ohne Drama ablaufende Reaktion auf einen Wutanfall beginnt also mit elterlicher Empathie. Wenn wir verstehen, *warum* Kinder Wutanfälle haben – dass ihr junges, sich entwickelndes Gehirn der Desintegration unterworfen wird, wenn ihre starken Emotionen die Regie übernehmen –, werden wir eine sehr viel mitfühlendere Reaktion zeigen, wenn Geschrei, Gebrüll und Gestrampel beginnen. Das bedeutet nicht, dass wir jemals unsere

Freude am Wutanfall eines Kindes haben werden – falls dies bei Ihnen der Fall ist, sollten Sie darüber nachdenken, sich professionelle Hilfe zu suchen. Aber einen Wutanfall mit Empathie und Mitgefühl zu betrachten, statt ihn als Beweis dafür zu sehen, dass das Kind einfach schwierig oder manipulierend oder frech ist, wird zu sehr viel mehr Ruhe und Verbindung führen.

Das ist der Grund dafür, warum wir überhaupt keine Anhänger des konventionellen Ansatzes sind, der Eltern zum kompletten Ignorieren eines Wutanfalls auffordert. Wir teilen die Ansicht, dass der Moment eines Wutanfalls *nicht* der Zeitpunkt ist, um einem Kind zu erklären, dass es sich unangemessen benimmt. Ein mitten in einem Wutanfall steckendes Kind ist nicht zum Lernen bereit. Doch lässt sich dieser Moment durch Verbindung in eine integrative Gelegenheit verwandeln. Eltern neigen im Allgemeinen dazu, zu viel zu reden, wenn ihre Kinder aufgewühlt sind, und durch das Fragenstellen sowie den Versuch, mitten in einem Wutausbruch eine Lehre zu erteilen, können die Emotionen der Kinder weiter eskalieren. Ihr Nervensystem ist bereits überlastet, und je mehr wir reden, umso mehr überschwemmen wir ihr System mit zusätzlichem sensorischem Input.

Aber diese Tatsache führt keineswegs zu der logischen Schlussfolgerung, dass wir unsere Kinder ignorieren sollten, wenn sie aufgelöst sind. Wir unterstützen sogar so ziemlich die gegenteilige Vorgehensweise. Ein Kind zu ignorieren, wenn es mitten in einem Wutanfall steckt, gehört zu dem Schlimmsten, was wir tun können, denn *wenn ein Kind derart aufgewühlt ist, leidet es.* Es ist unglücklich. Das Stresshormon Cortisol wird durch seinen Körper gepumpt und überschwemmt sein Gehirn, es hat vollständig die Kontrolle über seine Emotionen und Impulse verloren und ist nicht in der Lage, sich zu beruhigen oder seine Bedürfnisse zum Ausdruck zu bringen. Das ist Leiden. *Und genauso, wie unsere Kinder unsere Nähe, unser beruhigendes Zureden und unseren Trost brauchen, wenn sie körperliche Schmerzen haben, brauchen sie diese Unterstützung auch, wenn sie emotional leiden. Sie brauchen unsere Ruhe und liebevolle Fürsorge. Sie brauchen unsere Verbindung.*

Wir wissen, wie unangenehm ein Wutanfall sein kann. Glauben Sie uns, wir wissen das. Letztlich läuft es aber wirklich auf diese Frage hinaus: Welche Botschaft möchten Sie Ihren Kindern übermitteln?

Botschaft 1:

Botschaft 2:

Wenn Sie diese zweite Botschaft übermitteln, heißt das nicht, dass Sie nachgeben oder alles erlauben. Es heißt nicht, dass Sie zulassen müssen, dass ein Kind sich verletzt, Gegenstände zerstört oder andere in Gefahr bringt. Sie können und sollten weiterhin Grenzen setzen. Möglicherweise müssen Sie ihm sogar helfen, seinen Körper zu kontrollieren oder während eines Wutanfalls einen Impuls zu stoppen. (Wir werden in den folgenden Kapiteln spezielle Vorschläge hierfür machen.) *Aber Sie setzen diese Grenzen, während Sie dem Kind Ihre Liebe mitteilen und es durch den schwierigen Moment hindurch begleiten, ihm stets vermittelnd: „Ich bin da."*

Natürlich wollen wir, dass der Wutanfall so schnell wie möglich überwunden ist, genauso wie wir so schnell wie möglich vom Zahnarztstuhl aufstehen wollen. Er ist einfach nicht angenehm. Wenn Sie aber aus der Perspektive des integrierten Gehirns handeln, ist das schnellstmögliche Ende des Wutanfalls nicht Ihr vorrangiges Ziel. Vielmehr besteht Ihr oberstes Ziel darin, emotional auf Ihr Kind einzugehen und für das Kind präsent zu sein. Ihr vorrangiges Ziel ist es, sich zu verbinden – was sämtliche kurzfristigen, langfristigen und beziehungsbezogenen Vorteile haben wird, über die wir gesprochen haben. Mit anderen Worten: Selbst wenn Sie möchten, dass der Wutanfall so schnell wie möglich vorbeigeht, bringt das größere Ziel, Verbindung herzustellen, Sie tatsächlich sehr viel wirksamer an dieses kurzfristige Ziel und erreicht langfristig noch eine ganze Menge mehr. Sie machen die Sache für sich selbst und für Ihr Kind leichter und weniger dramatisch, wenn Sie bei einem Wutanfall Empathie und Ihre ruhige Präsenz bieten. Außerdem bauen Sie die Fähigkeit Ihres Kindes auf, sich in Zukunft besser im Griff zu haben, da feinfühliges Eingehen auf das Kind und seine Emotionen die integrativen Verbindungen in seinem Gehirn stärkt, die es ihm ermöglichen, bessere Entscheidungen zu treffen, seinen Körper und seine Emotionen unter Kontrolle zu halten und an andere zu denken.

Wie verbinden Sie sich, ohne ein Kind zu verziehen?

Wir haben gesagt, dass Verbindung Konflikte entschärft, das Gehirn eines Kindes aufbaut und die Eltern-Kind-Beziehung stärkt. Eine Frage, die Eltern häufig vorbringen, hat jedoch mit einem potenziellen Nachteil des Sichverbindens vor dem Umlenken zu tun: „Verziehe ich meine Kinder nicht, wenn ich mich immer mit ihnen verbinde, wenn sie etwas Falsches tun? Verstärkt das mit anderen Worten nicht das Verhalten, das ich zu ändern versuche?"

Diese berechtigten Fragen beruhen auf einem Missverständnis, lassen Sie uns deshalb kurz darüber sprechen, was verziehen ist und was nicht. Dann können Sie sich besser darüber im Klaren sein, warum es etwas ganz anderes ist, sich in schwierigen Situationen zu verbinden, als ein Kind zu verziehen.

Beginnen wir damit, was verziehen nicht ist. *Verziehen hat nichts damit zu tun, wie viel Liebe und Zeit und Aufmerksamkeit Sie Ihren Kindern schenken. Sie können Ihre Kinder nicht dadurch verziehen, dass Sie Ihnen zu viel Ihrer selbst geben.* Ebenso können Sie ein Baby nicht verziehen, indem Sie es zu viel im Arm halten oder jedes Mal auf seine Bedürfnisse eingehen, wenn es sie zum Ausdruck bringt. Es gab eine Zeit, als Erziehungsexperten Eltern rieten, ihre Babys nicht zu viel hochzunehmen, aus Angst, sie könnten sie verziehen. Wir wissen es besser. Auf ein Kind einzugehen und es zu trösten, verzieht es nicht – aber *nicht* auf es einzugehen oder es nicht zu trösten, schafft ein Kind, das unsicher gebunden und ängstlich ist. Vielmehr *sollten* wir unsere Beziehung zu unserem Kind nähren und ihm die Erfahrungen bieten, welche die Grundlage seiner Überzeugung bilden, dass es ein Anrecht auf unsere Liebe und Zuneigung hat. Mit anderen Worten wollen wir unsere Kinder wissen lassen, dass sie darauf zählen können, dass ihre *Bedürfnisse* befriedigt werden.

Hingegen wird ein Kind verzogen, wenn die Eltern (oder andere Bezugspersonen) die Welt ihres Kindes so gestalten, dass es ein Gefühl besonderen Anspruchs empfindet. Dann meint es, Anspruch darauf zu haben, seinen Willen durchzusetzen, immer zu bekommen, was es *will*, und zwar genau dann, wenn es will; dann erwartet es, dass ihm alles zufällt und alles für es getan wird. Wir wollen, dass unsere Kinder die Erwartung haben, dass ihre *Bedürfnisse* verstanden und durchweg befriedigt werden können. Aber wir wollen nicht, dass unsere Kinder die Erwartung haben, dass ihre *Wünsche und Launen* immer befriedigt werden. (Um es mit den Worten der Rolling Stones auszudrücken, wollen wir unsere Kinder wissen lassen, dass sie bekommen, was sie brauchen, auch wenn sie nicht immer bekommen können, was sie wollen – „You can't always get what you want, but … You get what you need"!) Und sich mit einem Kind zu verbinden, wenn es aufgewühlt oder außer Kontrolle geraten ist, bedeutet, die Bedürfnisse dieses Kindes zu befriedigen, nicht jedoch, sich dem zu beugen, was es will.

Im Wörterbuch wird „verziehen" definiert als „Verderben oder Beschädigen des Charakters oder der Einstellung durch übertriebene Nachsicht oder übermäßiges Lob". Natürlich können wir unsere Kinder verziehen, wenn wir ihnen zu viele Sachen schenken, zu viel Geld für sie ausgeben oder immer Ja sagen. Aber wir verziehen sie ebenfalls, wenn wir ihnen das Gefühl geben, dass die Welt und die Menschen ihrer Umgebung ihren Launen dienen.

Besteht bei der gegenwärtigen Elterngeneration eine größere Wahrscheinlichkeit, dass sie ihre Kinder verzieht, als es bei vorherigen Generationen der Fall war? Gut möglich. Wir sehen dies am häufigsten, wenn Eltern ihre Kinder davor schützen, irgendwie kämpfen zu müssen. Sie behüten sie übermäßig vor Enttäuschungen oder Schwierigkeiten. Oft verwechseln Eltern Nachsicht auf der einen mit Liebe und Verbindung auf der anderen Seite. Wurden Eltern selbst von Eltern großgezogen, die nicht emotional auf ihre Kinder eingingen und nicht liebevoll waren, verspüren sie oftmals den gut gemeinten Wunsch, es bei ihren eigenen Kindern anders zu machen. *Das Problem entsteht dann, wenn sie ihre Kinder verwöhnen, indem sie ihnen immer mehr Sachen schenken, und sie vor Mühen und Traurigkeit schützen, statt großzügig anzubieten, was ihre Kinder wirklich brauchen und worauf es wirklich ankommt – ihre Liebe und Verbindung und Aufmerksamkeit und Zeit –, wenn ihre Kinder sich schwertun und mit den Frustrationen konfrontiert sind, die das Leben zwangsläufig bringt.*

Es gibt einen Grund, warum wir uns Sorgen über das Verziehen unserer Kinder durch das Beschenken mit zu vielen Sachen machen. Wenn Kinder immer alles bekommen, was sie wollen, entgehen ihnen Gelegenheiten, Resilienz aufzubauen und wichtige Lehren des Lebens zu lernen: über Belohnungsaufschub, über die Notwendigkeit, für etwas zu arbeiten, über den Umgang mit Enttäuschung. Statt einer Haltung der Dankbarkeit, ein Gefühl besonderen Anspruch zu haben, kann sich negativ auf zukünftige Beziehungen auswirken, wenn diese Einstellung anderen gegenüber zum Ausdruck kommt.

Wir wollen unseren Kindern auch das Geschenk machen, das Aufarbeiten schwieriger Erfahrungen zu lernen. Wir tun unserem Kind keinen Gefallen, wenn wir seine nicht fertiggestellten Hausaufgaben auf dem Küchentisch finden und sie dann selbst erledigen, bevor wir sie schnell in die Schule bringen, um das Kind vor den natürlichen Konsequenzen einer zu spät abgegebenen Hausarbeit zu bewahren. Oder wenn wir eine andere Mutter anrufen, um sie um eine Einladung zu einer Geburtstagsfeier zu bitten, von der unser Kind Wind bekommen hat, zu der es aber nicht eingeladen wurde. Diese Reaktionen erzeugen in Kindern die Erwartung einer schmerzfreien Existenz, und im Ergebnis werden sie möglicherweise nicht in der Lage sein, sich zu beherrschen, wenn das Leben nicht so läuft, wie sie es sich vorgestellt haben.

Eine weitere problematische Folge des Verziehens resultiert daraus, dass umgehender Belohnung – für das Kind wie für die Eltern – der Vorrang gegeben wird vor dem, was für das Kind das Beste ist. Manchmal sind wir übermäßig nachsichtig oder entscheiden uns dafür, keine Grenze zu setzen, weil es in dem Moment einfacher ist. Zum zweiten oder dritten besonderen Vergnügen des Tages Ja zu sagen, kann auf kurze Sicht einfacher sein, weil es einen emotionalen Ausbruch des Kindes vermeidet. Aber was ist mit morgen? Werden auch dann besondere Vergnügen erwartet werden? Denken Sie daran, das Gehirn stellt auf der Basis aller unserer Erfahrungen Vorstellungsverknüpfungen her. Das Verziehen macht uns als Eltern letztendlich das Leben schwerer, weil wir uns ständig mit den Forderungen oder Ausbrüchen auseinanderzusetzen haben, die sich ergeben, wenn unseren Kinder nicht gewährt wird, was sie mittlerweile erwarten: jederzeit ihren Willen zu bekommen.

Verzogene Kinder wachsen häufig zu unglücklichen Individuen heran, weil die Menschen in der realen Welt nicht auf jede ihrer Launen eingehen. Es fällt ihnen schwerer, die kleineren Freuden und den Triumph des Gestaltens ihrer eigenen Welt zu schätzen, wenn immer andere diese Arbeit für sie übernommen haben. Echtes Selbstvertrauen und wahre Kompetenz resultieren nicht daraus, dass es uns gelingt, zu bekommen, was wir wollen, sondern aus unseren tatsächlichen Leistungen und aus dem selbstständigen Meistern einer Sache. Überdies ist es für ein Kind – das keine Übung darin hat, mit Emotionen umzugehen, die sich einstellen, wenn etwas gegen seinen Willen läuft, und dann seine Haltung anzupassen und sich selbst zu trösten – ziemlich schwer, dies später zu tun, wenn die Enttäuschungen größer werden. (In Kapitel 6 werden wir übrigens über einige Strategien sprechen, mit denen wir die Folgen des Verziehens rückgängig machen können, wenn wir in diese Gewohnheit verfallen sind.)

Das heißt, dass Eltern sich zu Recht Sorgen darum machen, ihre Kinder zu verziehen. Übermäßige Nachsicht ist keine Hilfe für die Kinder, keine Hilfe für die Eltern und keine Hilfe für die Beziehung. Aber das Sichverbinden mit seinem Kind, wenn es aufgewühlt ist oder schlechte Entscheidungen trifft, hat nichts mit verziehen zu tun. Denken Sie daran, Sie können ein Kind nicht verziehen, indem Sie ihm zu viel emotionale Verbindung, Aufmerksamkeit, körperliche Zuneigung oder Liebe zukommen lassen. Wenn unsere Kinder uns brauchen, müssen wir für sie da sein.

Verbindung hat mit anderen Worten nichts mit dem Verziehen oder Verhätscheln von Kindern oder dem Hindern ihrer Selbstständigkeit zu tun. Wenn wir zur Verbindung auffordern, unterstützen wir damit nicht die unter amerikanischen Psychologen als „Helicopter Parenting“ bekannte Form der Erziehung, bei der Eltern über ihren Kindern „schweben“, das heißt ihnen nicht von der Seite weichen und sie gegen jede Mühe und Traurigkeit abschirmen. Bei Verbindung geht es nicht darum, Kinder vor jedem Ungemach zu retten. *Verbindung bedeutet, dass wir unsere Kinder durch die schweren Stunden begleiten und für sie da sind, wenn sie emotional leiden, genauso, wie wir es tun, wenn sie sich ihr Knie aufschlagen und körperlich leiden.* Dabei bauen wir Selbstständigkeit auf, denn wenn unsere Kinder sich sicher und verbunden fühlen und wenn wir ihnen aus der Perspektive des integrierten Gehirns geholfen haben, Beziehungskompetenzen und emotionale Fähigkeiten aufzubauen, fühlen sie sich mehr und mehr bereit, es mit allem aufzunehmen, was das Leben ihnen in den Weg wirft.

Sie können sich verbinden und gleichzeitig Grenzen setzen

Ja, wir wollen uns also mit unseren Kindern emotional verbinden und dafür sorgen, dass sie wissen, wir sind für sie da, wenn ihnen etwas schwerfällt. Nein, das bedeutet aber überhaupt nicht, dass wir jeder ihrer Launen nachgeben sollten. Wenn Ihr Kind im Spielzeugladen schreit und einen Wutanfall bekommt, weil es nicht gehen möchte, wäre es im Grunde genommen nicht nur zu nachgiebig, sondern unverantwortlich, es brüllen und mit allem herumwerfen zu lassen, was es in die Hände bekommt.

Sie tun einem Kind keinerlei Gefallen, wenn Sie Grenzen aus seinem Leben entfernen. Es fühlt sich für das Kind (oder für Sie oder die anderen Menschen im Spielzeugladen) nicht gut an, wenn Sie seinem Emotionsausbruch seinen ungehinderten Lauf lassen. Wenn wir über das Sichverbinden mit einem Kind sprechen, das Mühe hat, sich zu beherrschen, meinen wir damit also nicht, dass Sie ihm erlauben, sich zu benehmen, wie immer es ihm beliebt. Sie würden zu einem Kind, das gerade eine Bart Simpson-Actionfigur gegen einen zerbrechlichen Hello Kitty-Wecker schleudert, nicht einfach sagen: „Du scheinst wütend zu sein." Eine angemessenere Reaktion bestünde darin, so etwas zu sagen wie: „Ich kann sehen, dass du wütend bist und Schwierigkeiten hast, deinen Körper zu bremsen. Ich werde dir helfen." Vielleicht müssen Sie es sanft hochnehmen oder es hinausführen, während Sie sich weiterhin mit ihm verbinden – durch Empathie und körperliche Berührung, daran denkend, dass es Sie braucht –, bis es ruhig ist. Sobald es sich beruhigt hat und sich in einem Geisteszustand befindet, in dem es für Lernen empfänglich ist, können Sie darüber sprechen, was mit ihm passiert ist.

Achten Sie auf den Unterschied zwischen den zwei Vorgehensweisen. Bei der einen („Du scheinst wütend zu sein“) dürfen die Impulse des Kindes jedermann gefangen halten, wird das Kind in Unkenntnis darüber gelassen, welches die Grenzen sind, und macht es nicht die Erfahrung, dass die Bremsen betätigt werden, wenn seine Wünsche aufs Gaspedal drücken. Bei der anderen Vorgehensweise bekommt das Kind Übung darin, zu lernen, dass dem, was es tun kann, Grenzen gesetzt sind. Kinder müssen spüren, dass es uns kümmert, was sie durchmachen, aber sie brauchen von uns auch Regeln und Grenzen, um zu wissen, was in einer bestimmten Umgebung angemessen ist.

Statt grenzenlose Nachsicht zu zeigen

… setzen Sie liebevolle Grenzen

Als Dans Kinder klein waren, ging er einmal mit ihnen in einen Stadtteilpark. Auf dem Spielplatz bekam er mit, wie ein vier- oder fünfjähriger Junge die anderen Kinder, von denen einige noch recht klein waren, herumkommandierte und zu hart mit ihnen umging. Die Mutter des Jungen beschloss, nicht einzuschreiten, angeblich weil sie „lieber nicht seine Probleme für ihn lösen" wollte. Schließlich gab eine andere Mutter ihr zu verstehen, dass der Junge sich rücksichtslos verhielt und andere Kinder am Rutschen hinderte, woraufhin seine Mutter ihn schroff zurechtwies: „Brian! Lass die anderen Kinder rutschen oder wir gehen nach Hause!" Als Reaktion sagte er ihr, dass sie dumm sei, und begann mit Sand zu werfen. Sie erwiderte: „Okay, wir gehen", und begann ihre Sachen zusammenzusammeln, aber er weigerte sich, zu gehen. Die Mutter sprach weitere Drohungen aus, unternahm aber nichts. Als Dan zehn Minuten später mit seinen Kindern wegging, waren die Mutter und ihr Sohn immer noch da.

Diese Situation wirft eine Frage dazu auf, was wir meinen, wenn wir von Sichverbinden sprechen. In diesem Fall bestand das Problem nicht darin, dass ein Junge aufgewühlt war und weinte. Der betreffende Junge hatte zwar Schwierigkeiten, seine Impulse zu regulieren und mit der Situation umzugehen, doch fand das eher in einem störrischen und oppositionellen Verhalten Ausdruck. Trotzdem war Verbindung angezeigt, bevor seine Mutter versuchen konnte, ihn umzulenken. Wenn ein Kind nicht von Emotionen überwältigt ist, sondern einfach keineswegs optimale Entscheidungen trifft, kann Verbindung bedeuten, anzuerkennen, wie das Kind sich in dem Moment fühlt. Die Mutter könnte hinübergehen und sagen: „Es scheint dir Spaß zu machen, zu entscheiden, wer rutschen darf. Erzähl mir doch mal mehr darüber, was du und deine Freunde hier tun."

Eine einfache Aussage wie diese, gesprochen in einem Ton, der Interesse und Neugier statt Beurteilung und Ärger vermittelt, stellt eine emotionale Verbindung zwischen den beiden her. Die Mutter des Jungen könnte dann glaubwürdiger ihre Umlenkung folgen lassen, mit der sie dieselbe Ansicht zum Ausdruck bringen könnte wie die oben beschriebene, jedoch in einem ganz anderen Ton. Je nach ihrer eigenen Persönlichkeit und dem Temperament ihres Sohnes könnte sie so etwas sagen wie: „Hmmm. Ich habe gerade von einer anderen Mutter gehört, dass einige der Kinder gerne rutschen würden und dass sie es nicht mögen, wie du die Rutsche blockierst. Die Rutsche ist für alle Kinder im Park da. Hast du irgendwelche Ideen, wie ihr sie alle gemeinsam nutzen könnt?"

In einem guten Augenblick könnte er so etwas antworten wie: „Ich weiß! Ich rutsch runter und lauf dann einmal rum, und sie können rutschen, während ich wieder hochkletter." In einem nicht so großzügigen Moment könnte er sich weigern, woraufhin seine Mutter möglicherweise sagen müsste: „Wenn es zu schwer ist, die Rutsche auf eine Art und Weise zu benutzen, die für dich *und* für deine Freunde funktioniert, müssen wir etwas anderes machen, zum Beispiel Frisbee spielen."

Mit derartigen Aussagen würde die Mutter sich auf den emotionalen Zustand des Jungen einstimmen und gleichzeitig trotzdem auf der

Einhaltung von Grenzen bestehen, womit sie dem Kind vermitteln würde, dass wir auf andere Rücksicht nehmen müssen. Sie könnte ihm unter Umständen sogar eine zweite Chance geben. Würde er sich dann aber weigern, sich zu fügen, und mit mehr Beleidigungen und mehr Sand um sich werfen, würde sie die Umlenkung durchziehen müssen, die sie versprochen hat: „Ich sehe, dass du wirklich wütend und enttäuscht darüber bist, den Park verlassen zu müssen. Wir können aber nicht bleiben, weil du jetzt gerade Schwierigkeiten hast, gute Entscheidungen zu treffen. Möchtest du zum Auto laufen? Ich kann dich auch hintragen. Das ist deine Entscheidung." Dann müsste sie dafür sorgen, dass dies geschieht.

Statt zu befehlen und zu fordern ...

… verbinden Sie sich und setzen dabei Grenzen

Ja, wir wollen uns also immer emotional mit unseren Kindern verbinden. Aber zugleich müssen wir ihnen helfen, gute Entscheidungen zu treffen und Grenzen zu respektieren, indem wir die Grenzen klar vermitteln und einhalten. Das ist es, was Kinder brauchen und im Grunde sogar wollen. Noch einmal, sie fühlen sich nicht gut, wenn sie und alle anderen ihren emotionalen Zuständen wehrlos ausgeliefert sind. Dadurch bleiben sie am Flussufer des Chaos und fühlen sich außer Kontrolle. Wir können ihrem Gehirn zur Rückkehr in einen Zustand der Integration verhelfen und sie wieder in den Strom des Flusses zurückbringen, indem wir ihnen die Regeln vermitteln, die ihnen helfen zu verstehen, wie die Welt und wie Beziehungen funktionieren. Geben wir dem emotionalen Leben unserer Kinder elterliche Struktur, geben wir ihnen genau genommen ein Gefühl der Sicherheit sowie die Freiheit, zu fühlen.

Wir möchten, dass unsere Kinder lernen, dass Beziehungen durch Respekt, Fürsorge, Wärme, Rücksicht, Kooperation und Kompromiss gedeihen. Deshalb wollen wir mit ihnen aus einer Perspektive interagieren, die sowohl Verbindungen als auch das Setzen von Grenzen betont. Mit anderen Worten: Wenn wir ihrer inneren Welt beständig Aufmerksamkeit entgegenbringen und gleichzeitig bei ihrem Verhalten an bestimmten Maßstäben festhalten, sind dies die Lehren, die sie lernen. Aus elterlichem Einfühlungsvermögen und elterlicher Struktur erwachsen der Ideenreichtum, die Resilienz und die Beziehungsfähigkeit eines Kindes.

Letztendlich gehört es also zu den Bedürfnissen der Kinder, dass wir ihnen Grenzen setzen und ihnen Orientierung geben. Der entscheidende Punkt an dieser Stelle aber ist, dass jede Disziplin damit beginnen sollte, dass wir uns um unsere Kinder kümmern und uns auf ihre innere Welt einstimmen, sie wissen lassen, dass sie von ihren Eltern gesehen, gehört und geliebt werden – auch wenn sie etwas falsch gemacht haben. Wenn Kinder sich gesehen, sicher und getröstet fühlen, fühlen sie sich geborgen und blühen auf. So können wir den Geist unserer Kinder wertschätzen, während wir ihr Verhalten beeinflussen und strukturieren. Wir können eine Verhaltensänderung steuern, eine neue Kompetenz beibringen und eine wichtige Herangehensweise an ein Problem vermitteln, all dies, während wir den hinter dem Verhalten stehenden Geist eines Kindes wertschätzen. Auf diese Weise vermitteln wir etwas, lehren wir, während wir das Selbstbild eines Kindes und sein Gefühl der Verbindung zu uns fördern. Dann interagieren unsere Kinder mit ihrer Umwelt auf der Grundlage dieser Überzeugungen und mit diesen sozialen und emotionalen Kompetenzen, da ihr Gehirn auf die Erwartung programmiert sein wird, dass ihre Bedürfnisse befriedigt und sie bedingungslos geliebt werden.

Wie Verbindung aussieht:

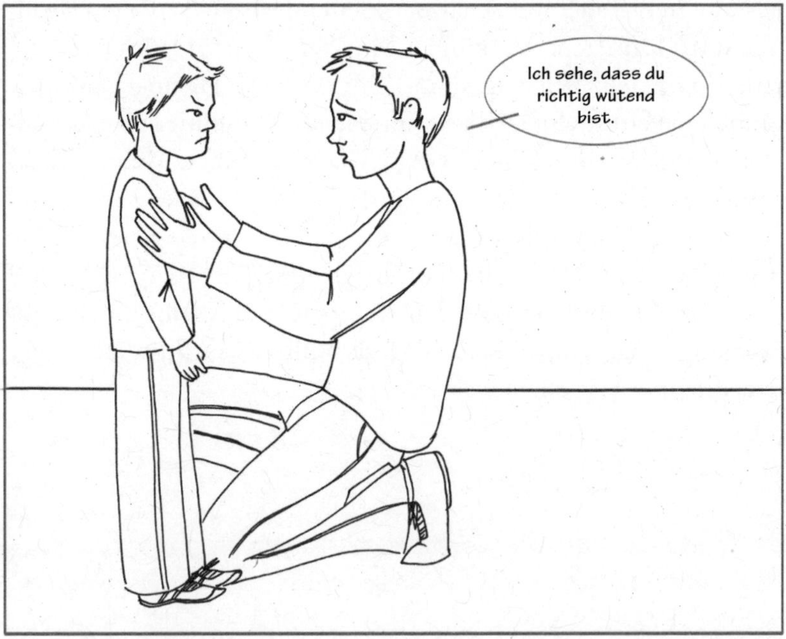

Erinnern Sie sich also das nächste Mal, wenn eines Ihrer Kinder die Kontrolle verliert oder etwas tut, das Sie vollkommen verrückt macht, daran, dass das Bedürfnis eines Kindes nach Verbindung in Momenten hoher Emotionalität am größten ist. Ja, Sie werden dem Verhalten begegnen, werden umlenken und die Lehren vermitteln müssen. Aber als Erstes geben Sie diesen starken Gefühlen einen neuen Rahmen und erkennen sie als das, was sie sind: ein Bemühen um Verbindung. *Wenn Ihr Kind sich von seiner schlimmsten Seite zeigt, braucht es Sie am meisten.* Sich mit Ihrem Kind zu verbinden, bedeutet, an seiner Erfahrung teilzuhaben, präsent bei ihm zu sein, diesen schwierigen Moment mit ihm gemeinsam durchzustehen. Damit tragen Sie zur Integration seines Gehirns bei und bieten ihm die Emotionsregulation, die zu bewerkstelligen es alleine nicht in der Lage ist. Dann kann es wieder in den Strom des Flusses des Wohlbefindens zurückkehren. Sie werden ihm geholfen haben, von der

Reaktivität in einen Zustand der Empfänglichkeit zu gelangen, werden zum Aufbau seines Gehirns beigetragen und Ihrer beider Beziehung vertieft und gestärkt haben.

4 Verbindung ohne Drama in der Praxis

Tina aß eines Tages gerade mit ihrer Familie zu Hause zu Abend, als sie und ihr Mann bemerkten, dass ihr sechsjähriger Sohn seit ein paar Minuten nicht aus dem Badezimmer zurückgekommen war. Sie fanden ihn im Wohnzimmer vor, wo er auf Tinas iPad spielte. Tina erzählt die Geschichte folgendermaßen:

> Zuerst war ich frustriert, weil mein Sechsjähriger mehrere unserer Regeln gebrochen hatte. Er hatte sich vom Tisch davongestohlen und hatte ohne zu fragen auf dem iPad gespielt. Er hatte das iPad zudem aus seiner Schutzhülle genommen, was er, wie er wusste, nicht durfte. Keine dieser Regelverletzungen war bedeutend. Das Problem bestand darin, dass er die Regeln missachtete, auf die wir uns alle geeinigt hatten.
>
> Als Erstes dachte ich über meinen Sohn und sein Temperament und seinen Entwicklungsstand nach. Wie Dan und ich nun bereits mehrfach gesagt haben, muss bei der Entscheidung, wie man auf ein Kind eingeht, immer der Zusammenhang berücksichtigt werden. Da mein Sohn ein sensibler und pflichtbewusster kleiner Kerl ist, wusste ich, ich

würde wahrscheinlich nicht viel sagen müssen, um ihn darauf aufmerksam zu machen, dass mir nicht gefiel, was er da tat.

Scott und ich setzten uns neben ihn auf die Couch, und ich fragte einfach mit einem neugierigen Ton in der Stimme: „Was ist hier passiert?“

Sofort begann die Unterlippe meines Sohnes zu zittern, und Tränen sammelten sich in seinen Augen. „Ich wollte nur Minecraft ausprobieren!“

Die nonverbale Kommunikation war Ausdruck seines inneren Gewissens und seines eigenen Unbehagens, und die Worte waren ein Eingeständnis von Schuld. In seiner Aussage war die Botschaft enthalten: „Ich weiß, ich hätte nicht vom Tisch aufstehen und das iPad holen dürfen, aber ich wollte einfach unbedingt spielen! Mein Impuls war zu stark.“ In dem Moment wusste ich mit anderen Worten schon, dass der umlenkende Teil unseres Gesprächs nicht allzu schwierig werden würde. Bei anderen Gelegenheiten ist das der Fall, aber nicht in dieser Situation, in der er sich der Sache bereits bewusst war.

Vor dem Umlenken wollte ich ihn jedoch dort abholen, wo er war, und mich emotional mit ihm verbinden. Ich sagte: „Das Spiel interessiert dich wirklich sehr, stimmt’s? Du bist neugierig darauf, was die größeren Jungs spielen?“

Scott folgte meinem Beispiel und sagte etwas darüber, wie cool es sei, dass man bei dem Spiel eine ganze Welt voller Gebäude und Tunnel und Tiere erschaffen könne.

Unser Sohn sah uns betreten an, wandte seinen Blick von mir zu Scott, fragte sich, ob zwischen uns wirklich alles in Ordnung wäre. Dann nickte er und lächelte uns sanft an.

Mit diesen wenigen Sätzen und Blicken war Verbindung hergestellt worden. Scott und ich konnten nun umlenken. Und da wir unseren Sohn kannten und wussten, wo er in dem Augenblick war, verlangte die Situation erneut nicht viel von uns. Scott fragte einfach: „Aber was ist mit unseren Regeln?“

Hier begann unser Sohn ernsthaft zu weinen. Es musste nicht viel mehr gesagt werden, da die Lehre bereits verinnerlicht worden war.

Ich legte meinen Arm um ihn, um ihn zu trösten. Ich sagte: „Ich weiß, dass deine Entscheidungen heute Abend nicht unseren Regeln gefolgt sind. Gibt es irgendwas, das du nächstes Mal anders machen würdest?“

Er nickte weinend, versprach dann, das nächste Mal darum zu bitten, aufstehen zu dürfen, bevor er den Tisch verlassen würde. Wir umarmten uns, und dann stellte Scott ihm eine Frage zu Minecraft, woraufhin er seinem Vater etwas über eine Falltür und einen Kerker erklärte. Indem er lebhafter wurde, überwand er seine Schuldgefühle und seine Tränen, und wir alle gingen zurück und setzten uns wieder zum Rest der Familie an den Tisch. Verbindung hatte zu Umlenkung geführt, was nicht nur bedeutete, dass Lernen stattfinden konnte, sondern dass unser Sohn sich zudem verstanden und geliebt fühlte.

Die Voraussetzungen für Verbindung schaffen: Reaktionsflexibilität

Im vorangegangenen Kapitel haben wir das Herstellen von Verbindung als den ersten Schritt für eine Disziplin ohne Drama beschrieben. Jetzt werden wir uns darauf konzentrieren, wie dieser Schritt eigentlich in der Praxis aussieht, werden Prinzipien und Strategien vorschlagen, auf die Sie vertrauen können, wenn Ihr Kind aufgewühlt oder ungezogen ist. Manchmal ist das Herstellen von Verbindung recht einfach, wie im oben beschriebenen Fall für Tina. Häufig ist es sehr viel schwieriger.

Widerstehen Sie der Versuchung, beim Lesen unserer Empfehlungen für das Herstellen von Verbindung nach der formelhaften Universaltechnik

Ausschau zu halten, die in jeder Situation anwendbar ist. Die im Folgenden besprochenen Prinzipien und Strategien sind zumeist äußerst effektiv. Aber Sie sollten die Anwendung dieser Methoden von Ihrem eigenen Erziehungsstil, der jeweiligen Situation und dem individuellen Temperament Ihres Kindes abhängig machen. Bewahren Sie sich mit anderen Worten Ihre Reaktionsflexibilität.

Reaktionsflexibilität ist genau das, wonach es klingt – die Fähigkeit, in Bezug auf unsere Reaktion auf eine Situation flexibel zu sein. Reaktionsflexibilität bedeutet, innezuhalten, um genauer hinzuschauen und die beste Vorgehensweise auszuwählen. Sie lässt uns den Reiz von der Reaktion trennen, sodass unsere Reaktion sich nicht unmittelbar (und unbeabsichtigt) aus dem Verhalten eines Kindes oder unserem eigenen inneren Chaos ergibt. Das heißt, wenn A geschieht, tun wir nicht einfach automatisch B; stattdessen ziehen wir B, C oder sogar eine Kombination aus D und E in Betracht. Reaktionsflexibilität erzeugt einen zeitlichen und geistigen Abstand, der das Betrachten einer großen Vielfalt an Optionen ermöglicht. Das hat zur Folge, dass wir einfach mit einer Erfahrung „sein" können, und sei es nur für ein paar Sekunden, und nachspüren können, bevor wir das „Tun"-Schaltsystem des Handelns aktivieren.

Reaktionsflexibilität hilft Ihnen, in einem schwierigen Augenblick mit Ihrem Kind so achtsam wie möglich vorzugehen, sodass Verbindung stattfinden kann. Das ist so ziemlich das Gegenteil von einer im Autopilotmodus ablaufenden Disziplin, bei der Sie roboterhaft in jeder sich ergebenden Situation eine Universalmethode anwenden. Wenn wir in unseren Reaktionen auf den Geisteszustand unserer Kinder auch in schwierigen Situationen flexibel sind, ermöglichen wir uns ein optimales absichtsvolles Eingehen auf ihre innere Welt und geben unseren Kindern das, was sie in dem Moment brauchen.

Je nach der Regelverletzung Ihres Kindes brauchen Sie möglicherweise einen Augenblick, um sich zu beruhigen. Es ist eine gute Faustregel, nicht in der Nanosekunde nach dem Beobachten eines Fehlverhaltens zu reagieren. Wir wissen, Sie können sich im Eifer des Gefechts danach *fühlen*, Vorschriften zu machen, zu schreien, dass Ihre Tochter, da sie ihren Bruder ins Schwimmbecken gestoßen hat, für den Rest des Sommers nicht mehr schwimmen gehen darf. (Sind wir nicht manchmal lächerlich?) Wenn Sie sich aber ein paar Sekunden Zeit geben und sich zur Ruhe kommen lassen können, statt im öffentlichen Schwimmbad eine Szene zu veranstalten und über das Ziel hinauszuschießen, haben Sie bessere Chancen, bewusst aus einem ruhigeren und besonneneren Teil Ihrer selbst heraus auf das einzugehen, was Ihr Kind in dem Augenblick tatsächlich braucht. (Als Bonus vermeiden Sie es damit, in der ganzen Stadt zum Thema von Abendbrotgesprächen zu werden, die mit den Worten beginnen: „Ihr hättet heute diese verrückte Frau im Schwimmbad sehen sollen.")

Bei anderen Gelegenheiten kann Reaktionsflexibilität Sie dazu veranlassen, in einer Angelegenheit eine *klarere* Haltung einzunehmen, als Sie es normalerweise tun würden. Wenn Sie Anzeichen dafür bemerken, dass Ihr elfjähriger Sohn bei der Erledigung seiner Pflichten und Schulaufgaben weniger Initiative zeigt, könnten Sie beschließen, ihn *nicht* noch einmal zur Schule zu fahren, um ihn das Buch holen zu lassen, das er (wieder einmal!) in seinem Fach hat liegen lassen, angeblich ohne zu wissen, wie das passieren konnte. Sie würden aufrichtig mit ihm mitfühlen und darauf achten, dass Sie sich mit ihm verbinden – „Es ist so schade, dass du dein Buch vergessen hast und deine Arbeit morgen nicht fertig haben wirst" –, aber Sie würden ihn die natürlichen und logischen Konsequenzen seiner Vergesslichkeit erfahren lassen. Oder vielleicht *würden* Sie ihn fahren, damit er sein Buch holt, weil seine Persönlichkeit oder die Situation Sie zu der Überzeugung gelangen lassen, dass dies der beste Weg ist. Das ist der Sinn des Ganzen. Reaktionsflexibilität bedeutet, dass Sie es sich zur Aufgabe machen, zu *entscheiden*, wie Sie auf jede sich ergebende Situation antworten wollen, statt einfach zu reagieren, ohne darüber nachzudenken.

Wie bei so vielen Aspekten der Erziehung geht es bei Reaktionsflexibilität grundsätzlich darum, absichtsvoll zu sein. Das heißt, Sie sind darauf bedacht, die Bedürfnisse Ihres Kindes – *dieses speziellen Kindes* – in diesem speziellen Moment zu erfüllen. Wenn dieses Ziel in Ihrem Geist eine zentrale Rolle spielt, wird die Verbindung zwangsläufig folgen.

Lassen Sie uns nun einige konkrete Möglichkeiten betrachten, wie Sie die Reaktionsflexibilität nutzen können, um sich mit Ihren Kindern zu verbinden, wenn es ihnen schwerfällt, sich zu beherrschen, oder wenn sie unkluge Entscheidungen treffen. Wir beginnen mit drei Verbindungsprinzipien, die die nötigen Voraussetzungen schaffen und die Verbindung zwischen Eltern und Kind möglich machen. Anschließend stellen wir einige spezielle Strategien für die direkte Verbindung im jeweiligen Augenblick vor.

Verbindungsprinzip 1: Die Haimusik leise stellen

Falls Sie bereits einen Vortrag von Dan gehört haben, sind Sie vielleicht schon mit der Idee der Haimusik bekannt gemacht worden. Dan erklärt das Konzept folgendermaßen:

> Als Erstes bitte ich die Teilnehmer, die Reaktion ihres Körpers und ihres Geistes zu beobachten, wenn ich ihnen ein dreißig Sekunden langes Video zeige.* Auf dem Bildschirm sieht man einen scheinbar schönen Wald. Aus der Perspektive der Person, welche die Kamera hält, sieht das Publikum einen urigen Pfad und folgt diesem zu einem schönen Meer. Die ganze Zeit über spielt ruhige, klassische Klaviermusik, die ein Gefühl von Frieden und Gelassenheit in einer idyllischen Umgebung vermittelt.
>
> Dann stoppe ich das Video und bitte die Teilnehmer, es sich noch einmal anzuschauen, erkläre ihnen, dass ich ihnen genau dasselbe Video noch einmal zeigen werde, dass dieses

* Das Video wurde ursprünglich vom Interventionsprogramm Circle of Security produziert. Lesen Sie etwas über die großartige Arbeit, die im Rahmen dieses Programms geleistet wird, in dem Buch *The Circle of Security Intervention* von Bert Powel et al. (New York: Guilford Press, 2013).

Mal aber andere Musik im Hintergrund spielen wird. Das Publikum sieht dann dieselben Bilder – den Wald, den urigen Pfad, das Meer. Aber der Soundtrack ist jetzt düster und bedrohlich. Er ähnelt der berühmten Titelmusik des Films *Der weiße Hai* und verändert die Art, wie die Szene wahrgenommen wird, vollkommen. Die friedliche Szene sieht jetzt beängstigend aus – wer weiß, was da auf einmal hervorspringen könnte? – und der Pfad führt irgendwohin, wo wir mit ziemlicher Sicherheit nicht hingehen möchten. Nicht auszudenken, was wir in dem Wasser am Ende des Pfades finden werden; der Musik nach zu urteilen, ist es wahrscheinlich ein Hai. Doch ungeachtet unserer Furcht nähert sich die Kamera weiter dem Wasser.

Genau dieselben Bilder, aber wie das Publikum feststellt, sorgt unterschiedliche Hintergrundmusik für eine drastische Veränderung der Erfahrung. Ein Soundtrack führt zu Frieden und Gelassenheit, der andere zu Furcht und Grauen.

Es ist dasselbe, wenn wir mit unseren Kindern interagieren. Wir müssen auf die Hintergrundmusik achten. „Haimusik" holt uns aus dem gegenwärtigen Moment und veranlasst uns zu einer auf Furcht beruhenden Erziehung. Unsere Aufmerksamkeit liegt auf irgendetwas, das bei uns reaktive Gefühle hervorruft. Wir machen uns Sorgen über die Zukunft oder reagieren auf etwas in der Vergangenheit Geschehenes. Dabei übersehen wir, was tatsächlich im jeweiligen Augenblick vor sich geht – was unsere Kinder wirklich brauchen und was sie eigentlich kommunizieren. Das hat zur Folge, dass wir ihnen nicht geben, was sie eigentlich bräuchten. Haimusik hält uns mit anderen Worten davon ab, dieses individuelle Kind in diesem individuellen Moment wirklich zu sehen und angemessen auf es einzugehen.

Stellen Sie sich zum Beispiel vor, Ihre Tochter, die in die fünfte Klasse geht, kommt mit einer ersten Beurteilung über ihren Lernfortschritt nach Hause. Darauf sehen Sie, dass ihre Leistungen in Mathe dadurch, dass sie krank war und ein paar Tage gefehlt hat, im Schnitt schlechter sind, als

Sie erwartet hatten. Ohne im Hintergrund spielende Haimusik könnten Sie dies einfach den Fehltagen oder dem schwierigeren Lernstoff in der fünften Klasse zuschreiben. Sie würden Schritte unternehmen, um sich davon zu überzeugen, dass Ihre Tochter den Stoff jetzt versteht, und Sie würden sich vielleicht, vielleicht aber auch nicht, entschließen, mit ihrem Lehrer zu sprechen. Mit anderen Worten würden Sie die Situation aus einer ruhigen und rationalen Perspektive heraus angehen.

Ist jedoch der Bruder Ihrer Tochter ein Neuntklässler, der sich bei der Erledigung seiner Hausaufgaben nicht gerade verantwortungsbewusst gezeigt hat und nun mit den Grundlagen der Algebra zu kämpfen hat, kann diese frühere Erfahrung zu Haimusik werden, die in Ihrem Kopf spielt, während Ihre Tochter Ihnen ihre Beurteilung zeigt. „Jetzt geht das schon wieder los" könnte der Refrain lauten, der von Ihren Gedanken Besitz ergreift. Statt also auf die Situation so zu reagieren, wie Sie es normalerweise tun würden, nämlich indem Sie Ihre Tochter fragen, wie sie sich mit der Note fühlt, und versuchen, herauszufinden, was das Beste für sie ist, denken Sie an die Probleme Ihres Sohnes mit Algebra und reagieren zu heftig auf die Situation Ihrer Tochter. Sie fangen an, ihr etwas über Konsequenzen und das Begrenzen der außerschulischen Aktivitäten zu erzählen. Wenn die Haimusik Ihnen *richtig* zusetzt, beginnen Sie möglicherweise Vorträge über die Aufnahme an guten Hochschulen zu halten und über die Kette von Ereignissen, die von ein paar schlechten Mathenoten in der fünften Klasse zu Problemen in der Mittel- und Oberstufe und schließlich zu einer ganzen Reihe von Ablehnungsschreiben von Universitäten im ganzen Land führt. Ehe Sie sich versehen, ist aus Ihrer bezaubernden Zehnjährigen eine obdachlose Frau geworden, die einen Einkaufswagen zu dem Karton am Fluss unter der Brücke schiebt, in dem sie lebt – und all das, weil sie nicht genau wusste, in welche Richtung das Größer-als-Zeichen zeigt!

Der Schlüssel zu einer Vorgehendsweise ohne Drama ist, wie in so vielen Fällen, Gewahrsein. Sobald Sie *erkennen*, dass Haimusik in Ihrem Kopf dröhnt, können Sie Ihren Geisteszustand wechseln und aufhören, auf der Basis von Furcht und vergangenen Erfahrungen zu erziehen, die mit der gegenwärtigen Situation nichts zu tun haben. Stattdessen können

Sie sich mit Ihrer Tochter verbinden, die sich möglicherweise entmutigt fühlt. Sie können ihr geben, was sie in diesem Augenblick braucht: eine Mutter, die vollständig präsent ist und auf sie eingeht, aufbauend *nur auf den tatsächlichen Gegebenheiten dieser speziellen Situation* – nicht auf vergangenen Erfahrungen oder Befürchtungen für die Zukunft. (Siehe auch die Abbildungen auf dieser und der folgenden Seite.)

Das soll nicht heißen, dass wir nicht auf Verhaltensmuster achten würden. Wir können uns auch in einer Haltung des Leugnens verfangen, aus der heraus wir Verhalten übermäßig im jeweiligen Zusammenhang betrachten oder immer eine Erklärung für die wiederholten Kämpfe unserer Kinder haben und mit allerlei Entschuldigungen aufwarten, die uns davon abhalten, uns um Intervention zu bemühen oder unseren Kindern beim Aufbau der benötigten Fähigkeiten zu helfen. Sie haben alle schon Eltern kennengelernt, deren Kind niemals verantwortlich ist und das von seinen Eltern von daher auch nie zur Verantwortung gezogen wird. (Siehe die Abbildungen auf den folgenden Seiten.)

Statt Haimusik zu hören …

... verbinden Sie sich mit Ihrem Kind, das Sie braucht

Leugnung kann unangenehm sein ...

Tut mir leid, aber mein Sohn hat gerade angefangen, neue Medikamente gegen seine Allergien zu nehmen. Außerdem gewöhnt er sich gerade an unseren neuen Hund.

Meine Tochter hat den Test nicht bestanden, weil sie gerade eine neue Matratze bekommen hat und die ausgasenden Schadstoffe ihren Schlaf gestört haben.

Wenn wöchentlich wechselnde Entschuldigungen zu einem Muster der elterlichen Reaktion werden, agieren die Eltern wahrscheinlich unter dem Einfluss einer anderen Art von Haimusik. Sie ähneln darin den Eltern, deren Kinder als Babys gesundheitlich anfällig waren und deren Haimusik sie jetzt dazu veranlasst, zu viel für ihre Kinder zu tun und sie zu behandeln, als wären sie immer noch labiler, als sie es tatsächlich sind.

Der springende Punkt ist, dass Haimusik uns davon abhalten kann, absichtsvoll und wirklich in Kontakt zu sein und so auf sie einzugehen, wie unsere Kinder uns gerade brauchen. Sie macht uns reaktiv statt empfänglich. Manchmal sind wir dazu aufgerufen, unsere Erwartungen anzupassen und zu erkennen, dass unsere Kinder einfach mehr Zeit für ihre Entwicklung brauchen; bei anderen Gelegenheiten müssen wir unsere Vorstellungen anpassen und einsehen, dass unsere Kinder zu *mehr* in der Lage sind, als wir ihnen zumuten, weshalb wir sie dazu auffordern können, mehr Verantwortung für ihre Entscheidungen zu übernehmen. Bei wieder anderen Gelegenheiten müssen wir auf unsere eigenen Bedürfnisse, Wünsche und Erfahrungen der Vergangenheit achten, die sämtlich unsere Fähigkeit außer Kraft setzen können, gute, auf den jeweiligen Moment abgestimmte Entscheidungen zu treffen. Das Problem ist, dass wir, wenn wir reaktiv sind, keinen Input von anderen bekommen oder keine Reaktionsflexibilität zeigen können, um die verschiedenen Optionen im Geiste zu untersuchen. (Falls Sie tiefer in dieses Thema einsteigen möchten, finden Sie ausführliche Informationen hierzu in Dans zusammen mit Mary Hartzell geschriebenem Buch *Gemeinsam leben, gemeinsam wachsen*.)

Letztendlich besteht die Aufgabe darin, unseren Kindern unsere bedingungslose Liebe und ruhige Präsenz zu schenken, selbst wenn sie sich von ihrer schlimmsten Seite zeigen. *Insbesondere*, wenn sie sich von ihrer schlimmsten Seite zeigen! So bleiben wir empfänglich, statt in Reaktivität zu verfallen. Und die Perspektive, aus der wir ihr Verhalten betrachten, hat zwangsläufig Auswirkungen auf die Art, wie wir auf sie reagieren. Erkennen wir sie als die noch in der Entwicklung begriffenen jungen Menschen, die sie sind, mit sich verändernden, veränderlichen, komplexen jungen Gehirnen, sind wir besser in der Lage, empfänglich zu sein und die beruhigende Klaviermusik zu hören, wenn sie sich schwertun, mit etwas kämpfen oder etwas tun, was wir nicht mögen. Wir werden deshalb in einer Weise mit ihnen interagieren, die mit größerer Wahrscheinlichkeit zu Frieden und Gelassenheit führt.

Haimusik hingegen holt uns aus dem gegenwärtigen Moment und beraubt uns unseres klaren Verstandes, da wir reaktiv werden. Sie schürt unser inneres Chaos und veranlasst uns zu allen möglichen Vermutungen sowie zu Sorgen um allerlei Möglichkeiten, die in dieser speziellen Situation einfach nicht betrachtet werden sollten. Sie kann uns sogar dazu bringen, automatisch zu unterstellen, unsere Kinder würden „sich ausagieren", weil sie angeblich selbstsüchtig, faul, verwöhnt oder irgendetwas anderes sind. Dann reagieren wir nicht aus Liebe und Überlegtheit, sondern aus Reaktivität, Wut, Angst, Dramatik und Furcht heraus.

Halten Sie also das nächste Mal, wenn Sie eingreifen müssen, einfach eine Sekunde lang inne und horchen Sie auf den Soundtrack in Ihrem Kopf. Wenn Sie ruhige Klaviermusik hören und sich imstande fühlen, eine liebevolle, objektive, aus klarem Denken resultierende Antwort auf die Situation zu bieten, fahren Sie fort und zeigen Sie genau diese Art der Vorgehensweise. Wenn Sie aber die Haimusik wahrnehmen, seien Sie sehr vorsichtig mit dem, was Sie tun und sagen. Lassen Sie sich eine Minute Zeit – oder länger, falls nötig –, bevor Sie reagieren. Wenn Sie dann merken, dass Sie die Befürchtungen, die Erwartungen und die zu große Reaktivität loslassen, die Sie daran hindern, die Situation als das zu sehen, was sie wirklich ist, können Sie handeln. Einfach dadurch, dass Sie darauf achten, was für eine Musik in einer Situation im Hintergrund spielt, werden Sie sehr viel besser in der Lage sein, *flexibel* zu reagieren, statt *starr oder chaotisch* und Ihren Kindern das zu bieten, was sie gerade brauchen. Der Schlüssel liegt darin, das Reagieren eher ein Antworten sein zu lassen.

Verbindungsprinzip 2: Dem Warum nachgehen

Eine der schlimmsten Begleiterscheinungen von Haimusik ist unsere elterliche Tendenz, Vermutungen über das anzustellen, was uns offensichtlich erscheint. Wenn beim Interagieren mit Ihren Kindern ein unheimlicher oder emotional geladener Soundtrack Ihren Geist umwölkt, sind Sie beim Hinterfragen der Gründe für ihr Benehmen wahrscheinlich nicht sehr objektiv. Vielmehr werden Sie wahrscheinlich einfach reagieren, ausgehend von Informationen, die möglicherweise überhaupt nicht stimmen. Sie nehmen an, dass im Wasser ein Hai schwimmt oder sich hinter dem Baum ein Monster versteckt hält, auch wenn da gar nichts ist.

Wenn Ihre Kinder im Zimmer nebenan spielen und Sie hören, dass Ihr jüngeres Kind anfängt zu weinen, kann es absolut gerechtfertigt erscheinen, ins Zimmer zu marschieren, den Blick auf Ihr älteres Kind zu richten und zu fragen: „Was hast du dieses Mal getan?!" Aber wenn Ihr kleineres Kind sagt: „Nein, Papa, ich bin einfach hingefallen und hab mir am Knie wehgetan", erkennen Sie, dass das, was Ihnen offensichtlich erschien, überhaupt nicht stimmte, und dass Haimusik Sie (wieder einmal) in die Irre geführt hat. Weil Ihr größeres Kind in der Vergangenheit zu wild gespielt hat, nahmen Sie an, das wäre auch dieses Mal der Fall gewesen.

Nur wenige elterliche Verhaltensweisen verhindern Verbindung schneller als die, das Schlimmste zu vermuten und entsprechend zu reagieren. Anstatt also Vermutungen anzustellen und sich beim Handeln auf Informationen zu stützen, die möglicherweise falsch sind, sollten Sie das offensichtlich Erscheinende infrage stellen. Werden Sie zum Detektiv. Setzen Sie Ihre Sherlock-Holmes-Mütze auf. Sie wissen schon, Sherlock Holmes: die Romanfigur von Arthur Conan Doyle, die erklärte: „Es ist ein kapitaler Fehler, eine Theorie aufzustellen, bevor man entsprechende Anhaltspunkte hat. Unbewusst beginnt man Fakten zu verdrehen, damit sie zu den Theorien passen, statt dass die Theorien zu den Fakten passen."

Wenn wir uns mit unseren Kindern beschäftigen, ist es gefährlich, eine Theorie aufzustellen, bevor wir entsprechende Anhaltspunkte haben. Stattdessen müssen wir neugierig sein. Wir müssen „dem Warum nachgehen".

Neugier ist der Eckpfeiler einer angemessenen Vorgehensweise. Stellen Sie sich, noch bevor Sie überhaupt auf das Verhalten Ihres Kindes reagieren – insbesondere, wenn es Ihnen nicht gefällt –, eine Frage: „Ich frage mich, warum mein Kind das getan hat." Lassen Sie dadurch weitere Fragen aufkommen: „Was will mein Kind jetzt gerade? Fragt es nach etwas? Versucht es etwas zu entdecken? Was teilt es mir mit?"

Statt zu beschuldigen und zu kritisieren …

... gehen Sie dem Warum nach

Wenn ein Kind ein Verhalten an den Tag legt, das wir nicht mögen, sind wir versucht zu fragen: „Wie konnte er oder sie das *tun*?“ Gehen Sie stattdessen dem Warum nach. Seien Sie neugierig, wenn Sie das Badezimmer betreten und sehen, dass Ihre vierjährige Tochter Waschbecken und Spiegel mit nassem Toilettenpapier und einem in der Schublade gefundenen Lippenstift „dekoriert“ hat. Sie können ruhig frustriert sein. Gehen Sie aber so schnell wie möglich dem Warum nach. Lassen Sie Ihre Neugier an die Stelle der Frustration treten. Sprechen Sie mit Ihrer Tochter und fragen Sie sie, was passiert ist. Höchstwahrscheinlich werden Sie etwas hören, das vollkommen plausibel ist, zumindest aus ihrer Sicht, und vermutlich urkomisch. Die schlechte Nachricht ist, dass Sie die Schweinerei trotzdem beseitigen müssen (nach Möglichkeit mithilfe Ihrer Tochter). Die gute Nachricht ist, dass Ihre Neugier Sie zu einer sehr viel zutreffenderen – und lustigeren, interessanteren und ehrlicheren – Antwort über die Gründe für das Verhalten Ihres Kindes geführt haben wird.

Dasselbe gilt, wenn die Lehrerin Ihres die zweite Klasse besuchenden Sohnes anruft, um mit Ihnen über gewisse Probleme des Jungen mit der „Impulskontrolle" zu sprechen. Sie erzählt Ihnen, er habe keinen Respekt vor Autoritäten, hätte er doch begonnen, während der Lesezeit Geräusche zu machen und unangemessene Bemerkungen von sich zu geben. Ihre erste Reaktion könnte der Drang sein, ein Gespräch mit Ihrem Sohn unter dem Motto „Das ist nicht die Art, wie wir uns benehmen, mein Herr" in die Wege zu leiten. Wenn Sie aber dem Warum nachgehen und ihn nach seiner Motivation fragen, könnten Sie herausfinden, dass „Truman findet, dass ich lustig bin, wenn ich das tue, und jetzt lässt er mich mittags in der Schulkantine neben ihm in der Schlange stehen". Sie müssten immer noch umlenken und mit Ihrem Sohn an angemessenen Wegen des Zurechtkommens mit der schwierigen Welt ungleicher Machtverhältnisse unter Schülern arbeiten, aber so könnten Sie dies mit sehr viel genauerer Information über die emotionalen Bedürfnisse Ihres Sohnes und die eigentlichen Beweggründe seines Verhaltens tun.

Dem Warum nachzugehen bedeutet nicht, dass wir unsere Kinder unbedingt jedes Mal, wenn sich eine schwierige Situation ergibt, fragen sollten: „Warum hast du das getan?" Diese Frage könnte sogar als unmittelbare Beurteilung oder Missbilligung statt als Neugier verstanden werden. Außerdem wissen Kinder, insbesondere jüngere, manchmal gar nicht, warum sie aufgewühlt sind oder getan haben, was sie getan haben. Ihre persönliche Einsicht und das Bewusstsein ihrer eigenen Ziele und Motivationen sind möglicherweise noch nicht besonders gut ausgebildet. Deshalb raten wir Ihnen davon ab, nach dem Warum zu *fragen*. Wir empfehlen Ihnen, dem Warum *nachzugehen*. Das bedeutet, dass Sie sich die Warum-Frage eher selbst stellen, neugierig sind und sich fragen, was bei Ihrem Kind in dem Moment gerade passiert ist.

Statt zu rügen und zu kritisieren …

… gehen Sie dem Warum nach

Manchmal ist das Verhalten, dem wir begegnen wollen, nicht so harmlos wie Lippenstiftdekorationen und eigenartiger Humor. Manchmal trifft unser Kind Entscheidungen, die zerbrochene Gegenstände, verletzte Menschen und beschädigte Beziehungen zur Folge haben. In solchen Fällen ist es umso wichtiger, dass wir dem Warum nachgehen. Wir *müssen* neugierig sein auf das, was unser Kind dazu bewogen hat, im Zorn mit dem Schraubenzieher zu werfen, ein anderes Kind zu schlagen, gehässige Worte auszuspucken. Es reicht nicht, einfach nur dem Verhalten zu begegnen. Menschliches Verhalten ist die meiste Zeit zweckgerichtet. Wir müssen wissen, was *hinter* ihm steckt, was es verursacht. Richten wir unser Augenmerk ausschließlich auf das Verhalten unseres Kindes (seine äußere Welt) und vernachlässigen die hinter diesem Verhalten stehenden Gründe (seine innere Welt), konzentrieren wir uns lediglich auf die Symptome, nicht auf die sie hervorrufende Ursache. Und wenn wir nur die Symptome betrachten, müssen wir diese Symptome immer und immer wieder behandeln.

Setzen wir aber die Sherlock-Holmes-Mütze auf und gehen dem Warum nach, indem wir neugierig nach der Wurzel des Verhaltens suchen, können wir umfassender herausfinden, was wirklich mit unserem Kind los ist. Möglicherweise entdecken wir Gründe, die wirklich Anlass zur Besorgnis geben und mit denen wir uns beschäftigen müssen. Vielleicht erfahren wir, dass unsere Vermutungen falsch waren. Oder vielleicht erkennen wir, dass dieses „schlechte Verhalten" eine Anpassungsreaktion auf eine zu große Herausforderung ist. Möglicherweise simuliert Ihr Sohn beispielsweise nicht deshalb jeden Tag vor dem Sportunterricht eine Krankheit, weil er faul oder unmotiviert ist oder sich widersetzen will, sondern weil dies die beste ihm zur Verfügung stehende Strategie ist, mit der heftigen Befangenheit umzugehen, die er empfindet, wenn er vor den Augen seiner Mitschüler Sport treiben soll.

Indem wir uns fragen, was unsere Kinder zu erreichen versuchen, und sie eine Situation erklären lassen, bevor wir voreilig Urteile fällen, sind wir in der Lage, tatsächliche Anhaltspunkte aus ihrer inneren Welt zu sammeln, statt einfach auf der Basis von Vermutungen, fehlerhaften Theorien oder Haimusik zu reagieren. Wenn wir als Erstes dem Warum nachgehen und uns verbinden, lassen wir unsere Kinder zudem wissen, dass wir auf ihrer

Seite sind, dass wir an ihrer inneren Erfahrung interessiert sind. Durch die Art, wie wir auf jede Situation eingehen, zeigen wir, dass wir ihnen einen Vertrauensvorschuss geben, wenn wir nicht wissen, was tatsächlich passiert ist. Dies bedeutet jedoch nicht, dass wir bei Fehlverhalten ein Auge zudrücken würden. Es bedeutet einfach, dass wir darauf achten, uns als Erstes zu verbinden, indem wir Fragen stellen und neugierig darauf sind, was hinter dem äußeren Verhalten steht und was in unserem Kind vor sich geht.

Verbindungsprinzip 3: Über das Wie nachdenken

Auf Haimusik zu lauschen und dem Warum nachzugehen, sind beides Prinzipien, die uns dazu auffordern, in einem schwierigen Moment unsere eigene innere Landschaft sowie die unseres Kindes zu betrachten. Beim dritten Verbindungsprinzip liegt das Augenmerk auf der Art, wie wir eigentlich mit unseren Kindern interagieren. Es fordert uns zum Nachdenken darüber heraus, wie wir mit unseren Kindern reden, wenn sie Schwierigkeiten haben, ihr Verhalten zu steuern oder gute Entscheidungen zu treffen. Natürlich ist es wichtig, *was* wir unseren Kindern sagen. Aber Sie wissen, es ist genauso wichtig, wenn nicht wichtiger, *wie* wir es ihnen sagen.

Stellen Sie sich vor, Ihre dreijährige Tochter klettert nicht in ihren Auto-Kindersitz. Hier sind ein paar *Wies*, mit denen Sie ein und dasselbe *Was* sagen:

- Mit weit aufgerissenen Augen, großen Gesten und lauter, ärgerlicher Stimme: „Setz dich in deinen Kindersitz!“
- Mit zusammengebissenen Zähnen, zusammengekniffenen Augen und wuterfüllter Stimme: „Setz dich in deinen Kindersitz.“
- Mit entspanntem Gesicht und warmer Stimme: „Setz dich in deinen Kindersitz.“
- Mit witzigem Gesichtsausdruck und alberner Stimme: „Setz dich in deinen Kindersitz.“

Sie verstehen, was wir sagen wollen. Auf das *Wie* kommt es an. Wenn es für Ihr Kind Zeit ist, schlafen zu gehen, können Sie eine Drohung aussprechen: „Geh jetzt ins Bett oder ich lese dir keine Geschichte mehr vor." Oder Sie können sagen: „Wenn du jetzt ins Bett gehst, haben wir noch Zeit zum Lesen. Wenn du aber noch lange bummelst, haben wir nicht mehr genug Zeit und müssen das Lesen ausfallen lassen." Die Botschaft ist dieselbe, aber die Art, *wie* sie vermittelt wird, ist eine ganz andere. Sie verbreitet ein gänzlich anderes Gefühl. Mit beiden *Wies* werden Möglichkeiten vorgelebt, zu anderen zu sprechen. Beide setzen eine Grenze. Beide überbringen dieselbe Bitte. Aber sie fühlen sich vollkommen unterschiedlich an.

Es ist das *Wie*, das darüber entscheidet, was unsere Kinder uns und sich selbst gegenüber empfinden und was sie über den Umgang mit anderen lernen. Außerdem hat das *Wie* großen Einfluss auf ihre Reaktion im jeweiligen Augenblick sowie darauf, wie gut es uns gelingt, zu einem Ergebnis beizutragen, das alle glücklicher macht. Kinder kooperieren normalerweise sehr viel schneller, wenn sie sich mit uns verbunden fühlen und wenn wir sie in einen angenehmen und spielerischen Austausch verwickeln. Es ist das *Wie*, das hierüber entscheidet. Wir können sehr viel wirkungsvoller disziplinieren, wenn unser *Wie* respektvoll, spielerisch und ruhig ist.

Dies also sind die drei Verbindungsprinzipien. Indem wir auf Haimusik achten, dem Warum nachgehen und über das Wie nachdenken, schaffen wir die Voraussetzungen für Verbindung. Dadurch haben wir die Möglichkeit, uns als Erstes zu verbinden, wenn das Verhalten unserer Kinder uns nicht gefällt, und so der Beziehung Priorität zu geben und die Chancen auf eine geglückte Interaktion zu erhöhen. Sehen wir uns nun einige spezielle Verbindungsstrategien an.

Der Verbindungskreislauf

Wie sieht Verbindung tatsächlich aus? Was können wir tun, um unseren Kindern zu helfen, sich in einer emotional schwierigen Situation *gefühlt zu fühlen* und zu wissen, wir sind bei ihnen, was auch immer sie gerade durchmachen?

Wie gewöhnlich hängt die Antwort von Ihrem individuellen Kind und Ihrem persönlichen Erziehungsstil ab, doch läuft Verbindung zumeist auf einen aus vier Teilen bestehenden zyklischen Prozess hinaus. Wir nennen ihn den Verbindungskreislauf.

Der Ablauf wird nicht immer genau derselbe sein, in den meisten Fällen aber beinhaltet das Herstellen einer Verbindung zu unseren Kindern, wenn sie aufgewühlt sind oder sich auf eine Weise verhalten, die wir nicht zulassen können, diese vier Strategien. Die erste lautet: Trost vermitteln.

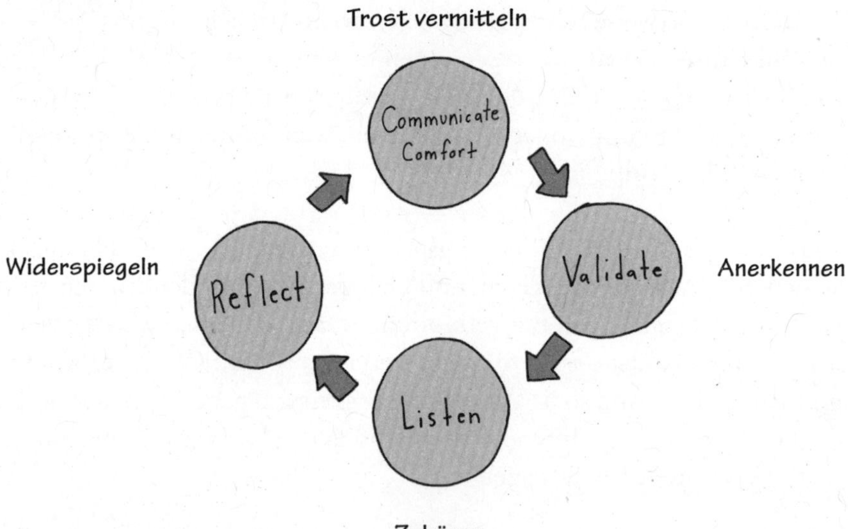

Der Verbindungskreislauf

Verbindungsstrategie 1: Trost vermitteln

Denken Sie daran, Ihre Kinder benötigen manchmal Ihre Hilfe, um sich zu beruhigen und gute Entscheidungen zu treffen. Die meisten Probleme entstehen, wenn Kinder von Ihren Emotionen überwältigt werden. Und genauso, wie Sie ein Baby im Arm halten und es wiegen oder streicheln würden, um sein Nervensystem zu beruhigen, müssen Sie Ihren Kindern bei Bedarf helfen, sich zu beruhigen. Worte sind nützlich, insbesondere, wenn Sie Gefühle anerkennen wollen. Aber die meiste Fürsorge findet nonverbal statt. Wir können *so viel* mitteilen, ohne zu sprechen.

Die wirkungsvollste nonverbale Möglichkeit von allen ist eine, die Sie wahrscheinlich automatisch ausführen: Sie berühren Ihr Kind. Sie legen Ihre Hand auf seinen Arm. Sie ziehen es nah zu sich heran. Sie streichen ihm über den Rücken. Sie halten seine Hand. Eine liebevolle Berührung – ob subtil, wie ein Händedruck, oder auffälliger, wie eine vollständige, warme Umarmung – hat die Macht, eine aufgeheizte Situation schnell zu entschärfen.

Der Grund liegt darin, dass Wohlfühlhormone (wie Oxytocin) in unserem Gehirn und Körper freigesetzt werden und das Niveau unseres Stresshormons Cortisol sinkt, wenn wir spüren, dass jemand uns fürsorglich und liebevoll berührt. *Mit anderen Worten bewirkt liebevolle körperliche Zuneigung, die Sie Ihrem Kind entgegenbringen, tatsächlich eine positive Veränderung seiner Gehirnchemie.* Wenn Ihr Kind (oder Ihr Partner!) aufgewühlt ist, kann eine liebevolle Berührung für Beruhigung sorgen und Ihnen beiden helfen, sich selbst in Augenblicken hoher Anspannung miteinander zu verbinden.

Berührung ist nur eine Art, wie wir mit unseren Kindern nonverbal kommunizieren. Tatsächlich senden wir ständig Botschaften aus, auch wenn wir nicht ein Wort von uns geben. Denken Sie einmal an Ihre typische Körperhaltung, wenn Sie Ihre Kinder zurechtweisen. Beugen Sie sich jemals mit einem wütenden Gesichtsausdruck über Ihr Kind? Vielleicht sagen Sie in einem beängstigenden Tonfall: „Lass das!“ oder „Hör sofort damit auf!“ Diese Herangehensweise ist im Wesentlichen das Gegenteil von Verbindung und wird beim Beruhigen Ihres Kindes keine große Wirkung zeigen. Ihre gesteigerte Reaktion wird seine Emotionen nur noch weiter verstärken. Selbst wenn Ihre Einschüchterung zur Folge hat, dass Ihr Kind ruhig *wirkt*, fühlt es sich tatsächlich alles andere als ruhig. Sein Herz trommelt als Antwort auf den Stress, da es sich genug ängstigt, um – in dem Versuch, Sie davon abzuhalten, noch ärgerlicher zu werden – seine Emotionen abzuschalten und seine Gefühle zu verbergen.

Würden Sie einem erregten Tier auf dieselbe Art gegenübertreten? Angenommen, Sie müssten mit einem böse dreinblickenden Hund interagieren. Würden Sie sich ihm mit einer aggressiven Körperhaltung nähern und verlangen: „Lass das sein und beruhige dich"? Das wäre nicht sehr klug und es wäre auch nicht wirksam. Denn es würde dem Hund vermitteln, dass Sie eine Bedrohung darstellen, und er hätte keine andere Option, als mit Ducken oder Kämpfen zu reagieren. Stattdessen wird uns also beigebracht, uns dem Hund zu nähern, indem wir eine Hand mit dem Handrücken nach oben zu ihm ausstrecken, in die Hocke gehen und mit sanfter, beruhigender Stimme zu ihm sprechen. Dabei kommuniziert unser gesamter Körper eine Botschaft: „Ich bin keine Bedrohung." Als Antwort darauf kann der Hund sich entspannen, sich beruhigen, sich sicher fühlen und dann auf uns zukommen und mit uns interagieren.

Derselbe Prozess findet bei Menschen statt. Wenn wir uns bedroht fühlen, kann unser Schaltsystem für das Sozialverhalten sich nicht einschalten. Es fällt uns schwer, unser oberes Gehirn zu aktivieren, den Teil, der umsichtig ist, gesunde Entscheidungen fällt und die Fähigkeit besitzt, Empathie zu empfinden und unsere Emotionen sowie unseren Körper zu regulieren. Statt uns zu beruhigen und gute Entscheidungen zu treffen, reagieren wir einfach. Diese Reaktion ergibt evolutionär betrachtet Sinn. Wenn das Gehirn Bedrohung erkennt, wird der untere Teil sofort in erhöhte Alarmbereitschaft versetzt und äußerst aktiv. Das Funktionieren in diesem primitiveren Modus ermöglicht es uns durch extreme Wachsamkeit, schnelles Handeln, ohne zu denken, oder das Verfallen in den Kampf-, Flucht-, Erstarrungs- oder Ohnmachtmodus, unsere Sicherheit zu wahren.

Mit unseren Kindern ist es dasselbe. Wenn die Emotionen eskalieren und wir mit dem Vermitteln von Bedrohung reagieren – durch unseren frustrierten oder ärgerlichen Gesichtsausdruck, unseren wütenden Tonfall, unsere einschüchternde Haltung (Hände in den Hüften, fuchtelnder Finger, nach vorne gebeugter Körper) –, besteht ihre angeborene biologische Reaktion im Aktivieren ihres unteren Gehirns. Kommunizieren ihre Bezugspersonen ihnen jedoch die Botschaft „Ich bin keine Bedrohung", beruhigt sich der reaktive, kämpfende, nach dem Motto „Handeln vor dem Denken" operierende untere Teil des Gehirns und sie können in einen Verarbeitungsmodus wechseln, der ihnen ein beherrschtes Verhalten ermöglicht.

Wie also vermitteln wir unseren Kindern selbst dann, wenn die Emotionen gerade eskalieren, die Botschaft „Ich bin keine Bedrohung"? Indem wir uns mit ihnen verbinden. Eine der wirkungsvollsten und stärksten Möglichkeiten hierfür ist das Einnehmen einer Körperhaltung, die das Gegenteil von achtunggebietend und bedrohlich ist. Oft wird empfohlen, sich *auf* die Augenhöhe des Kindes zu begeben; einer der schnellsten Wege, Sicherheit und das Fehlen von Bedrohung zu vermitteln, besteht jedoch darin, *unter* die Augenhöhe des Kindes zu gehen und eine ganz entspannte Körperhaltung einzunehmen, die Ruhe kommuniziert. Wir sehen dies andere Säugetiere tun, wenn sie die Botschaft aussenden wollen: „Ich bin keine Bedrohung für dich. Du musst mich nicht bekämpfen."

Wir empfehlen Ihnen, diese „Unter-die-Augenhöhe"-Methode das nächste Mal auszuprobieren, wenn Ihr Kind aufgewühlt oder emotional außer Kontrolle ist. Setzen Sie sich auf einen Stuhl, auf ein Bett oder auf den Fußboden, sodass Sie unter der Augenhöhe Ihres Kindes sind. Es ist egal, ob Sie sich zurücklehnen, Ihre Beine übereinanderschlagen oder Ihre Arme öffnen, achten Sie lediglich darauf, dass Ihr Körper Trost und Sicherheit vermittelt. Ihre Worte und Ihre Körpersprache wirken zusammen, um Empathie und Verbindung auszudrücken und Ihrem Kind zu kommunizieren: „Ich bin da. Ich werde dich trösten und dir helfen." Sie beruhigen sein Nervensystem und besänftigen das Kind, genauso wie Sie es durch Halten und Wiegen taten, als es ein Baby war und Sie brauchte.

Vermitteln Sie Trost, indem Sie sich unter die Augenhöhe begeben

Wir sind begeistert davon, wie viele der Eltern, denen wir diese Vorgehensweise beigebracht haben, berichten, sie „wirke Wunder". Sie können es nicht fassen, wie schnell ihre Kinder sich beruhigen. Was diese Eltern genauso erstaunt ist die Tatsache, dass das Einnehmen dieser entspannten, nicht bedrohlichen Haltung auch *die Eltern selbst* beruhigt. Sie erzählen, diese Methode funktioniere besser als alles andere, was sie ausprobiert hätten, um ruhig zu bleiben, und führe, wenn es darum geht, wie gut *sie selbst* mit der durch hohe Stressbelastung gekennzeichneten Situation umgehen, zu den besten Ergebnissen. Natürlich können Sie sich nicht auf dem Boden niederlassen, wenn Sie im Auto sitzen oder über die Straße laufen, aber Sie können mit Ihrem Tonfall und Ihrer Haltung sowie mit empathischen Worten das Fehlen von Bedrohung kommunizieren, sodass Sie sich mit Ihrem Kind verbinden und Ruhe in Ihnen beiden erzeugen können.

Die nonverbale Kommunikation ist ausgesprochen mächtig. Der ganze Tag kann bei Ihrem Kind etwas auslösen, dessen Sie sich nicht einmal bewusst sind, etwas, das nicht einmal gesagt wird. Etwas so Einfaches wie Ihr Lächeln kann eine Enttäuschung lindern und Ihre Bindung stärken. Sie kennen diesen Moment: wenn Ihr Kind etwas tut, das es in Begeisterung versetzt, wie das Schießen eines Fußballtores oder das Aufsagen eines Textes bei einem Theaterstück, und in der Menge nach Ihnen sucht. Ihre Augen treffen sich und Sie lächeln, und Ihr Kind weiß, Sie sagen: „Ich habe es gesehen und ich teile deine Freude." Das vermag Ihre nonverbale Kommunikation zu bewirken.

Sie kann aber auch das genaue Gegenteil erreichen. Sehen Sie sich die folgenden Bilder an und achten Sie darauf, welche Botschaften diese Eltern aussenden. Ohne auch nur den Mund aufzumachen, sagt jede Person doch sehr viel.

Nonverbale Botschaften sind mächtig ...

Nonverbale Botschaft: Ich bin verärgert. Du machst mich fertig. Ich kann dich im Moment nicht ertragen. Und ich nehme es dir übel, dass du es mir so schwer machst.

Nonverbale Botschaft: Ich habe so eine Wut auf dich, ich könnte jeden Moment in die Luft gehen. Ja, hab ruhig Angst, hab große Angst. So reagieren Menschen, wenn du etwas Falsches tust.

Nonverbale Botschaft: Du tust besser, was ich dir sage, und zwar sofort! Es ist mir egal, wie es dir geht oder wie die Umstände aussehen. Mit Macht, Kontrolle und Aggression bekomme ich, was ich will.

Tatsache ist, dass wir alle möglichen Botschaften aussenden, ob wir es nun wollen oder nicht. Und wenn wir nicht aufpassen, können unsere nonverbalen Botschaften die Verbindung, die wir in einer hoch emotionalen Situation anstreben, untergraben. Ein Verschränken der Arme, ein Kopfschütteln, ein Reiben der Schläfen, ein Verdrehen der Augen, ein sarkastisches, an einen anderen Erwachsenen im Raum gerichtetes Augenzwinkern – selbst wenn unsere Worte Interesse an dem ausdrücken, was unser Kind sagt, können unsere nonverbalen Botschaften uns doch auf vielerlei Weise verraten. Und wenn unsere verbalen und nonverbalen Botschaften einander widersprechen, glaubt unser Kind die nonverbalen. Deshalb ist es besonders wichtig, dass wir darauf achten, was wir kommunizieren, wenn wir gar nichts sagen.

Tun wir das, vermitteln wir mit größerer Wahrscheinlichkeit die Botschaften, die wir unseren Kindern vermitteln *wollen*.

Nonverbale Botschaften sind mächtig …

Nonverbale Botschaft: Was du mir da gerade erzählst, ist äußerst wichtig – wichtiger als alles, was gerade um uns herum passiert, und sogar wichtiger als alles, was ich selbst gerne sagen würde.

Nonverbale Botschaft: Ich weiß, du hast einen anstrengenden Schultag hinter dir, und wenn ich auch gerade nicht die richtigen Worte finde, bin ich doch immer für dich da.

Nonverbale Botschaft: Ich finde dich prima und du erfüllst mich mit Freude. Ich bin nicht gerade glücklich über deine Entscheidung, aber ich liebe dich auch, wenn du Dummheiten anstellst.

Wir sagen nicht, dass es keine hoch emotionalen Momente mehr geben wird, in denen Sie vollkommen an Ihren Kindern verzweifeln und sich über sie aufregen. Oder dass Ihre Kinder nicht etwas missverstehen werden, das Sie kommunizieren, und aus der Fassung geraten werden. Selbstverständlich werden auf beiden Seiten der Beziehung Fehler gemacht. Ebenso werden Sie möglicherweise manchmal beschließen, dass der Einsatz nonverbaler Kommunikation angemessen ist, um Ihren Kindern zu helfen, sich selbst zu beobachten und gegebenenfalls ihre Impulse zu zügeln. Das Entscheidende aber ist, dass wir über die verbalen *und* die nonverbalen Botschaften, die wir aussenden, bewusst und absichtsvoll entscheiden können und dies insbesondere dann tun sollten, wenn wir uns mit unseren Kindern in einem schwierigen Moment zu verbinden versuchen. Einfach ein Nicken und körperliche Präsenz vermitteln Zuwendung.

Verbindungsstrategie 2: Anerkennen, anerkennen, anerkennen

Der Schlüssel zur Verbindung, wenn Kinder reaktiv sind oder schlechte Entscheidungen treffen, ist Anerkennen (Validation). Zusätzlich dazu, dass wir unseren Kindern Trost vermitteln, müssen wir sie wissen lassen, dass wir sie hören. Dass wir verstehen. Dass wir begreifen. Ob wir das aus ihren Gefühlen resultierende Verhalten nun mögen oder nicht, wir wollen, dass sie sich bestätigt fühlen und spüren, wir sind bei ihnen, während sie gerade diese starken Gefühle empfinden.

Anders ausgedrückt wollen wir uns auf die inneren subjektiven Erfahrungen unserer Kinder *einstimmen*, unsere Aufmerksamkeit darauf ausrichten, wie sie die Dinge von ihrem Standpunkt aus erleben. Genau, wie für ein Duett zwei Instrumente aufeinander abgestimmt werden müssen, um gute Musik zu machen, müssen wir unsere eigene emotionale Reaktion darauf abstimmen, was mit unseren Kindern los ist. Wir müssen ihren Geist sehen und ihren inneren Zustand erkennen, müssen die

Sache dann mit ihren Augen sehen und die Art unserer Vorgehensweise darauf abstimmen. Dabei gesellen wir uns in ihrem emotionalen Raum zu ihnen. Wir übermitteln die Botschaft: „Ich verstehe dich. Ich sehe, was du fühlst, und ich erkenne das an. Wäre ich an deiner Stelle und in deinem Alter, würde ich wohl genauso fühlen." Wenn Kinder diese Art von Botschaft von ihren Eltern empfangen, „fühlen sie sich gefühlt". Sie fühlen sich verstanden. Sie fühlen sich geliebt. Und ein großer Bonus ist der, dass sie dann beginnen können, sich zu beruhigen sowie bessere Entscheidungen zu treffen und zu hören, was Sie ihnen vermitteln wollen.

Konkret bedeutet Anerkennen, dass wir der Versuchung widerstehen, das, was unsere Kinder durchmachen, zu leugnen oder herunterzuspielen. Wenn wir ihre Gefühle anerkennen (validieren), vermeiden wir es, so etwas zu sagen wie: „Warum bekommst du einen Anfall, weil du keine Verabredung zum Spielen hast? Du warst gestern den ganzen Tag bei Carrie!" Wir vermeiden es, zu erklären: „Ich weiß, dass dein Bruder dein Bild zerrissen hat, aber das ist kein Grund, ihn zu schlagen! Du kannst doch einfach ein neues malen." Wir vermeiden es, zu bemerken: „Hör auf, dir darüber Sorgen zu machen."

Denken Sie darüber nach: Wie fühlen *Sie* sich, wenn Sie aufgewühlt sind und sich vielleicht nicht gut beherrschen, und jemand erzählt Ihnen, Sie seien „bloß müde" oder das, was Ihnen zu schaffen macht, sei „keine so große Sache" und Sie sollten sich „einfach beruhigen"? Wenn wir unseren Kindern sagen, wie sie sich fühlen sollen – oder nicht fühlen sollen –, erkennen wir ihnen ihre Erfahrungen *ab*, erklären diese für ungültig.

Die meisten von uns hüten sich davor, ihren Kindern direkt zu sagen, sie sollten sich nicht aufregen. Stellen Sie diese Reaktion aber auch immer umgehend ab, wenn eines Ihrer Kinder heftig auf etwas reagiert, das nicht nach seinem Willen läuft? Ohne es zu wollen, können wir häufig die Botschaft vermitteln, dass wir die Art, wie unsere Kinder sich angesichts einer Situation fühlen und wie sie diese erleben, für lächerlich oder unserer Anerkennung nicht würdig halten. Oder wir kommunizieren unbeabsichtigterweise, dass wir nicht mit unseren Kindern interagieren oder zusammen sein wollen, wenn sie negative Emotionen empfinden. Das ist so, als sagten wir: „Ich werde es nicht akzeptieren, dass du dich so fühlst, wie du dich fühlst. Es interessiert mich nicht, wie du die Welt erlebst." Dadurch fühlt sich ein Kind unsichtbar, ungesehen und abgeschnitten.

Stattdessen wollen wir vermitteln, dass wir *immer* für unsere Kinder da sind, selbst wenn sie sich von ihrer absolut schlimmsten Seite zeigen. Wir sind bereit, sie als diejenigen zu sehen, die sie sind, was auch immer sie fühlen mögen. Wir wollen uns dort mit ihnen verbinden, wo sie sind, und anerkennen, was sie erleben und durchmachen. Zu einem kleinen Kind könnten wir sagen: „Du wolltest heute unbedingt zu Mia gehen, stimmt's? Es ist so schade, dass ihre Mutter absagen musste." Insbesondere bei größeren Kindern identifizieren wir uns möglicherweise mit dem, was sie durchmachen, und lassen sie wissen, dass wir zwar Nein zu ihrem Verhalten sagen, aber Ja zu ihren Gefühlen: „Das hat dich *wirklich wütend* gemacht, dass Keith dein Bild zerrissen hat, oder? Ich hasse es auch, wenn jemand mit meinen Sachen herumspielt und sie kaputt macht. Ich verübele es dir nicht, dass du zornig bist." Denken Sie daran, die erste Reaktion besteht darin, sich zu verbinden. Das Umlenken wird kommen, und Sie sollten dem Verhalten auf jeden Fall begegnen, aber als Erstes verbinden wir uns, was Trost vermittelt und fast immer mit dem Anerkennen der vorherrschenden Emotionen einhergeht.

Normalerweise ist das Anerkennen ziemlich einfach. Sie müssen im Wesentlichen schlicht das bestehende Gefühl identifizieren: „Das hat dich richtig traurig gemacht, stimmt's?" oder „Ich kann verstehen, dass du dich ausgeschlossen fühltest" oder sogar noch allgemeiner: „Du tust dich gerade schwer". Das Identifizieren der Emotion ist eine überaus hilfreiche Vorgehensweise, wenn das Kind aufgewühlt ist, da es zwei große Vorteile bietet. Erstens beruhigt sich das autonome Nervensystem des Kindes und seine starken Gefühle werden besänftigt, wenn es sich verstanden fühlt. So kann es sein Verlangen, zu reagieren und um sich zu schlagen, bremsen. Zweitens erwirbt es hiermit ein Emotionsvokabular und emotionale Intelligenz, sodass es seine Gefühle selbst erkennen und benennen kann, was ihm beim Verstehen seiner Emotionen und beim Wiedererlangen der Kontrolle über sich selbst hilft. Das ist die Voraussetzung dafür, dass

Statt abzutun …

… erkennen Sie an

Umlenken stattfinden kann. Wie wir im vorangegangenen Kapitel gesagt haben, trägt Verbindung – die in diesem Fall durch Anerkennen der jeweiligen Gefühlslage erfolgt – dazu bei, ein Kind aus der Reaktivität in einen Zustand der Empfänglichkeit zu holen.

Nachdem wir das Gefühl bestätigt haben, besteht der zweite Schritt des Anerkennens darin, sich mit dieser Emotion zu identifizieren. Für ein Kind oder einen Erwachsenen ist es eine äußerst starke Erfahrung, jemanden sagen zu hören: „Ich verstehe dich. Ich kann begreifen, warum du dich so fühlst". Diese Art von Empathie ist entwaffnend. Sie lockert unsere Erstarrung. Sie lindert unser Chaos. Vergessen Sie selbst dann, wenn eine Emotion Ihnen lächerlich vorkommt, nicht, dass sie für Ihr Kind sehr real ist. Sie sollten also nichts abtun, was für Ihr Kind von Bedeutung ist.

Tina erhielt vor nicht langer Zeit eine E-Mail, die sie daran erinnerte, dass nicht nur kleine Kinder diese Art der einfühlsamen Zuwendung erfahren müssen, wenn sie aufgewühlt sind. Die Nachricht stammte von einer Mutter aus Australien, die sich eine Radiosendung angehört hatte, in der Tina über die Macht der Verbindung gesprochen hatte. Lesen Sie einen Auszug aus der E-Mail dieser Mutter:

> Während ich zuhörte, erhielt ich einen Anruf von meiner neunzehnjährigen Tochter, die gerade einen Gefühlsausbruch hatte. Nach einem Termin bei der Krankengymnastik hatte sie Schmerzen, ihr Bankkonto war in die roten Zahlen gerutscht, von der Vorlesung in Wirtschaftsrecht hatte sie heute nicht viel verstanden, sie war angespannt wegen einer morgen anstehenden Prüfung, und ihr Chef hatte ihr mitgeteilt, dass sie zwei Stunden früher zur Arbeit erscheinen solle.
>
> Meine erste Reaktion war die, zu sagen: „Erste-Welt-Probleme. Steh's einfach durch, Prinzessin." Da ich aber das Interview mit Ihnen gehört hatte, erkannte ich, dass es zwar durchaus Erste-Welt-Probleme waren, aber es waren *ihre* Erste-Welt-Probleme. Also sagte ich, dass es mir leidtäte,

> dass sie einen so schlechten Tag gehabt hatte, und fragte, ob ich sie mal drücken solle.
>
> Das hat so viel bewirkt. Ich konnte hören, wie sie tief durchatmete und sich entspannte. Ich sagte ihr, dass ich sie lieb habe, dass ihr Vater und ich die Lehrbücher bezahlen würden (die der Grund dafür waren, warum sie in den Miesen war) und dass ich sie morgen nach der Prüfung zu ihrer Lieblings-Nudelsuppe im Restaurant Bamboo Basket einladen würde.
>
> Dank meiner einfühlsamen Antwort war sie nach dem Gespräch viel entspannter. Zu häufig reagieren wir barsch, ohne zu erkennen, welche Auswirkungen das haben kann. Selbst wenn unsere Kinder weitestgehend jenseits der Trotzphase sind und wir ein ruhiges Leben mit ihnen haben, gibt es den ganzen Tag über so viele Gelegenheiten, diese Ideen in die Tat umzusetzen.

Beachten Sie, wie gut diese Mutter die Erfahrung ihrer Tochter anerkannte. Sie leugnete die Gefühle ihrer Tochter nicht, spielte sie nicht herunter und verübelte sie ihr nicht, erkannte sie ihr also nicht ab und erklärte sie nicht für ungültig. Stattdessen erkannte sie an, dass die Tochter einen schlechten Tag gehabt hatte, und fragte, ob sie sie mal drücken solle. Als Reaktion atmete die Tochter tief durch und entspannte sich – nicht, weil ihre Eltern ihr finanziell helfen wollten, sondern weil ihre Gefühle bestätigt und identifiziert worden waren. Weil sie anerkannt worden waren. Dann konnten die eigentlichen Probleme in Angriff genommen werden.

Wenn Ihr Kind also schreit, ausflippt, ein Geschwisterkind angreift, einen Wutanfall bekommt, weil sein Stoffhund zu schlaff ist und nicht richtig aufrecht sitzen will, oder wenn es auf irgendeine andere Weise demonstriert, dass es im Moment nicht in der Lage ist, gute Entscheidungen zu treffen, erkennen Sie die hinter den Handlungen verborgenen Emotionen an. Noch einmal, es kann als Erstes erforderlich sein, das Kind aus der Situation zu entfernen. Anerkennen bedeutet nicht, zuzulassen, dass jemand verletzt wird oder Eigentum zerstört wird. Es ist nicht so, dass Sie unangemessenes Verhalten billigen, wenn Sie sich mit den Emotionen Ihres Kindes identifizieren. Sie stimmen sich auf das Kind ein. Sie stimmen Ihr Instrument auf seines ab, damit Sie beide zusammen etwas Schönes hervorbringen können. Sie holen es dort ab, wo es sich befindet, suchen nach der Bedeutung, dem emotionalen Unterton seiner Handlungen. Sie bestätigen und identifizieren, was es fühlt, und damit erkennen Sie seine Erfahrung an.

Verbindungsstrategie 3: Aufhören zu reden und zuhören

Wenn Sie so sind wie die meisten von uns, reden Sie in emotional geladenen Situationen viel zu viel. Diese Reaktion ist eigentlich komisch, wenn man mal darüber nachdenkt. Unser Kind ist aufgewühlt und hat eine schlechte Entscheidung getroffen, also denken wir: „Ich weiß. Ich werde es belehren. Es wird sich beruhigen und nächstes Mal eine bessere Entscheidung fällen, wenn ich es dazu zwinge, stillzusitzen und mir zuzuhören, während ich ihm einen langen Vortrag darüber halte, was es falsch gemacht hat." Wollen Sie, dass Ihre Kinder abschalten, insbesondere, wenn sie älter sind? Das Rezept ist einfach: Erklären Sie etwas und wiederholen Sie es dann immer und immer wieder.

Zudem ist es überhaupt nicht sinnvoll, pausenlos auf ein emotional aktiviertes Kind einzureden. Wenn seine Emotionen explodieren, gehört es zu den am wenigsten wirksamen Maßnahmen, auf das Kind einzureden, zu versuchen, ihm die Logik unserer Position zu verdeutlichen. Es ist einfach nicht hilfreich, zu sagen: „Er wollte dich nicht treffen, als er den Ball geworfen hat; es war nur ein Unfall, deshalb musst du nicht wütend werden." Es nützt nichts, zu erklären: „Sie kann ja nicht die ganze Schule zum Geburtstag einladen."

Das Problem mit diesem logischen Appell liegt darin, dass er unter der Voraussetzung erfolgt, dass das Kind in dem Moment in der Lage ist, die Stimme der Vernunft zu hören und auf sie zu hören. Denken Sie aber daran, das Gehirn eines Kindes verändert sich und entwickelt sich. Wenn das Kind verletzt, wütend oder enttäuscht ist, ist der logische Teil seines oberen Gehirns nicht voll funktionsfähig. Deshalb ist ein sprachlicher Appell an die Vernunft normalerweise nicht das Beste, was Sie tun können, um ihm zu helfen, seine Emotionen zu regulieren und sich zu beruhigen.

Reden verschlimmert das Problem häufig sogar noch. Wir wissen das, weil wir es von den Kindern hören, die wir in unseren Praxen sehen. Manchmal wollen sie ihre Eltern anbrüllen: „Hör bitte auf zu reden!" Insbesondere, wenn sie in Schwierigkeiten sind und bereits verstehen, was sie falsch gemacht haben. Ein aufgewühltes Kind leidet schon unter Reizüberflutung. Und was bewirkt das Reden? Es überflutet seine Sinne nur noch mehr, wodurch es noch stärker dysreguliert ist, sich noch mehr überwältigt fühlt und sehr viel weniger in der Lage ist, zu einer Einsicht zu kommen oder Sie auch nur zu hören.

Wir empfehlen Eltern also, dem Rat ihrer Kinder zu folgen und aufzuhören, so viel zu reden. Vermitteln Sie Trost und erkennen Sie die Gefühle Ihres Kindes an – „Es hat richtig wehgetan, dass du nicht eingeladen wurdest, stimmt's? Ich würde mich auch ausgeschlossen fühlen" – und schließen Sie dann den Mund und hören Sie zu. Hören Sie *wirklich* zu, was das Kind sagt. Und nehmen Sie das, was Sie hören, nicht allzu wörtlich. Wenn Ihre Tochter sagt, sie würde nie mehr zu irgendeiner Feier eingeladen werden, ist das keine Aufforderung an Sie, zu widersprechen oder diese absolute Aussage infrage zu stellen. Ihre Aufgabe ist es, die *in* den Worten versteckten Gefühle zu hören. Verstehen Sie, dass sie sagt: „Das hat mich wirklich umgehauen. Ich bin nicht eingeladen worden, und jetzt habe ich Angst davor, was das bei allen meinen Freunden über meinen sozialen Stand aussagt."

Orientieren Sie sich und gehen Sie dem Warum nach, finden Sie heraus, was wirklich in Ihrem Kind abläuft. Fokussieren Sie auf seine Emotionen, lassen Sie die Haimusik los, die Sie davon abhält, in dem Moment vollkommen präsent bei ihm zu sein. Egal, wie stark Ihr Verlangen sein mag, widerstehen Sie der Versuchung, mit Ihrem Kind zu streiten, es zu belehren, sich zu verteidigen oder ihm zu sagen, es solle aufhören, sich so zu fühlen. Jetzt ist nicht der Zeitpunkt, zu lehren oder zu erklären. Jetzt ist der Zeitpunkt, zuzuhören, einfach bei Ihrem Kind zu sitzen und ihm Zeit zu geben, sich zu äußern.

Verbindungsstrategie 4: Widerspiegeln, was Sie hören

Mit den ersten drei Strategien des Verbindungskreislaufs vermitteln wir Trost, erkennen wir Gefühle an und hören wir zu. Die vierte Strategie beinhaltet, dass wir unseren Kindern zurückspiegeln, was sie gesagt haben, sie wissen lassen, wir haben sie gehört. Das Widerspiegeln ihrer Gefühle bringt uns zur ersten Strategie zurück, da wir erneut Trost vermitteln, woraufhin wir den Kreislauf ein weiteres Mal durchlaufen können.

Das Widerspiegeln dessen, was wir hören, ähnelt dem zweiten Schritt, unterscheidet sich aber insofern vom Anerkennen, als wir uns nun speziell darauf konzentrieren, was unsere Kinder uns tatsächlich erzählt haben. In der Phase des Anerkennens geht es um das Erkennen von Emotionen und das Mitfühlen mit unseren Kindern. Wir sagen so etwas wie: „Ich weiß, wie wütend du bist." Spiegeln wir aber die Gefühle unserer Kinder wider, teilen wir ihnen im Wesentlichen mit, *was sie uns erzählt haben.* Einfühlsam ausgeführt, erlaubt diese Strategie einem Kind, sich gehört und verstanden zu fühlen. Wie gesagt ist es außerordentlich beruhigend, gar heilsam, sich verstanden zu fühlen. Wenn Sie Ihr Kind wissen lassen, dass Sie wirklich begreifen, was es Ihnen erzählt – indem Sie ihm mitteilen: „Ich höre, was du sagst; du hast es richtig gehasst, als ich dir sagte, wir müssten die Feier verlassen" oder „Kein Wunder, dass dich das wütend gemacht hat; ich würde auch sauer sein" –, kommen Sie der Entschärfung der starken Emotionen, die im Spiel sind, einen großen Schritt näher.

Passen Sie jedoch auf, wie Sie Gefühle widerspiegeln. Sie sollten eine der kurzzeitigen, vorübergehenden Emotionen Ihres Kindes nicht zu etwas Größerem und Dauerhafterem aufbauschen, als sie es tatsächlich ist. Ein Beispiel: Ihre sechsjährige Tochter regt sich so über die ständigen Frotzeleien ihres großen Bruders auf, dass sie anfängt zu schreien: „Du bist so ein Idiot und ich hasse dich!", immer und immer wieder. Mitten in Ihrem Garten, sodass alle Nachbarn es hören können (Gott sei Dank mäht Herr Patel seinen Rasen!), wiederholt sie pausenlos den Refrain, scheinbar Dutzende von Malen, bis sie schließlich hemmungslos weinend in Ihre Arme fällt.

Sie setzen also den Verbindungskreislauf in Gang. Sie vermitteln Trost, bringen Ihr Mitgefühl zum Ausdruck, indem Sie sich unter ihre Augenhöhe begeben, sie streichen ihr über den Rücken und stimmen sich auf ihren emotionalen Zustand ein. Sie erkennen ihre Erfahrung an: „Ich weiß, Schatz, ich weiß. Du bist richtig wütend." Sie hören sich ihre Gefühle an, dann spiegeln Sie ihr zurück, was Sie hören: „Du bist einfach so wütend, stimmt's?" Ihre Antwort könnte eine Rückkehr zum Schreien sein: „Ja, und ich hasse *Jimmy*!" (wobei der Name ihres Bruders zu einem weiteren Schrei gedehnt wird).

Dann kommt der knifflige Teil. Sie wollen ihr widerspiegeln, was sie fühlt, aber sie wollen diese in ihrem Geist herumspukende Geschichte, dass sie ihren Bruder hasst, nicht verstärken. Eine Situation wie diese erfordert ein vorsichtiges Lavieren, damit Sie Ihrer Tochter gegenüber ehrlich sein und ihr beim besseren Verständnis ihrer Gefühle helfen können, gleichzeitig jedoch verhindern, dass ihre augenblicklichen Emotionen sich zu dauerhafteren Meinungen verfestigen. Sie könnten also so etwas sagen wie: „Ich kann es dir nicht verdenken, dass du so wütend bist. Ich hasse es ebenfalls, wenn jemand mich so aufzieht. Ich weiß, dass du Jimmy eigentlich gern hast und dass ihr beide noch vor wenigen Minuten so viel Spaß miteinander hattet, als ihr mit dem Wagen gespielt habt. Aber jetzt bist du ziemlich sauer auf ihn, stimmt's?" Ziel dieser Art des Widerspiegelns ist es, dass Ihr Kind begreift, Sie verstehen seine Erfahrung, und dass damit seine starken Emotionen gelindert und sein inneres Chaos besänftigt werden. So kann es wieder in die Mitte seines Flusses des Wohlbefindens zurückkehren. Aber Sie wollen nicht zulassen, dass ein Gefühl, bei dem es sich einfach um einen momentanen *Zustand* handelt – ihre Wut auf ihren Bruder –, in ihrem Geist als eine dauerhafte *Meinung* wahrgenommen wird, die einen festen Bestandteil ihrer Beziehung darstellt. Deshalb erweitern Sie die Perspektive Ihrer Tochter und erinnern sie an den Spaß, den sie und ihr Bruder mit dem Wagen gehabt haben.

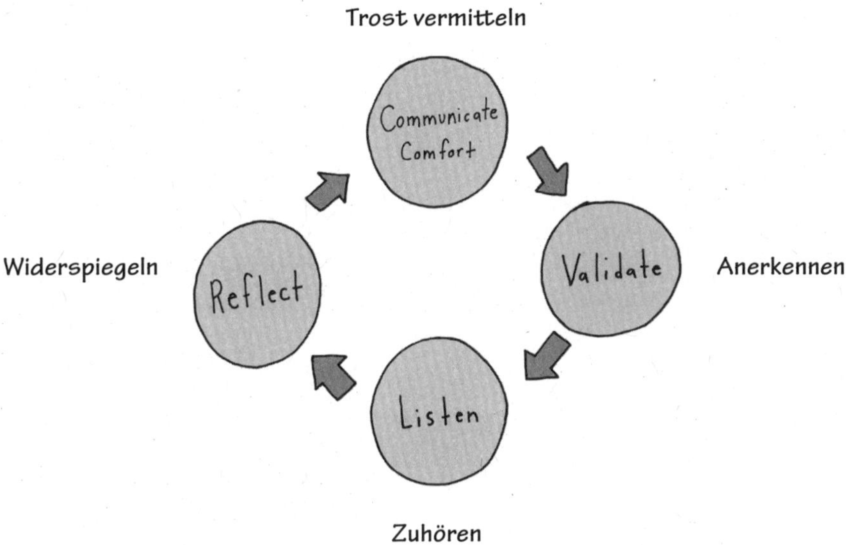

Der Verbindungskreislauf

Ein weiterer mit dem Widerspiegeln der Gefühle unserer Kinder verbundener Vorteil liegt darin, dass diese Strategie unseren Kindern vermittelt, ihnen gilt nicht nur unsere Liebe, sondern auch unsere Aufmerksamkeit. Eltern meinen manchmal, es sei schlecht, wenn ein Kind unsere Aufmerksamkeit sucht. Sie sagen: „Er versucht nur meine Aufmerksamkeit zu bekommen.“ Das Problem bei dieser Sichtweise ist die ihr zugrundeliegende Annahme, dass es für ein Kind auf irgendeine Art nicht geraten ist, von seinen Eltern wahrgenommen werden zu wollen und Beachtung für das, was es tut, bekommen zu wollen. *In Wirklichkeit aber ist ein Verhalten, mit dem nach Aufmerksamkeit verlangt wird, nicht nur vollkommen entwicklungsangemessen, es ist sogar beziehungsfördernd. Aufmerksamkeit zu bekommen ist ein* Bedürfnis *aller Kinder überall auf der Welt.* Untersuchungen des Gehirns unter Einsatz bildgebender Verfahren zeigen, dass körperliche Schmerzerfahrung und die Erfahrung von Beziehungsschmerz, wie Zurückweisung, sich hinsichtlich des Bereichs, in dem die Gehirnaktivität stattfindet, sehr ähneln. Schenken wir also unseren Kindern Aufmerksamkeit und konzentrieren uns darauf, was sie tun und fühlen, befriedigen wir ein wichtiges emotionales Beziehungsbedürfnis, und unsere Kinder fühlen sich zutiefst verbunden und getröstet. Denken Sie daran, es gibt viele Möglichkeiten, Kinder zu verziehen – indem man sie mit zu vielen *Sachen* versieht, sie vor jeder Herausforderung bewahrt, sie nie mit Niederlagen und Enttäuschungen umgehen lässt –, doch können wir sie niemals dadurch verziehen, dass wir ihnen zu viel von unserer Liebe und Aufmerksamkeit geben.

Das erreichen wir mit dem Verbindungskreislauf: Er lässt uns unsere Kinder fühlen, dass wir sie lieben, dass wir sie sehen und dass wir bei ihnen sind, egal, wie sie sich verhalten. Wenn wir die Haimusik leiser stellen, dem Warum nachgehen und über das Wie nachdenken, können wir Trost vermitteln, Gefühle anerkennen, uns diese anhören und sie widerspiegeln und unsere Kinder in einer Weise unterstützen, die jene Art von Verbindung hervorruft, welche klar unsere Liebe zum Ausdruck bringt und die Kinder bereit macht für die Umlenkung.

5 Die 1-2-3-Disziplin: Umlenken für heute und für morgen

Roger war gerade in seiner Garage am Arbeiten, als seine sechsjährige Tochter Katie aus dem Haus gestürmt kam und ärgerlich ausrief: „*Papa!* Kannst du was gegen Allie machen?" Roger fand schnell heraus, dass Katie wütend war, weil ihre Freundin Gina, die zum Spielen herübergekommen war, vollkommen von Katies neunjähriger Schwester Allie eingenommen war. Allie für ihren Teil hatte offensichtlich Freude daran, die Kontrolle über das Treffen an sich zu reißen, wodurch ihre jüngere Schwester sich ausgeschlossen fühlte.

Roger sah verschiedene Möglichkeiten für den Umgang mit dieser Situation. Eine bestand darin, Allie einfach zu sagen, sie solle Katie und Gina ein bisschen alleine lassen, denn schließlich sei die Verabredung ja unter der Absicht getroffen worden, dass die zwei zusammen spielen. An diesem Ansatz wäre nichts verkehrt gewesen, doch hätte Roger durch das Sprechen eines Machtwortes und das Durchsetzen seiner eigenen Interessen den wichtigen Prozess umgangen, der es Allie ermöglicht hätte, ihr oberes Gehirn zu benutzen.

Also ging er stattdessen ins Haus, rief seine ältere Tochter beiseite und begann einfach ein kurzes Gespräch. Sie saßen auf der Couch, und er legte seinen Arm um sie. Da er Allies Persönlichkeit und Temperament kannte, beschloss er, mit einer einfachen Frage zu beginnen:

Roger: Gina macht es Spaß, mit dir zu spielen, und du kannst richtig gut mit jüngeren Kindern umgehen. Aber ich frage mich, ob du gemerkt hast, dass Katie nicht allzu glücklich damit ist, dass Gina dir ihre gesamte Aufmerksamkeit schenkt.

Allie: [in defensiver Haltung, sitzt aufrecht und dreht sich zu ihrem Vater] Papa, ich tue überhaupt nichts Böses. Wir hören einfach nur Musik.

Roger: Ich habe ja nicht gesagt, du würdest etwas Falsches tun. Ich frage, ob du gemerkt hast, wie Katie sich im Moment gerade fühlt.

Allie: Ja, aber das ist nicht meine Schuld.

Roger: Schatz, ich bin ganz deiner Meinung, es ist nicht deine Schuld. Hör dir meine Frage an: Siehst du, dass Katie nicht glücklich ist? Ich frage dich, ob du es gemerkt hast.

Allie: Ich glaube ja.

In diesem einen Eingeständnis sehen wir Beweise dafür, dass Allies oberes Gehirn während des Gesprächs aktiviert wurde, zumindest ein wenig. Sie begann tatsächlich zuzuhören und über das, was ihr Vater sagte, nachzudenken. An diesem Punkt konnte Roger wählen, welchen Teil des oberen Gehirns er gezielt ansprechen wollte. Nicht, indem er Allie sagen würde, was sie denken oder fühlen solle, sondern indem er sie dazu auffordern würde, sich selbst mit der Situation zu befassen und dem, was jemand anders empfand, Beachtung zu schenken.

Roger: Was meinst du, warum sie wütend ist?

Allie: Wahrscheinlich, weil sie Gina für sich alleine haben will. Aber das Mädchen ist in mein Zimmer gekommen! Ich habe sie nicht einmal gefragt!

Roger: Ich weiß. Und vielleicht hast du recht damit, dass Katie Gina für sich alleine haben will. Aber glaubst du, dass das wirklich alles ist? Was würde sie sagen, wenn sie hier stehen und uns sagen würde, wie sie sich fühlt?

Allie: Dass es ihre Verabredung ist, nicht meine.

Roger: Das trifft es wahrscheinlich schon ziemlich gut. Ist da was dran?

Allie: Ich verstehe einfach nicht, warum wir nicht alle zusammen Musik hören können. Im Ernst, Papa.

Roger: Das verstehe ich. Ich könnte dir sogar recht geben. Aber was würde Katie dazu sagen?

Allie: Dass Gina, wenn wir alle zusammen sind, nur mit mir spielen will?

Und bei dieser Frage brach die Empathie durch. Es war nur ein sich entwickelndes Bewusstsein; wir können keine gewaltige Szene wie aus einem Hollywoodfilm erwarten, in der ein neunjähriges Mädchen vor lauter Anteilnahme am emotionalen Schmerz ihrer kleinen Schwester zu Tränen gerührt ist. Aber es war ein Anfang. Allie begann sich zumindest bewusst mit den Gefühlen ihrer Schwester zu befassen (was, wie Sie wissen, wenn Sie kleine Kinder haben, alles andere als ein kleiner Erfolg ist). Nun würde Roger das Gespräch so lenken können, dass Allie differenzierter über Katies Gefühle nachdenken würde. Dann würde er um Allies Hilfe beim Ausdenken eines Plans für den Umgang mit der Situation bitten können – „Vielleicht hören wir uns noch ein Lied an, und dann mache ich mich für meine Pyjamaparty fertig?" – und dabei ihr oberes Gehirn weiter aktivieren, indem er sie planen und Problemlösungen finden lassen würde.

Nicht immer ist ein umlenkendes Gespräch wie dieses von Erfolg gekrönt. Manchmal ist ein Kind nicht bereit (oder gar nicht in der Lage), die Dinge aus einer anderen Perspektive zu betrachten, sich die Gefühle anderer anzuhören und sie zu berücksichtigen. Roger könnte Allie dann letztendlich einfach sagen, sie müsse sich eine andere Beschäftigung suchen, genauso wie Liz ein Machtwort sprechen musste, als ihre Tochter bei der Frage, wer sie zum Kindergarten bringen würde, nicht nachgab. Oder vielleicht könnte er mit allen drei Mädchen ein Spiel spielen und dabei darauf achten, dass sich alle einbezogen fühlen.

Statt zu befehlen und zu fordern …

… sprechen Sie das obere Gehirn an

Beachten Sie aber, dass Roger, als er umlenken musste, der Situation nicht umgehend sein eigenes Gerechtigkeitsgefühl überstülpte. Indem er zu Empathie und problemlösendem Denken einlud gab er seiner Tochter eine Chance, ihr oberes Gehirn zu aktivieren. Je mehr wir Kindern Gelegenheit bieten, nicht nur ihre eigenen Wünsche, sondern auch die anderer zu berücksichtigen und das Treffen guter Entscheidungen zu üben, die sich positiv auf die Menschen ihrer Umgebung auswirken, umso besser werden sie darin sein. Dauert ein Gespräch wie dieses hier zwischen Roger und Allie länger als das bloße Trennen der Mädchen? Natürlich. Ist es schwieriger? Ja, wahrscheinlich. Aber ist auf Zusammenarbeit beruhende, respektvolle Umlenkung die Anstrengung und den zusätzlichen Zeitaufwand wert? Daran besteht kein Zweifel. Und wenn diese Art der Umlenkung zu Ihrer Standardvorgehensweise wird, macht sie es Ihnen und Ihrer gesamten Familie sogar leichter, weil es weniger Kämpfe geben wird und weil sich das Gehirn Ihres Kindes so aufbauen wird, dass Sie sich immer seltener überhaupt mit aus dem Ruder laufenden Emotionen werden auseinandersetzen müssen.

1-2-3-Disziplin

In diesem Kapitel wollen wir uns das Konzept der Umlenkung näher ansehen. Umlenkung ist das, was die meisten Menschen tatsächlich meinen, wenn sie an Disziplin denken. Wir reagieren mit Umlenkung, wenn unsere Kinder etwas tun, das uns nicht gefällt, z. B. wütend mit einem Gegenstand werfen, oder wenn sie etwas nicht tun, von dem wir möchten, dass sie es tun, z. B. die Zähne putzen und sich bettfertig machen. Wie begegnen wir unkooperativen oder reaktiven Kindern, nachdem wir uns mit ihnen verbunden haben, und lenken sie zum Gebrauch ihres oberen Gehirns um, damit sie angemessenere Entscheidungen treffen können, die mit der Zeit zur selbstverständlichen Gewohnheit werden?

Wie bereits gesagt, geht es bei der Disziplin ohne Drama darum, sich mit seinen Kindern zu verbinden und emotional auf sie einzugehen, dabei das kurzfristige Ziel, Kooperation zu erlangen, und das langfristige Ziel, dem Kind zu Einsichten zu verhelfen, anzustreben. Man kann sich Umlenkung einfach als eine 1-2-3-Methode vorstellen, die auf einer Definition, zwei Prinzipien und drei erwünschten Ergebnissen aufbaut. Sie müssen sich nicht jedes Detail der Methode einprägen (schon deshalb nicht, weil Sie am Ende des Buches einen praktischen „Kühlschrankzettel" finden). Nutzen Sie sie einfach als einen Rahmen, der Ihnen hilft, sich auf das Wesentliche zu konzentrieren, wenn es Zeit zum Umlenken ist.

Eine Definition

Beim Nachdenken darüber, wie wir unsere Kinder zu einem besseren Verhalten hin umlenken können, muss die Definition von Disziplin am Anfang unserer Überlegungen stehen. Wenn unsere Kinder unkluge Entscheidungen treffen oder nicht mit ihren Emotionen umgehen können, müssen wir uns daran erinnern, dass *es bei der Disziplin ohne Drama um das Ermöglichen von Einsicht geht*. Vergessen wir diese einfache Wahrheit, kommen wir vom Kurs ab. Wird aus der Disziplin beispielsweise ein Bestrafen, können wir die Chance etwas Wichtiges zu vermitteln versäumen. Konzentrieren wir uns bei einem Fehlverhalten auf das Verhängen von Konsequenzen, schränken wir die Möglichkeiten der Kinder ein, die physiologische und emotionale Arbeitsweise ihres inneren Kompasses zu erfahren.

Eine Mutter erzählte uns die Geschichte von einer kleinen Schachtel Buntstifte, die sie und ihre sechsjährige Tochter fanden, als sie gerade das Zimmer des Mädchens sauber machten. Wenige Tage zuvor waren sie zusammen Schulsachen einkaufen gewesen, und ihre Tochter hatte sich in diese speziellen Buntstifte verliebt. Die Mutter hatte sie nicht gekauft, aber das Mädchen hatte sie trotzdem in ihre Tasche gesteckt.

Die Mutter sagte, sie habe sich nach dem Entdecken der Buntstifte entschieden, ihre Tochter direkt darauf anzusprechen. Als das Mädchen die

Buntstifte in der hohlen Hand ihrer Mutter und deren verwirrten Blick sah, weiteten sich seine Augen vor Angst und Schuld. In einem Augenblick wie diesem bestimmt die elterliche Reaktion in hohem Maße, was ein Kind von dieser Erfahrung mitnimmt. Wie wir in Kapitel 1 erklärt haben, wechselt der Fokus des Kindes sofort, wenn das Hauptaugenmerk der Mutter auf dem Verhängen von Konsequenzen oder auf Bestrafung liegt und sie umgehend schreit, schlägt, das Kind in sein Zimmer schickt oder ihm die Aussicht auf ein bevorstehendes Ereignis nimmt, auf das es sich sehr freut. Anstatt mit seiner Aufmerksamkeit bei diesem „Oh-oh“-Gefühl zu bleiben, das in seinem Inneren aufsteigt, oder anstatt über die Entscheidung nachzudenken, die es traf, als es, wie in diesem Fall, die Buntstifte aus dem Geschäft mitnahm, richtet sich seine gesamte Aufmerksamkeit darauf, wie gemein oder beängstigend seine Mutter ist, dass sie es derart bestrafen konnte. Möglicherweise fühlt sich das Kind sogar als ein Opfer, das rückwirkend irgendwie das Recht hatte, die Buntstifte einzustecken.

Stattdessen wählte diese Mutter einen Ansatz, bei dem der Schwerpunkt auf Lehren und Vermitteln statt auf dem unmittelbaren Verhängen von Konsequenzen lag. Sie gab ihrer Tochter Zeit, mit diesem unangenehmen, wertvollen, natürlichen Schuldgefühl dazusitzen, das sie empfand, weil sie etwas genommen hatte, das ihr nicht gehörte, und dieses Gefühls gewahr zu sein. Ja, Reue kann gesund sein. Es ist der Beweis für ein gesundes Gewissen! Und es kann zukünftiges Verhalten prägen.

Während die Mutter mit ihrer Tochter sprach, kniete sie sich hin (ging unter ihre Augenhöhe, wie wir es ein paar Seiten zuvor besprochen haben), und es ergab sich ein reizendes Gespräch, in dem die Sechsjährige zuerst bestritt, die Buntstifte genommen zu haben, dann sagte, sie könne sich nicht erinnern, und dann, da ihre Mutter geduldig abwartete, letztendlich erklärte, ihre Mutter müsse sich keine Sorgen machen, denn sie habe „gewartet, bis die Verkäuferin mit den hohen Haaren nicht geguckt hat“, bevor sie die Buntstifte in die Tasche ihrer Shorts gesteckt habe. An diesem Punkt stellte die Mutter viele Fragen, die ihre Tochter dazu ermunterten, sich mit Gedanken auseinanderzusetzen, die sie bislang noch gar nicht berücksichtigt hatte. „Weißt du, wie man es nennt, wenn man etwas nimmt, das einem nicht gehört?" „Verstößt Diebstahl gegen das Gesetz?" „Wusstest du, dass die Frau mit den hochgesteckten Haaren ihr Geld dafür ausgegeben hat, diese Buntstifte zu kaufen, damit sie sie in ihrem Laden auslegen kann?"

In Erwiderung ließ die Tochter ihren Kopf noch stärker hängen; ihre Unterlippe begann sich nach vorne zu schieben und dicke Tränen begannen zu fließen. Sie hatte ganz offensichtlich ein schlechtes Gewissen wegen dem, was sie getan hatte. Während sie still vor sich hin weinte, zog die Mutter sie zu sich heran, störte sie nicht und unterbrach nicht den Ablauf dessen, was bereits auf natürliche Weise geschah, verband sich aber mit ihr, indem sie sagte: „Du hast ein schlechtes Gewissen." Die Tochter nickte und die Tränen flossen weiter. Die Mutter konnte ihre Tochter in diesem schönen Augenblick, in dem der Prozess der Einsicht ganz natürlich weiterging, ohne dass die Mutter auch nur irgendetwas tat oder sagte, trösten und bei ihr sein. Sie hielt sie im Arm und ließ sie weinen und fühlen, und nach ein paar Minuten wischte sie ihr die Tränen ab und forderte ihre Tochter auf, einen tiefen Atemzug zu machen. Dann setzten die beiden ihre Unterhaltung noch kurz fort, sprachen über Ehrlichkeit, über das Respektieren anderer Leute Eigentum und darüber, das Richtige zu tun, auch wenn es schwerfällt.

Die Mutter setzte also einen gemeinsamen, reflektierenden Dialog in Gang und ließ die Disziplin schlicht und einfach dadurch, dass sie die Aufmerksamkeit ihrer Tochter auf die bereits vorhandene innere Reue lenkte und eben nicht bloß umgehende Konsequenzen verkündete, auf natürliche Weise geschehen. Hiermit gab die Mutter ihrer Tochter Gelegenheit, durch das Nachdenken über ihre Handlungen und deren Auswirkungen auf andere sowie durch das Lernen einiger grundlegender Lehren über Ethik und Moral ihr oberes Gehirn zu trainieren. Dann schmiedeten die beiden Pläne, wie sie es am besten anstellen könnten, der „Verkäuferin mit den hohen Haaren" die Buntstifte zurückzugeben.

Bei der Disziplin ohne Drama geht es um Einsicht, wir wollen unseren Kindern etwas beibringen, und genau darauf hat diese Mutter sich konzentriert. Sie ermöglichte ihrer Tochter ein aufmerksames Erleben der mit

Anstatt umgehend Konsequenzen zu verhängen …

… setzen Sie ein Gespräch in Gang

ihrer Entscheidung, die Buntstifte mitzunehmen, verbundenen Gefühle und Gedanken. Indem sie die innere Erfahrung des Kindes bei ihm im geistigen Vordergrund stehen bleiben ließ – anstatt die Emotionen in Wut über eine ausgeteilte Bestrafung umschlagen zu lassen –, ließ sie das Gehirn ihrer Tochter nicht nur dieses inneren Unbehagens gewahr werden, sondern dieses auch an der Erfahrung, schlechte Entscheidungen zu treffen – in diesem Fall zu stehlen –, festmachen. Wir sagen es noch einmal, zu bestrafen oder Konsequenzen zu verhängen kann, insbesondere, wenn wir wütend und reaktiv sind, kontraproduktiv sein, weil es unsere Kinder von den physiologischen und emotionalen Botschaften ihres eigenen Gewissens ablenkt, welches bei der Entwicklung von Selbstdisziplin eine mächtige Kraft darstellt.

Denken Sie daran, Neurone, die sich miteinander verdrahten, feuern gemeinsam. Und wir wollen, dass unsere Kinder die natürliche Verknüpfung zwischen dem Treffen einer schlechten Entscheidung im einen und dem Gefühl von Reue und Unbehagen im nächsten Moment erleben. Weil das Gehirn den Drang hat, Erfahrungen zu vermeiden, die negative Empfindungen hervorbringen, können die aversiven Gefühle, die in einem Kind ganz natürlich entstehen, wenn es etwas tut, das sein inneres Gewissen verletzt, in seinem bewussten Geist sehr flüchtig sein. Helfen wir dem Kind aber, dieser Empfindungen und Emotionen gewahr zu werden, können sie zur entscheidenden Grundlage für ethisches Verhalten und Selbstbeherrschung werden. *Diese sich entwickelnde Selbstregulation oder exekutive Funktion kann anschließend auch dann aktiv werden, wenn die Eltern nicht da sind oder wenn niemand guckt.* So verinnerlicht das Kind die Lehre auf der synaptischen Ebene. Unser eigenes Nervensystem kann zu unserem allerbesten Lotsen werden!

Unterschiedliche Situationen verlangen selbstverständlich unterschiedliche elterliche Vorgehensweisen. Dem Vorgehen dieser Mutter lag das Wissen um die Einsicht zugrunde, die ihre Tochter in dem bestimmten Moment verinnerlichen konnte. Unter anderen Umständen würde sie vielleicht anders vorgehen. Die Sache ist einfach die, dass wir, sobald wir uns in einem Augenblick der Disziplin mit unseren Kindern verbunden haben und es Zeit zum Umlenken ist, die Bedeutung von Gewahrsein vor Augen haben müssen. Wir müssen außerdem daran denken, wie wichtig es ist, dass wir dem Gehirn unserer Kinder beim Lernen helfen. Mit einem Kind zu reflektieren hilft ihm, dessen gewahr zu werden, was in seinem Inneren geschieht. Das optimiert das Lernen. Wenn wir die Definition von Disziplin im Hinterkopf behalten, erkennen wir, dass das Weitergeben von Gewahrsein zum Lernen beiträgt. Bei der Disziplin ohne Drama geht es darum, etwas zu vermitteln, um das Lernen zu optimieren.

Zwei Prinzipien

Wir wollen beim Umlenken unserer Kinder außerdem zwei Hauptprinzipien beherzigen, wollen diese Prinzipien sämtliche unserer Handlungen leiten lassen. Diese Prinzipien begünstigen – gemeinsam mit den speziellen Strategien, die sich aus ihnen ergeben – die Kooperation unserer Kinder und machen Erwachsenen wie Kindern das Leben leichter.

Prinzip 1: Warten, bis Ihr Kind bereit ist

Denken Sie daran, was wir in Kapitel 3 gesagt haben: Verbindung holt ein Kind aus der Reaktivität in den Zustand der Empfänglichkeit. Wenn Sie sich also verbunden und Ihrem Kind die Rückkehr zu einer geistigen Verfassung ermöglicht haben, in der es bereit ist, zuzuhören und sein oberes Gehirn zu benutzen, ist es Zeit zum Umlenken. Nicht eher. Eine der unsinnigsten Empfehlungen, die wir gelegentlich von Eltern hören, lautet ungefähr so: „Wenn ein Kind sich daneben benimmt, ist es wichtig, dass man sein Verhalten *sofort* korrigiert. Ansonsten verstehen die Kinder nicht, warum sie eigentlich diszipliniert werden."

Wir halten dies für keinen schlechten Rat, wenn Sie ein Labor für die Verhaltenskonditionierung von Tieren leiten. Für den Umgang mit Mäusen und sogar Hunden ist es meist ein guter Rat. Für den mit Menschen nicht gerade. Tatsache ist, dass es Momente gibt, in denen es wirklich sinnvoll ist, ein Fehlverhalten sofort zu korrigieren. Jedoch ist es häufig so, dass der Moment unmittelbar nach einem Fehlverhalten der absolut *schlimmste* Zeitpunkt ist, um sie anzusprechen.

Der Grund dafür ist einfach. Oft kommt es deshalb zu einem Fehlverhalten, weil ein Kind nicht in der Lage ist, seine starken Gefühle zu regulieren. Und wenn seine Gefühle dysreguliert sind, hat sein oberes Gehirn sich abgeschaltet. Es ist vorübergehend außer Betrieb, sodass das Kind die Aufgaben, für die sein oberes Gehirn verantwortlich ist – gute Entscheidungen fällen, an andere denken, Konsequenzen berücksichtigen, seine Emotionen und seinen Körper ausbalancieren und ein empfänglicher Lernender sein –, nicht erfüllen kann. Darum: Ja, wir empfehlen Ihnen, ein Verhaltensproblem ziemlich schnell anzusprechen, wenn dies möglich ist, jedoch nur, wenn Ihr Kind sich in einem ruhigen und empfänglichen Geisteszustand befindet – auch wenn das heißt, dass Sie warten müssen. Selbst Kinder, die erst drei Jahre alt sind, können sich daran erinnern, was kürzlich, auch am Vortag, passiert ist. Sie können dieses Gespräch folgendermaßen beginnen: „Ich möchte gerne mit dir darüber reden, was gestern beim Schlafengehen passiert ist. Das ist nicht so gut gelaufen, stimmt's?" Auf den richtigen Zeitpunkt zu warten ist von entscheidender Bedeutung, wenn es darum geht, mit einem Kind wirklich in Kontakt zu kommen.

Kommen wir also noch einmal auf die Empfehlung zurück, die wir in Kapitel 4 gegeben haben. Wenn Sie sich verbunden haben und sich fragen, ob es Zeit für die Phase des Umlenkens ist, stellen Sie sich eine einfache Frage: „Ist mein Kind bereit? Bereit, zu hören, bereit, zu lernen, bereit, zu verstehen?" Lautet die Antwort Nein, besteht in dem Moment kein Anlass, zu versuchen, das Kind umzulenken. Höchstwahrscheinlich ist noch mehr Verbindung erforderlich. Oder vielleicht, und das gilt insbesondere für ältere Kinder, müssen Sie dem Kind einfach noch etwas Zeit und Raum lassen, bevor es bereit sein wird, Sie zu hören.

Wenn wir mit Erzieherinnen sprechen, erklären wir häufig, dass es ein optimales Fenster oder einen idealen Zeitpunkt für das Lernen und damit auch für Einsicht gibt. Wenn das Nervensystem von Kindern *untererregt* ist – weil sie schläfrig oder gelangweilt sind oder aus irgendeinem anderen Grund abgeschaltet haben –, befinden sich diese Kinder in einem unempfänglichen Zustand, das heißt, sie sind nicht in der Lage, etwas aufzunehmen. Und das Gegenteil ist genauso ungünstig. Ist das Nervensystem von Kindern *übererregt* – sodass sie unruhig sind oder sich gestresst fühlen oder ihr Körper hyperaktiv ist, was sich durch hohe motorische Aktivität und Bewegung äußert –, verursacht das ebenfalls einen unempfänglichen Zustand, in dem es den Kindern schwerfällt, etwas aufzunehmen. Wir müssen also eine Umgebung schaffen, die ihnen hilft, in einen ruhigen, wachen und empfänglichen Geisteszustand zu gelangen. Ist der erreicht, haben wir den idealen Zeitpunkt für wirkliches Lernen. Dies ist der Moment, in dem die Kinder bereit sind, etwas aufzunehmen.

Dasselbe gilt in der Familie. Wenn das Nervensystem der Kinder unter- oder übererregt ist, sind sie nicht annähernd so empfänglich für das, was wir ihnen vermitteln wollen, wie zum idealen Zeitpunkt. Deshalb wollen wir beim warten, bis sie ruhig, wach und empfänglich sind. Fragen Sie sich: „Ist mein Kind bereit?" Selbst nachdem Sie sich mit ihm verbunden und seinen negativen Zustand gelindert haben, kann es immer noch das Beste sein, bis zu einem Augenblick später am Tag oder gar bis zum nächsten Tag zu warten, um einen besseren Moment für ein offenes Gespräch und Umlenken zu finden. Sie können sogar sagen: „Ich würde gerne warten, bis wir wirklich in der Lage sind, zu reden und einander zuzuhören. Wir werden in nächster Zeit mal darauf zurückkommen und darüber sprechen."

Eine Bemerkung am Rande: Genauso wichtig wie die Frage: „Ist mein Kind bereit?" ist die Frage: „Bin ich selbst bereit?" Wenn Sie sich in einem reaktiven Geisteszustand befinden, ist es am besten, mit dem Gespräch zu warten. Sie können kein einfühlsamer Gesprächspartner sein, solange Sie nicht in einer ruhigen und gesammelten Verfassung sind. Sind Sie zu wütend oder aufgebracht, um sich unter Kontrolle zu halten, gehen Sie die gesamte Interaktion wahrscheinlich in einer Weise an, die Ihren Zielen, etwas zu vermitteln und eine warmherzige Verbindung aufzubauen, zuwiderläuft. In diesem Fall ist es häufig besser, so etwas zu sagen wie: „Ich bin im Moment zu wütend, um ein nützliches Gespräch zu führen, deshalb werde ich mich jetzt erst mal ein bisschen beruhigen, und dann reden wir gleich." Wenn Sie dann *beide* bereit sind, wird das Gespräch mehr Sinn machen und sich für Sie beide besser anfühlen.

Prinzip 2: Konsequent sein, aber nicht starr

Es steht außer Frage: Um Kindern Orientierung zu geben ist Konsequenz von entscheidender Bedeutung. Viele der Eltern, die wir in unseren Praxen sehen, erkennen, dass sie daran arbeiten müssen, bei ihren Kindern konsequenter zu sein – sei es in Bezug auf die Schlafenszeit, auf den Junkfood- oder Medienkonsum oder einfach auf ihr Verhalten als Eltern im Allgemeinen. Aber es gibt andere Eltern, die dem Konsequentsein eine so hohe Priorität einräumen, dass es zu einer Starrheit wird, die weder für ihre Kinder noch für sie selbst oder für die Eltern-Kind-Beziehung gut ist.

Lassen Sie uns den Unterschied zwischen den zwei Begriffen klarstellen. *Konsequenz* bedeutet, dass eine verlässliche und einheitliche Philosophie die Basis unseres Handelns darstellt, sodass unsere Kinder wissen, was wir von ihnen erwarten und was sie von uns erwarten sollten. *Starrheit* hingegen bedeutet, dass wir mit unbeirrbarer Treue an den von uns aufgestellten Regeln festhalten, manchmal ohne sie überhaupt durchdacht zu haben oder ohne sie zu ändern, wenn unsere Kinder sich weiterentwickeln. Als Eltern wollen wir konsequent sein, aber nicht starr.

Kinder brauchen selbstverständlich elterliche Konsequenz. Sie müssen wissen, welches unsere Erwartungen sind und wie wir reagieren, wenn sie vereinbarte Regeln brechen (oder auch nur verletzen). Ihre Verlässlichkeit als Mutter oder Vater lehrt sie etwas darüber, was sie in ihrer Welt erwarten können. Mehr noch hilft sie ihnen, sich sicher zu fühlen; sie wissen, sie können darauf zählen, dass Sie beständig und standhaft sind, selbst wenn ihre innere oder äußere Welt chaotisch ist. Es ist diese Art berechenbarer, sensibler, eingestimmter Fürsorge, die eine sichere Bindung aufbaut. Mit ihr versorgen wir unsere Kinder mit einer sogenannten „sicheren Einhegung", haben sie so doch eine sichere Basis und klare Grenzen, die sie leiten, wenn ihre Emotionen explodieren. Die Grenzen, die wir setzen, sind wie die Leitplanken der Golden Gate Bridge. Als Kind ohne klare Grenzen zu leben, ist genauso angsterregend, wie das Überqueren dieser

Brücke es wäre, gäbe es keine Leitplanken, die uns davor bewahren, in die Bucht von San Francisco zu stürzen.

Aber bei Starrheit handelt es sich nicht um Sicherheit oder Verlässlichkeit; es handelt sich um Sturheit. Starrheit hält Eltern davon ab, bei Bedarf Kompromisse zu schließen, sich den Zusammenhang und die hinter einem Verhalten stehende Absicht anzusehen oder die Momente zu erkennen, in denen es vernünftig ist, eine Ausnahme zu machen.

Einer der Hauptgründe dafür, warum Eltern im Umgang mit ihren Kindern starr werden, ist der, dass sie eine *auf Befürchtungen beruhende Form der Erziehung* praktizieren. Sie befürchten, dass ihre Kinder auf einen Schlitterpfad geraten und den gesamten Rest ihres Lebens morgens, mittags und abends Limonade trinken werden, wenn sie einmal nachgeben und zu einer Mahlzeit den Genuss eines Erfrischungsgetränks erlauben. Also bleiben sie hart und versagen den Kindern die Limonade.

Oder sagen wir, ein sechsjähriger Junge hat einen Alptraum und will zu seiner Mutter und seinem Vater ins Bett klettern, weil ihm bange ist, aber die Eltern befürchten, damit einen gefährlichen Präzedenzfall zu schaffen. Sie sagen: „Wir möchten nicht, dass er schlechte Schlafgewohnheiten entwickelt. Wenn wir dieses Verhalten nicht schon im Keim ersticken, wird er seine ganze Kindheit hindurch schlecht schlafen." Also bleiben sie hart und schicken ihren Sohn pflichtbewusst zurück ins Bett.

Wir verstehen die Befürchrtungen. Wir haben sie bei unseren eigenen Kindern selbst empfunden. Und wir stimmen der Ansicht zu, dass Eltern sich auf jeden Fall der Muster bewusst sein sollten, die sie bei ihren Kindern etablieren. Deshalb ist Konsequenz wichtig.

Wenn unsere Befürchtungen uns aber glauben machen, dass wir *niemals* eine Ausnahme machen und ein Extravergnügen zulassen können – oder dass wir unser verängstigtes Kind nicht mitten in der Nacht trösten oder umsorgen können, ohne es zu einem Leben voller Schlaflosigkeit zu verdammen –, dann haben wir uns in die Starrheit begeben. Dann praktizieren wir eine Erziehung, die auf Befürchtungen beruht, nicht auf der Absicht, unser Kind mit dem zu versorgen, was es in einem bestimmten Augenblick braucht. Hinter dieser Form der Erziehung steht das Ziel, *unsere eigenen Ängste und*

Befürchtungen zu verringern, und eben nicht das Bestreben, unserem Kind das zu vermitteln, was für seinen entstehenden Geist am besten geeignet ist und was sein sich entwickelndes Gehirn bestmöglich formen wird.

Wie nun bleiben wir konsequent, ohne zu einer auf Befürchtungen beruhenden Starrheit zu wechseln? Nun ja, erkennen wir als Erstes an, dass es einige nicht verhandelbare Bedingungen gibt. Zum Beispiel können Sie Ihr Kleinkind unter keinen Umständen auf einem stark frequentierten Parkplatz herumlaufen lassen oder Ihr Schulkind ohne Aufsicht schwimmen lassen oder Ihren Teenager zu einem Fahrer ins Auto steigen lassen, der getrunken hat. Körperliche Sicherheit ist nicht verhandelbar.

Das heißt jedoch nicht, dass Sie niemals eine Ausnahme machen oder nicht sogar manchmal bei einem Fehlverhalten Ihres Kindes ein Auge zudrücken könnten. Wenn Sie beispielsweise die Regel aufgestellt haben, dass technische Geräte am Abendbrottisch verboten sind, Ihr Vierjähriger aber gerade ein neues elektronisches Puzzlespiel bekommen hat, das er still spielen kann, während Sie mit einem anderen Paar zu Abend essen, könnte dies eine gute Gelegenheit sein, um eine Ausnahme von Ihrer Regel zu machen. Oder wenn Ihre Tochter versprochen hat, sie würde ihre Hausaufgaben vor dem Abendessen erledigen, dann jedoch ihre Großeltern auftauchen, um mit ihr einen Ausflug zu machen, könnten Sie eine neue Vereinbarung mit ihr aushandeln.

Das Ziel besteht mit anderen Worten darin, dass Sie sich einen *konsequenten, aber flexiblen* Umgang mit Ihren Kindern bewahren, damit diese wissen, was sie von Ihnen zu erwarten haben, aber ebenfalls wissen, dass Sie bisweilen sorgfältig alle gegebenen Faktoren berücksichtigen werden. Dieses Verhalten geht auf die Fähigkeit zurück, über die wir im vorangegangenen Kapitel gesprochen haben: Reaktionsflexibilität. Wir wollen auf eine Situation bewusst und absichtsvoll in einer Weise eingehen, die dem Rechnung trägt, was für unser Kind und unsere Familie am besten funktioniert, auch wenn das bedeutet, dass wir eine Ausnahme von unseren normalen Regeln und Erwartungen machen müssen.

Die Frage, die sich bei konsequenter im Gegensatz zu starrer Disziplin stellt, ist die, was wir mit unserem Vorgehen zu erreichen hoffen.

Starr

Konsequent, aber flexibel

Wieder einmal geht es darum, was wir vermitteln wollen. Unter normalen Umständen wollen wir unsere Regeln und Erwartungen konsequent beibehalten. Aber wir wollen es vermeiden, starr zu sein, den Zusammenhang zu ignorieren und dadurch die Gelegenheit zu verpassen, die Lehren zu vermitteln, die wir vermitteln möchten. Manchmal müssen wir nach anderen Wegen Ausschau halten, unsere Ziele zu erreichen, damit wir unseren Kindern das, was sie lernen sollen, effektiver vermitteln können.

Gelegentlich könnten Sie es zum Beispiel mit einem „erneuten Versuch" probieren. Anstatt Ihr Kind umgehend dafür zu bestrafen, dass es respektlos geredet hat, können Sie so etwas sagen wie: „Ich wette, wenn du es noch mal versuchst, fällt dir eine respektvollere Art ein, das auszudrücken." Mit einem erneuten Versuch bekommen Kinder eine zweite Chance, gut mit einer Situation umzugehen. Sie üben es, das Richtige zu tun. Sie, die Mutter oder der Vater, halten weiterhin konsequent Ihre Erwartungen aufrecht, doch Sie tun dies in einer Weise, die häufig sehr viel nutzbringender ist als das starre Auferlegen einer in keinem Zusammenhang mit dem Fehlverhalten stehenden Konsequenz.

Immerhin macht die Kompetenzentwicklung einen sehr großen Teil der Disziplin aus. Und hierfür sind wiederholte Anleitung und mehrfaches Training erforderlich. Wenn Sie die Fußballmannschaft Ihrer Tochter trainieren würden und sie Schwierigkeiten hätte, den Ball gerade zu schießen, würden Sie nicht jedes Mal, wenn sie ihn verschießt, Konsequenzen verhängen. Vielmehr würden Sie sie noch mehr üben lassen, damit sie immer besser darin wird, den Ball dahin zu schießen, wo sie ihn haben möchte. Sie würden ihr helfen, ein eindeutiges Gefühl dafür zu bekommen, was es heißt, den Ball gerade zu treffen und ins Tor zu schießen. Das Gleiche gilt, wenn das Verhalten unserer Kinder nicht den von uns aufgestellten Erwartungen entspricht. Das Beste, was wir tun können, besteht dann manchmal darin, sie üben zu lassen, sich auf eine Art zu verhalten, die angemessen ist.

Sie können den Aufbau von Kompetenzen auch dadurch fördern, dass Sie Ihr Kind auffordern, sich eine kreative Reaktion einfallen zu lassen. So sehr wir es auch wünschen mögen, repariert ein „Tut mir leid" doch nicht den zerbrochenen Zauberstab, der im Zorn durch die Gegend geworfen wurde. Eine schriftliche Entschuldigung und das Aufwenden des Taschengelds für den Kauf eines neuen StAbs. können das Kind mehr lehren und tragen zur Entwicklung der mit Entscheidungsfindung und Empathie zusammenhängenden Kompetenzen bei.

Der springende Punkt ist der, dass Sie in Ihren Bemühungen, den Aufbau von Kompetenzen zu fördern, auch dann konsequent sein können, wenn Sie flexibel und für andere Alternativen offen bleiben. Wenn Kinder etwas über richtig und falsch lernen, müssen sie auch lernen, dass es im Leben nicht nur um äußerliche Belohnung und Bestrafung geht. Ebenfalls wichtig sind Flexibilität, Problemlösung, die Berücksichtigung des Zusammenhangs und dass wir unsere Fehler in Ordnung bringen. Am wichtigsten ist es, dass Kinder die im jeweiligen Moment anstehende Lehre mit so viel persönlicher Einsicht verstehen, wie es ihnen von ihrem Entwicklungsstand her möglich ist, und dass sie mit der Person, die sie verletzt haben, mitfühlen; dass sie sich dann darüber klar werden, wie sie auf die Situation reagieren und diese in Zukunft verhindern können.

Statt starr zu befehlen und zu fordern …

… lassen Sie es Ihr Kind üben, das Richtige zu tun

Mit anderen Worten gibt es vieles, das wir unseren Kindern zusätzlich zum Unterscheiden zwischen richtig und falsch über Moral vermitteln wollen. Wir wollen nicht ihr Verkehrspolizist sein, der ihnen überallhin folgt, ihnen sagt, wann sie anzuhalten und wann sie zu fahren haben, und ihnen Strafzettel aushändigt, wenn sie gegen das Gesetz verstoßen. Wäre es nicht viel besser, ihnen zu vermitteln, wie man verantwortungsvoll fährt, und ihnen die Fähigkeiten, die Werkzeuge und die nötige Übung für das eigenständige Treffen von Entscheidungen mit auf den Weg zu geben? Um dies erfolgreich zu leisten, müssen wir manchmal offen dafür sein, die grauen Bereiche zu sehen, nicht nur die schwarzen und die weißen. Wir dürfen unsere Entscheidungen nicht auf der Grundlage einer willkürlichen Regel treffen, die wir ehemals festgesetzt haben, sondern müssen uns an dem orientieren, was für unsere Kinder und unsere Familie genau jetzt, in dieser bestimmten Situation, das Beste ist. Konsequent, ja, aber nicht starr.

Drei *Mindsight*-Ergebnisse

Die 1-2-3-Methode fußt also auf *einer* Definition (vermitteln) und *zwei* Prinzipien (warten, bis unser Kind bereit ist, und konsequent sein, aber nicht starr). Schauen wir uns nun die *drei* Ergebnisse an, die wir beim Umlenken erzielen wollen.

Wenn Sie unser Buch *Achtsame Kommunikation mit Kindern* gelesen haben, sind Sie bereits mit dem von Dan geprägten Begriff „Mindsight" vertraut, den dieser ausführlich in seinen Büchern *Mindsight* (dt. *Die Alchemie der Gefühle*) und *Aufruhr im Kopf* erörtert. Ganz einfach ausgedrückt, ist *Mindsight* die Fähigkeit, den eigenen Geist sowie den Geist anderer zu sehen. *Mindsight* ermöglicht es uns, bedeutungsvolle Beziehungen aufzubauen und gleichzeitig ein gesundes und unabhängiges Selbstbild zu bewahren. Wenn wir unsere Kinder auffordern, ihre eigenen Gefühle zu betrachten (mithilfe von persönlicher *Einsicht*) und sich zugleich vorzustellen, wie jemand anders eine bestimmte Situation wohl empfinden mag (mithilfe von *Empathie*), helfen wir ihnen, *Mindsight* zu entwickeln.

Zu *Mindsight* gehört auch der Prozess der Integration, den wir bereits an früherer Stelle besprochen haben. Sie erinnern sich, Integration findet statt, wenn separate Dinge – wie die rechte und die linke Seite des Gehirns oder zwei Menschen in einer Beziehung – miteinander verbunden werden. Findet keine Integration statt, entstehen Chaos oder Erstarrung. Kommt es also in einer Beziehung durch fehlende Akzeptanz der Unterschiede zwischen uns und der anderen Person oder dadurch, dass wir uns nicht mitfühlend miteinander verbinden, zu einem unvermeidlichen Bruch, ist die Integration zerstört. Sie lässt sich dann zum Beispiel dadurch wiederherstellen, dass wir einen solchen Bruch *reparieren*. Wenn Sie feststellen, dass in Ihrer Beziehung zu Ihren Kindern Chaos oder Erstarrung entstehen, ist Reparatur angezeigt. Haben wir eine schlechte Entscheidung getroffen oder jemanden mit unseren Worten oder Taten verletzt, können wir Schritte unternehmen, um die Situation zu reparieren und die Dinge wieder in Ordnung zu bringen. Lassen Sie uns nun jedes dieser Ergebnisse (Einsicht, Empathie und Integration/Reparatur) einzeln betrachten.

INSIGHT + Einsicht

EMPATHY = Empathie

MINDSIGHT Mindsight

Ergebnis 1: Einsicht

Eines der besten Folgen, die Umlenkung als Teil einer ohne Drama ablaufenden Strategie hervorbringt, ist die Tatsache, dass sich bei unseren Kindern persönliche Einsicht entwickelt. Dies liegt daran, dass wir unseren Kindern nicht einfach etwas befehlen und von ihnen fordern, unsere Erwartungen zu erfüllen, sondern dass wir sie vielmehr einladen, ihre eigenen Gefühle sowie ihre Reaktionen auf schwierige Situationen wahrzunehmen und über sie nachzudenken. Das kann, wie Sie wissen, schwer sein, da das obere Gehirn eines Kindes nicht nur die letzte Region ist, die zur Entwicklung gelangt, sondern in emotional geladenen Momenten auch häufig abgestellt ist. Mit Übung sowie Einsicht ermöglichenden Gesprächen aber – wie denen, über die wir bereits gesprochen haben und auf die wir im nächsten Kapitel noch ausführlicher eingehen werden – können Kinder ein größeres Gewahrsein entwickeln und sich selbst umfassender verstehen. Sie können persönliche *Mindsight* entwickeln, die sie besser begreifen lässt, was sie fühlen, und sie mehr Kontrolle über die Art ihrer Reaktion in schwierigen Situationen haben lässt.

Bei kleinen Kindern können wir diesen Prozess einfach dadurch fördern, dass wir die Emotionen benennen, die wir beobachten: „Als sie dir die Puppe wegnahm, sah es so aus, als wärest du richtig sauer. Stimmt das?" Bei älteren Kindern sind offene Fragen besser geeignet, auch wenn wir sie mit Suggestivfragen dazu bringen können, sich selbst zu verstehen: „Ich habe dich in dem Moment beobachtet, bevor du vor deinem Bruder in die Luft gegangen bist, und es sah so aus, als hätte es dich immer mehr geärgert, wie er dich gepiesackt hat. War es das, was du empfunden hast?" Unsere Hoffnung ist die, dass das Kind so etwas antwortet wie: „Ja! Und es macht mich so sauer, wenn er …" Jedes Mal, wenn ein Kind konkret wird und über seine eigene emotionale Erfahrung spricht, gewinnt es mehr Einsicht in sich selbst und vertieft sein Selbstverständnis. Das ist ein reflektierendes Gespräch, mit dem *Mindsight* kultiviert wird. Und eine derartige Fokussierung auf seine Einsicht kann dazu beitragen, dass das Kind sich auf das zweite erwünschte Ergebnis der Umlenkung zubewegt.

Ergebnis 2: Empathie

Wir möchten, dass unsere Kinder parallel zur Selbsteinsicht auch den anderen Aspekt von *Mindsight* entwickeln: Empathie. Die Wissenschaft der Neuroplastizität lehrt uns, dass wiederholte Reflexion, wie sie beim reflektierenden Dialog mit anderen stattfindet, unser *Mindsight*-Schaltsystem aktiviert. Und wenn der Fokus unserer Aufmerksamkeit wiederholt auf unserem inneren seelisch-geistigen Leben liegt, verändert sich auch die Verdrahtung im Gehirn und wird der empathische, auf andere bezogene Teil des oberen Gehirns aufgebaut und gestärkt – die Region im präfrontalen Kortex, die Wissenschaftler das Schaltsystem für das Sozialverhalten nennen. Das ist der Teil des Gehirns, der nicht nur sogenannte *Mindsight*-Landkarten von uns selbst (unserer Einsicht) und von anderen (unserer Empathie) erzeugt, sondern auch von einem „Wir" (von unserer Moral und unserem gegenseitigen Verständnis). Das bewirken die *Mindsight*-Schaltkreise. Deshalb wollen wir unseren Kindern viel Übung darin ermöglichen, über die Auswirkungen ihrer Handlungen auf andere nachzudenken, die Dinge aus der Perspektive anderer zu sehen und ein Bewusstsein für die Gefühle anderer zu entwickeln.

Einfach Fragen zu stellen und unseren Kindern zu helfen, Beobachtungen wie diese anzustellen, ist sehr viel sinnvoller, als Predigten oder Vorträge zu halten oder Konsequenzen zu verhängen. Das menschliche Gehirn ist in der Lage, seinen Aktionsradius so auszudehnen, dass wir die Erfahrungen der Menschen unserer Umgebung verstehen und sogar unsere Verbindungen als Teil eines „Wir", das sich mit ihnen entwickelt, spüren können. Dadurch empfinden wir nicht nur Empathie, sondern auch das wichtige Gefühl unserer Verbundenheit, den integrierten Zustand, der die Grundlage unserer moralischen Vorstellungskraft sowie unseres moralischen Denkens und Handelns darstellt.

Je mehr wir es unsere Kinder also üben lassen, darüber nachzudenken, wie jemand anders eine Situation empfindet oder erlebt, umso empathischer und einfühlsamer werden sie. Und während sich diese Schaltkreise der Einsicht und der Empathie entwickeln, wird auf natürliche Weise die Grundlage für Moral gelegt, für unser inneres Gefühl, nicht nur getrennt, sondern auch in ein größeres Ganzes eingebunden zu sein. Das ist Integration.

Ergebnis 3: Integration und die Reparatur von Brüchen

Nachdem wir unseren Kindern geholfen haben, ihre eigenen Gefühle zu betrachten und dann über die Auswirkungen ihrer Handlungen auf andere nachzudenken, müssen wir sie fragen, was sie tun können, um beim Reparieren der Situation und beim Versuch, die Dinge wieder in Ordnung zu bringen, Integration zu erzeugen. Welchen Teil des Gehirns wollen wir jetzt ansprechen? Sie haben es erraten: das obere Gehirn mit seiner Verantwortung für Empathie, Moral, für das Berücksichtigen der Konsequenzen unserer Entscheidungen und für die Emotionsregulation.

Wir sprechen das obere Gehirn dadurch an, dass wir Fragen stellen, in diesem Fall zum Reparieren einer Situation. „Was kannst du tun, um die Dinge wieder in Ordnung zu bringen? Welchen positiven Schritt kannst du hierfür unternehmen? Was meinst du, muss jetzt geschehen?" Reparatur baut auf Einsicht und Empathie auf, um dann zur *Mindsight*-Landkarte des „Wir" zu wechseln, wenn wieder eine Verbindung zu der anderen Person hergestellt worden ist. Haben wir unsere Kinder erst einmal zu Empathie und Einsicht geleitet, ist der nächste Schritt, dass sie etwas unternehmen. Hierbei sollen sie sich aber nicht nur mit der Situation befassen, auf die ihr Verhalten Auswirkungen gehabt hat, sondern auch mit der anderen Person sowie, letzten Endes, mit der Beziehung an sich.

Etwas zu unternehmen, nachdem wir jemanden verletzt haben oder eine schlechte Entscheidung getroffen haben, ist für keinen von uns einfach, auch nicht für unsere Kinder. Besonders wenn die Kinder klein sind oder ein besonders schüchternes Temperament haben, müssen ihre Eltern sie unterstützen und ihnen bei ihrer Entschuldigung helfen. Manchmal ist es sogar in Ordnung, wenn die Mutter oder der Vater sich *für* das Kind entschuldigt. Eltern und Kind können sich über die Botschaft vorab einigen. Schließlich taugt es nicht viel, ein Kind dazu zu zwingen, eine unechte Entschuldigung vorzubringen, wenn es hierzu noch nicht bereit ist, oder es zu einer Entschuldigung zu veranlassen, wenn dabei sein Nervensystem mit Angst überschwemmt wird. Es läuft wieder darauf hinaus, dass Sie sich fragen müssen, ob Ihr Kind bereit ist. Manchmal müssen wir darauf warten, dass ein Kind in der richtigen seelischen Verfassung ist.

Es ist niemals einfach, zu jemandem hinzugehen, den wir verletzt haben, und zu versuchen, einen Fehler wiedergutzumachen. Aber eine Disziplin ohne Drama ermöglicht es uns, Kindern beim Lernen dieses Schrittes zu helfen. Sie zielt auf das Erreichen folgender drei Ergebnisse ab: dass unsere Kinder Übung darin bekommen, sich mit Einsicht selbst besser zu verstehen, dass sie die Dinge mit Empathie aus der Perspektive anderer sehen und dass sie dann Schritte zur Verbesserung einer bestimmten Situation unternehmen, in der sie etwas falsch gemacht haben. Wenn Kinder ihre Fähigkeit vertiefen, sich selbst zu kennen, über die Gefühle anderer nachzudenken und Maßnahmen zum Reparieren einer Situation zu ergreifen, sorgt dies für den Aufbau und die Stärkung von Verbindungen im Frontallappen. Dies wiederum ermöglicht es den Kindern, sich auf ihrem Weg ins Jugend- und Erwachsenenalter selbst besser zu kennen und gut mit anderen auszukommen. Im Wesentlichen ermöglichen Sie es dem Gehirn Ihres Kindes, *Mindsight*-Landkarten von „ich“, „du“ und „wir“ zu erzeugen.

Die 1-2-3-Methode in der Praxis

Das Leben gibt uns eine Gelegenheit nach der anderen, das Gehirn aufzubauen. Wir sahen dies bei Roger, als er mit seiner Tochter darüber sprach, dass sie die Kontrolle über das Treffen ihrer Schwester mit deren Freundin an sich gerissen hatte. Leicht hätte er seiner Tochter so etwas zurufen können wie: „Allie, warum lässt du Katie und Gina nicht ein bisschen alleine spielen?" Damit hätte er jedoch eine Gelegenheit verpasst, Allie etwas zu vermitteln und zur Integration ihres Gehirns beizutragen.

Sein Ansatz folgte stattdessen der 1-2-3-Methode. Indem er ein Gespräch mit seiner Tochter in Gang setzte („Siehst du, dass Katie nicht glücklich ist?"), anstatt dem Mädchen Vorschriften zu machen, konzentrierte er sich auf die eine Definition: lehren. Sein Vorgehen fußte zudem auf den zwei Hauptprinzipien. Erstens sorgte er dafür, dass seine Tochter *bereit* war, indem er ihr das Gefühl vermittelte, ohne Urteil gehört zu werden („Ich bin ganz deiner Meinung, es ist nicht deine Schuld"). Und zweitens *vermied er es, starr zu sein,* und bat Allie sogar um ihre Hilfe beim Ersinnen einer guten Vorgehensweise in dieser Situation. Und er wirkte in dreierlei Hinsicht positiv auf sie ein – er half seiner Tochter beim Nachdenken über ihre eigenen Handlungen („Was meinst du, warum sie wütend ist?"), über die Gefühle ihrer Schwester („Was würde sie sagen, wenn sie hier stehen und uns sagen würde, wie sie sich fühlt?") sowie darüber, mit welcher Vorgehensweise sie am besten eine integrative Reparatur der Situation erreichen könnte („Lass uns einen Plan ausdenken").

Diese Methode kann auch bei älteren Kindern angewendet werden. Schauen wir uns als Beispiel an, wie ein Paar sie bei ihrer die Mittelstufe besuchenden Tochter nutzte.

Wann immer im vergangenen Jahr ein Ereignis anstand, bei dem große Geschenke zu erwarten waren, hatte Nila das Wort „Handy" ganz oben auf ihren Wunschzettel geschrieben. Sie hatte ihren Eltern, Steve und Bela, immer und immer wieder erzählt, dass „alle" anderen Kinder Mobiltelefone hätten. Steve und Bela hielten länger durch als viele ihrer Freunde, aber als Nila zwölf wurde, gaben sie nach. Immerhin war Nila ziemlich verantwortungsbewusst, sie wurde selbstständiger und verbrachte jetzt mehr Zeit ohne ihre Eltern, und ein Handy würde die Sache für alle einfacher und praktischer machen. Die Eltern ergriffen sämtliche Maßnahmen, von denen sie wussten, dass sie wichtig waren – sie schalteten die Internetfunktion des Telefons aus, luden Apps herunter, die gefährlichen Content herausfiltern sollten, und sprachen mit ihrer Tochter über Dinge wie Datenschutz und Sicherheit –, dann traten sie in die nächste Phase ihres Lebens als Eltern ein.

In den ersten paar Monaten ließ Nila es so aussehen, als wäre die Entscheidung ihrer Eltern eine gute gewesen. Sie behielt ihr Handy im Auge und nutzte es in einem angemessenen Rahmen, und Steve und Bela erkannten, dass sie den praktischen Vorteil nicht zu hoch eingeschätzt hatten.

Eines Abends aber hörte Bela ihre Tochter eine Stunde, nachdem sie das Licht ausgeschaltet hatte, husten und öffnete die Tür zu ihrem Zimmer, um nach ihr zu sehen. Der blaue Schein über Nilas Bett verschwand sofort, aber natürlich war es zu spät. Sie war erwischt worden.

Bela schaltete das Deckenlicht ein, und bevor sie irgendetwas sagen konnte, beeilte sich Nila, zu erklären: „Mama, ich habe mir Sorgen wegen der Arbeit gemacht und konnte nicht schlafen, deshalb habe ich einfach versucht, auf andere Gedanken zu kommen."

Bela hütete sich davor, überzureagieren, zumal ihr oberstes Ziel in dem Moment darin bestand, ihre Tochter wieder zum Schlafen zu verhelfen. Also verband sie sich als Erstes mit ihr: „Ich kann verstehen, dass du auf andere Gedanken kommen wolltest. Ich hasse es auch, wenn ich nicht schlafen kann." Dann sagte sie einfach: „Aber lass uns morgen darüber reden. Gib mir bitte das Telefon, und vielleicht kannst du ja doch bald einschlafen."

Als Bela Steve von dem Vorfall erzählte, erfuhr sie, dass er gerade in der Woche zuvor, als Bela unterwegs gewesen war, einen ähnlichen Austausch mit Nila gehabt und vergessen hatte, es zu erwähnen. Jetzt war es also schon zweimal vorgekommen, dass ihre Tochter die Regeln zum Gebrauch des Handys und zum Schlafen ganz klar missachtet hatte.

Weil sie die 1-2-3-Methode wählten, konzentrierten Steve und Bela sich auf die erste Definition der Disziplin. Welche Lehre wollten sie ihrer Tochter in dieser Situation erteilen? Sie wollten die Bedeutung von Ehrlichkeit, Verantwortungsbewusstsein, Vertrauen und des Einhaltens der Regeln, auf die sich sämtliche Familienmitglieder geeinigt hatten, unterstreichen. Beim Nachdenken darüber, wie sie auf Nilas Regelverletzung reagieren wollten, behielten sie diese Definition an zentralen Punkt im Gedächtnis.

Dann fokussierten sie auf die zwei Prinzipien. Bela hatte sich an das erste – darauf achten, dass ihre Tochter bereit ist – gehalten, als sie einfach Nilas Handy nahm und sie aufforderte, zu schlafen. Spät am Abend, wenn alle müde sind und ein Kind schon länger auf ist, als es sollte, ist nur selten eine gute Zeit für das Vermitteln einer Lehre. Nila in dem Moment eine Standpauke zu halten, hätte wahrscheinlich zu einem Drama geführt, das bei Mutter wie Tochter mit Frustration und Wut geendet hätte – nicht gerade ein gutes Rezept für baldiges Einschlafen oder das Vermitteln einer Lehre. Die bessere Strategie bestand darin, bis zum nächsten Tag zu warten, an dem Bela und Steve den richtigen Augenblick finden würden, um die Sache anzusprechen. Nicht in der Hetze des Morgens, wenn es galt, schnell zu frühstücken und das Pausenbrot zuzubereiten, sondern nach dem Abendessen, wenn alle in Ruhe und aus einer neuen Perspektive über die Angelegenheit würden reden können.

Bei dieser speziellen Vorgehensweise kam das zweite Prinzip ins Spiel: konsequent sein, aber nicht starr. Konsequenz ist natürlich von entscheidender Bedeutung. Steve und Bela hatten ganz klar zum Ausdruck gebracht, wie wichtig ihnen Ninas Ehrlichkeit und ihr verantwortungsbewusster Umgang mit dem Handy waren, und zumindest in diesem Fall war sie der Vereinbarung nicht gerecht geworden. Also mussten die Eltern dieses Versäumnis mit einer konsequenten Reaktion beantworten.

Dabei wollten sie jedoch keine starre, spontane Entscheidung treffen, die über das Ziel hinausschießen würde. Als erstes beschlossen sie, Nila das Telefon komplett wegzunehmen. Aber als sie miteinander sprachen und ein ruhiger Geist die Oberhand gewann, erkannten sie, so eine

Maßnahme wäre in diesem Fall übertrieben. Abgesehen von diesem einen Problem hatte Nila ihr Handy verantwortungsvoll genutzt. Statt es ihr also wegzunehmen, entschieden sich die Eltern, mit Nila über die Angelegenheit zu sprechen und sie um ihre Hilfe beim Ausdenken von Wegen für den Umgang mit der Situation zu bitten. Letztendlich war sogar sie es, der eine Lösung einfiel, die für alle einfach war: Sie würde ihr Handy beim Schlafengehen nicht mit in ihr Zimmer nehmen. Dann könnte sie nicht in Versuchung kommen, jedes Mal darauf zu schauen, wenn es aufleuchtet – und ihre Eltern könnten sich sicher sein, dass Nila nachts, genau wie ihr Handy, ihre „Batterien auflädt".

Dieser Vorschlag war angesichts der Tatsache, dass Nila über ein allgemein gutes Entscheidungsvermögen verfügte, sinnvoll. Für den Fall, dass weitere Probleme entstehen sollten oder Nila ihr Handy noch einmal im extremen Übermaß gebrauchen würde, einigte man sich darauf, dass Steve und Bela das Telefon an sich nehmen und es Nila lediglich für bestimmte festgelegte Zeiten am Tag überlassen würden.

Steve und Bela brachten ihrer Tochter genügend Respekt entgegen, um *mit* ihr zusammen an einer Einigung zu arbeiten, und setzten gleichzeitig Grenzen. Sie präsentierten sich als konsequente, einheitliche Eltern, die an ihren Regeln und Erwartungen festhielten, ohne starr zu werden und auf eine Art und Weise zu reagieren, die weder ihrer Tochter noch der Situation oder ihrer Beziehung zu Nila zugutegekommen wäre.

Dadurch erhöhten sie ihre Chance, die drei erwünschten Ergebnisse zu erzielen: Einsicht, Empathie und integrierte Reparatur. Indem sie Fragen stellten und den Dialog suchten, also einen gemeinschaftlichen Ansatz wählten, förderten sie bei ihrer Tochter die Einsicht. Die Fragen zielten darauf ab, Nila zu helfen, innezuhalten und über ihre Entscheidung nachzudenken, das Handy einzuschalten, als sie es nicht sollte: „Wie fühlst du dich, wenn du etwas tust, von dem du weißt, dass du es nicht tun solltest? Oder wenn wir in dein Zimmer kommen und dich an deinem Handy sehen? Was meinst du, wie es uns damit geht?" Andere Fragen führten zu Einsicht hinsichtlich besserer zukünftiger Optionen: *„Was könntest du das nächste Mal tun, wenn du nicht einschlafen kannst, anstatt* *dich mit deinem Handy zu beschäftigen?*" Mit Fragen wie diesen halfen die Eltern ihrer Tochter, ihre persönliche Einsicht zu steigern und ihr oberes Gehirn aufzubauen, und ermöglichten es ihr, einen inneren Kompass zu entwickeln und in Zukunft verständnisvoller zu werden. Indem sie die Angelegenheit auf eine Nila und ihre Wünsche respektierende Art angingen, erhöhten sie zudem die Chancen darauf, dass ihre Tochter später, als Teenager, zu ihnen kommen und mit ihnen auch über größere Probleme sprechen würde.

Das Empathie-Ergebnis in dieser Situation unterscheidet sich von denen bei gewissen anderen Vorgehensweisen. Denn wenn wir bei unseren Kindern die Empathie fördern, nachdem sie eine schlechte Entscheidung getroffen haben, versuchen wir sie häufig zum Nachdenken über die Gefühle einer anderen Person zu bewegen, die durch ihr Verhalten verletzt wurde. In diesem Fall hatte niemand außer Nila selbst, die nicht ausreichend Schlaf bekommen hatte, wirklich Schaden erlitten. Aber Steve und Bela versuchten ihr begreiflich zu machen, dass ihr Vertrauen in sie angeknackst war, zumindest ein klein wenig. Sie hüteten sich davor, die Angelegenheit zu überdramatisieren oder sich dazu herabzulassen, ihrer Tochter Schuldgefühle zu machen oder sich in Selbstmitleid zu ergehen, und sie teilten Nila ausdrücklich mit, dass sie nicht auf diese Strategien zurückgreifen würden. Aber sie sprachen mit ihr über die große Bedeutung, die ihre Beziehung zu ihr für sie habe, und erklärten, dass es sich nicht gut anfühle, wenn gebrochenes Vertrauen diese Beziehung in irgendeiner Form beschädige.

Bei diesem Teil des Gesprächs, in dem es um die Beziehung geht, liegt der Schwerpunkt auf Integration, auf der Verbindung unterschiedlicher Teile. Integration sorgt dafür, dass das Ganze mehr ist als die Summe seiner Teile, und erzeugt Liebe in einer Beziehung. Das Fokussieren auf Einsicht und Empathie und anschließend auf die Beziehung zwischen Nila und ihren Eltern führte folglich auf natürliche Weise zum dritten integrativen Ergebnis, Reparatur. Sobald ein Bruch in einer Beziehung entstanden ist, egal wie klein, wollen wir ihn so schnell wie möglich reparieren. Nilas Eltern mussten ihrer Tochter die Gelegenheit dazu geben. In ihrem

Gespräch über die Grundsätze, die sie hinsichtlich der Handynutzung am späten Abend aufstellen wollten, stellten sie Fragen, die ihr halfen, über die Auswirkungen nachzudenken, die das Nichteinhalten von Verpflichtungen auf Beziehungen hat. Wieder vermieden sie es, Nila durch das Erwecken von Schuldgefühlen emotional zu manipulieren, und stellten stattdessen in guter Absicht Fragen wie: „Was könntest du tun, um uns zu helfen, uns mit dem Vertrauen wohlzufühlen, das wir in dich haben?" Sie mussten Suggestivfragen stellen, mussten Nila helfen, sich vertrauensfördernde Handlungen zu überlegen – wie zum Beispiel die, einfach von Zeit zu Zeit von ihrem Handy aus anzurufen, um sich bei ihren Eltern zu melden, oder das Telefon abends außerhalb ihres Zimmers zu lassen, ohne dazu aufgefordert werden zu müssen. Und dabei dachte Nila über Möglichkeiten nach, wie sie das Vertrauen ihrer Eltern in sie absichtsvoll wieder aufbauen könnte.

Beachten Sie, dass dieses Problem mit Nila in die Kategorie typischer Verhaltensweisen fällt, mit denen Eltern sich tagtäglich auseinanderzusetzen haben. Bisweilen jedoch kommt es zu Verhaltensauffälligkeiten, bei denen es hilfreich sein kann, Experten heranzuziehen. Extremere Verhaltensweisen, mit denen schwer umzugehen ist und die über längere Zeiträume hinweg andauern, können manchmal ein Hinweis darauf sein, dass etwas anderes los ist. Wenn Ihr Kind häufig eine heftige emotionale Reaktivität erfährt, die nicht auf Bemühungen der Reparatur anspricht, kann das Gespräch mit einem Kinderpsychotherapeuten oder Spezialisten für Kindesentwicklung nützlich sein. Dieser kann die Situation unterstützend mit Ihnen gemeinsam untersuchen, um zu sehen, ob Sie und Ihr Kind von einer Intervention profitieren könnten. Unserer Erfahrung nach haben Kinder, die häufig eine intensive Reaktivität zeigen, oft mit noch weiteren angeborenen Schwierigkeiten zu kämpfen, welche mit der sensorischen Integration, mit Aufmerksamkeit und/oder Impulsivität oder mit affektiven Störungen zusammenhängen. Zusätzlich können eine traumatische Vorgeschichte, eine wahrhaft schwierige Erfahrung in der Vergangenheit oder die Tatsache, dass Mutter bzw. Vater und Kind nicht gut zusammenpassen, eine Rolle bei Verhaltenskämpfen spielen, da diese

Faktoren eine Schwierigkeit mit der Selbstregulation zur Folge haben, die bisweilen eine Ursache für wiederholte Brüche in einer Beziehung sein kann. Wir würden Sie dazu ermuntern, sich die Hilfe von jemandem zu suchen, der Sie bei diesen Fragen begleiten und Ihnen und Ihrem Kind den Weg zu einer optimalen Entwicklung weisen kann.

In den meisten schwierigen Situationen, die vor Ihnen und Ihrem Kind liegen, wird jedoch einfach die Entscheidung für ein Vorgehen mit dem integrierten Gehirn zu mehr Kooperation vonseiten Ihres Kindes und zu mehr Frieden und Gelassenheit in Ihrem Haushalt führen. Die 1-2-3-Methode ist keine Formel und keine Reihe von Regeln, die streng zu befolgen wären. Sie müssen sich die Methode nicht einprägen und Sie müssen ihr nicht starr und unflexibel folgen. Wir geben Ihnen lediglich Richtlinien an die Hand, die Sie im Hinterkopf behalten können, wenn es Zeit zum Umlenken ist. Indem Sie sich an die Definition und an den Zweck von Disziplin erinnern, an die Prinzipien, die den Prozess leiten sollten, und an Ihre erwünschten Ergebnisse, haben Sie eine viel bessere Chance, auf Ihre Kinder in einer Weise einzugehen – sie etwas zu lehren –, die zu mehr Kooperation von ihrer Seite und zu besseren Beziehungen zwischen sämtlichen Familienmitgliedern führt.

6 Verhalten begegnen: So einfach wie umlenken

Der elfjährige Paolo rief seine Mutter Anna von der Schule aus an und fragte, ob er am Nachmittag mit seinem Freund Harrison nach Hause gehen dürfe. Sie hätten, so Paolo, die Absicht, zu Harrison zu gehen, wo die Jungen ihre Hausaufgaben erledigen und dann bis zum Abendessen spielen würden. Als Anna fragte, ob Harrisons Eltern von dem Plan wüssten, versicherte Paolo ihr dieses, und so sagte Anna, sie würde ihn vor dem Abendessen abholen.

Als Anna jedoch später am Nachmittag eine SMS an Harrisons Mutter schrieb, um ihr mitzuteilen, dass sie Paolo in ein paar Minuten abholen würde, antwortete diese, sie sei bei der Arbeit. Anna erfuhr dann, dass auch Harrisons Vater nicht zu Hause war und dass keiner der beiden von der Absicht der Jungen gewusst hatte, gemeinsam zu Harrison zu gehen.

Anna war sauer. Sie wusste, es konnte irgendeine Fehlkommunikation gegeben haben, aber für sie sah es wirklich danach aus, als wäre Paolo unehrlich gewesen. Bestenfalls hatte er den Plan missverstanden; in diesem Fall hätte er ihr Bescheid geben sollen, als er erkannte, dass Harrisons Eltern nicht zu Hause sein würden und nicht benachrichtigt worden waren. Schlimmstenfalls hatte er sie unverblümt angelogen.

Als sie und Paolo im Auto saßen und von Harrison nach Hause fuhren, verspürte sie den Wunsch, ihn zurechtzuweisen, Konsequenzen zu verhängen und ihm ärgerlich Vorträge über Vertrauen und Verantwortungsbewusstsein zu halten.

Doch tat sie das nicht.

Stattdessen wählte sie ein Vorgehen mit einem möglichst integrierten Gehirn. Da ihr Sohn schon älter und zudem nicht in einer reaktiven Verfassung war, bestand der „verbindende" Teil ihrer Strategie einfach darin, ihn in den Arm zu nehmen und zu fragen, ob er einen schönen Nachmittag gehabt habe. Dann erwies sie ihm den Respekt, ganz direkt mit ihm zu sprechen. Sie erzählte ihm von ihrem SMS-Austausch mit Harrisons Mutter und sagte dann einfach: „Ich freue mich, dass Harrison und du so viel Spaß miteinander habt. Aber ich habe eine Frage. Ich weiß, dass du weißt, wie wichtig Vertrauen in unserer Familie ist, deshalb frage ich mich, was hier passiert ist." Sie sprach in einem ruhigen Ton, der keine Strenge vermittelte, sondern vielmehr ihr Unverständnis zum Ausdruck brachte sowie ihre Neugier darauf, was vorgefallen war.

Dieser auf Neugier basierende Ansatz, mit dem sie ihrem Sohn als Erstes einen Vertrauensvorschuss gab, half Anna, das Drama aus der Situation zu nehmen. Obwohl sie ärgerlich war, vermied sie es, sofort voreilig den Schluss zu ziehen, die Jungen hätten ihre Eltern absichtlich getäuscht. Dadurch konnte Paolo sich die Frage seiner Mutter anhören, ohne sich direkt beschuldigt zu fühlen. Außerdem bewirkte ihre Neugier, dass Paolo auf der Stelle für sich selbst geradezustehen hatte. Er musste also über seine Entscheidung nachdenken, wodurch sein oberes Gehirn ein wenig trainiert wurde. Annas Herangehensweise zeigte Paolo, dass sie von der Voraussetzung ausging, er würde die meiste Zeit gute Entscheidungen treffen, und dass sie verwirrt und überrascht war, wenn dies nicht der Fall zu sein schien.

In diesem Fall hatte er übrigens keine guten Entscheidungen getroffen. Er erklärte seiner Mutter, dass Harrison geglaubt habe, sein Vater würde zu Hause sein, dieser jedoch nicht da gewesen sei, als die Jungen eintrafen. Er gab zu, dass er ihr sofort hätte Bescheid sagen sollen, es aber einfach nicht getan hatte. „Ich weiß, Mama. Ich hätte dir sagen sollen, dass niemand zu Hause war. Tut mir leid."

An dem Punkt hätte Anna reagieren und von der Verbindung zur Umlenkung wechseln können, so etwas sagen wie: „Ja, ich bin froh, dass dir klar ist, dass du es mir hättest sagen sollen. Erzähl mir doch mal mehr darüber, warum du es nicht getan hast." Jedoch wusste sie, dass es bei ihrer Umlenkung um mehr gehen sollte als einfach nur darum, dieses eine Verhalten zu behandeln. Sie erkannte den Moment zu Recht als eine weitere Gelegenheit, bei ihrem Sohn die persönliche Entwicklung und den Aufbau von Beziehungskompetenzen zu fördern; zudem wollte sie ihm helfen, zu verstehen, dass seine Handlungen ihr Vertrauen ein wenig angeknackst hatten und er sich nicht an die von den Familienmitgliedern getroffene Vereinbarung gehalten hatte, sich bei Änderung von Plänen immer zu melden. Deshalb prüfte sie erst einmal sich selbst, bevor sie sich dem Umlenken zuwandte.

Bevor Sie umlenken: Ruhig bleiben und sich verbinden

Kennen Sie das Poster aus dem Zweiten Weltkrieg, das so berühmt geworden ist? Jenes, auf dem steht: „Ruhig bleiben und weitermachen" *(„Keep Calm and Carry On")*? Dieser Spruch ist kein schlechtes Mantra, wenn Ihr Kind ausrastet – oder bevor *Sie* ausrasten. Anna erkannte, wie wichtig es war, ruhig zu bleiben, als sie das Problem mit Paolos Verhalten zur Sprache brachte. Zu explodieren und ihren Sohn anzuschreien, hätte niemandem gutgetan. Es hätte Paolo nur verstimmt und eine Ablenkung von dem geboten, was jetzt wichtig war: diesen Moment dafür zu nutzen, seinem Verhalten zu begegnen und etwas zu vermitteln.

Wir werden weiter unten viele Umlenkungsstrategien erläutern, werden unterschiedliche Möglichkeiten betrachten, Kinder umzulenken, wenn sie schlechte Entscheidungen getroffen haben oder vollkommen die Kontrolle über sich verloren haben. Bevor Sie aber entscheiden, welche Strategien Sie nutzen wollen, um Ihre Kinder zum Gebrauch ihres oberen Gehirns umzulenken, sollten Sie als Erstes Folgendes tun: *sich selbst* prüfen. Denken Sie daran: Es ist ebenso wichtig, zu fragen: „Ist mein Kind bereit?", wie auch unverzichtbar, zu fragen: „Bin ich bereit?"

Stellen Sie sich vor, Sie gingen in Ihre gerade geputzte Küche und fänden Ihre vierjährige Tochter dabei vor, wie sie auf der Arbeitsplatte sitzt, einen leeren Eierkarton und ein Dutzend aufgeschlagene Eierschalen neben sich, und in einem Sandeimer voller Eier rührt. Mit ihrer Sandschaufel! Oder Ihr zwölfjähriger Sohn teilt Ihnen am Sonntagabend um 18 Uhr mit, sein 3-D-Modell eines Mobiltelefons müsse am nächsten Morgen fertig sein. Dies ungeachtet der Tatsache, dass er Ihnen versichert hatte, sämtliche Hausaufgaben seien erledigt, und dann den ganzen Nachmittag mit einem Freund Basketball und Videospiele gespielt hat.

In frustrierenden Augenblicken wie diesen ist Innehalten das Beste, was Sie tun können. Andernfalls könnte Ihre reaktive Geistesverfassung Sie dazu veranlassen, zu schreien oder zumindest einen Vortrag darüber zu halten, dass ein vierjähriges (oder zwölfjähriges) Kind es wohl besser wissen sollte.

Halten Sie stattdessen inne. Halten Sie einfach inne. Atmen Sie tief durch. Vermeiden Sie es, zu reagieren, Konsequenzen zu verhängen oder im Eifer des Gefechts gar eine Standpauke zu halten.

Wir wissen, das ist nicht einfach, aber denken Sie daran: Wenn Ihre Kinder irgendwelche Dummheiten gemacht haben, wollen Sie sie wieder zum Gebrauch ihres oberen Gehirns umlenken. Also ist es wichtig, dass Sie auch Ihr eigenes benutzen. Denken Sie, wenn Ihre dreijährige Tochter einen Wutanfall hat, daran, dass sie noch ein kleines Kind ist, mit einem eingeschränkten Vermögen, ihre Emotionen und ihren Körper zu regulieren. Ihre Aufgabe besteht darin, in der Beziehung die bzw. der Erwachsene zu sein und als die Mutter bzw. der Vater weiterzumachen, als ein sicherer, ruhiger Hafen im emotionalen Sturm. *Die Art, wie Sie auf das Verhalten Ihres Kindes eingehen, hat erheblichen Einfluss darauf, wie sich die Situation entwickelt.* Bevor Sie also umlenken, prüfen Sie sich und tun Sie Ihr Bestes, um ruhig zu bleiben. Dieses Innehalten geht vom oberen Gehirn aus, erhöht aber auch dessen Stärke. Und wenn Sie Ihren Kindern Fähigkeiten wie diese zeigen, werden Sie sie mit höherer Wahrscheinlichkeit selbst lernen.

Sich während des Innehaltens einen klaren Kopf zu bewahren und ruhig zu bleiben, ist Ihr erster Schritt.

Dann denken Sie daran, sich zu verbinden. Es ist wirklich möglich, auch in schwierigen Situationen ruhig, liebevoll und fürsorglich zu sein. Und es ist so *sinnvoll*. Unterschätzen Sie nicht, wie wirkungsvoll ein freundlicher Tonfall sein kann, wenn Sie ein Gespräch über das Verhalten in Gang setzen, das Sie ändern wollen. Denken Sie daran, dass Sie letzten Endes versuchen, bei Ihrem Vorgehen entschieden und konsequent zu bleiben, aber gleichzeitig mit Ihrem Kind in einer Weise zu interagieren, die Wärme, Liebe, Respekt und Mitgefühl vermittelt. Diese zwei Aspekte der Erziehung können und sollten nebeneinander existieren. Dieses war das Gleichgewicht, das Anna zu erzielen versuchte, als sie mit Paolo redete.

Sie haben es uns im gesamten Buch bekräftigen hören, Kinder brauchen Grenzen, auch wenn sie aufgewühlt sind. Aber wir können an unseren Grenzen festhalten und gleichzeitig viel Empathie vermitteln und die hinter dem Verhalten unseres Kindes stehenden Wünsche und Gefühle anerkennen. Sie könnten sagen: „Ich weiß, du möchtest unbedingt noch ein Wassereis, ich werde meine Meinung jedoch nicht ändern. Es ist aber in Ordnung, wenn du traurig und enttäuscht bist. Und ich bin da, um dich zu trösten, solange du traurig bist."

Ruhig bleiben und sich verbinden.

Und denken Sie daran, die Gefühle eines Kindes nicht abzutun. Erkennen Sie stattdessen die innere, subjektive Erfahrung an. Wenn ein Kind heftig auf eine Situation reagiert, und insbesondere, wenn die Reaktion ungerechtfertigt und sogar lächerlich erscheint, kommt man als Mutter oder Vater in Versuchung, so etwas zu sagen wie: „Du bist einfach nur müde" oder „Das ist doch nicht so schlimm" oder „Warum regst du dich so darüber auf?" Aber Aussagen wie diese bagatellisieren die Erfahrung des Kindes – seine Gedanken, Gefühle und Wünsche. Es ist in emotionaler Hinsicht sehr viel feinfühliger *und sinnvoller*, zuzuhören, mitzufühlen und die Erfahrung Ihres Kindes wirklich zu verstehen, bevor Sie aktiv werden. Der Wunsch Ihres Kindes mag Ihnen absurd vorkommen, aber vergessen Sie nicht, für Ihr Kind ist er sehr real. Und Sie wollen nicht etwas ignorieren, das Ihrem Kind wichtig ist.

Wenn es also Zeit für eine Intervention ist, bleiben Sie ruhig und verbinden Sie sich. Dann können Sie sich Ihren Umlenkungsstrategien zuwenden.

Strategien, die Ihnen beim Umlenken helfen sollen

Den Rest dieses Kapitels werden wir uns auf das konzentrieren, auf das Sie möglicherweise gewartet haben: spezielle Umlenkungsstrategien für eine Disziplin ohne Drama, die Sie anwenden können, sobald Sie sich mit Ihren Kindern verbunden haben und sie wieder zum Gebrauch ihres oberen Gehirns umlenken wollen. Hier ist eine Auflistung der acht Strategien:

- Worte reduzieren
- Emotionen akzeptieren
- Beschreiben, nicht predigen
- Das Kind miteinbeziehen
- Ein Nein zu einem bedingten Ja umformulieren
- Das Positive hervorheben
- Kreativ an die Situation herangehen

Mindsight-Werkzeuge vermitteln

Bevor wir ins Detail gehen, wollen wir eines klarstellen: Sie müssen sich diese Liste nicht einprägen. Es handelt sich hierbei lediglich um thematisch aufgegliederte Empfehlungen von Methoden, welche die Eltern, mit denen wir über die Jahre hinweg gearbeitet haben, am hilfreichsten fanden. (Übrigens finden Sie die Liste auch auf dem Kühlschrankzettel am Ende des Buches.) Wie immer gilt, dass Sie alle diese verschiedenen Strategien als unterschiedliche Ansätze in Ihrem elterlichen „Werkzeugkoffer" haben und diejenigen auswählen können, die unter den jeweiligen Umständen angesichts des Temperaments, des Alters und der Entwicklungsstufe Ihres Kindes sowie Ihrer eigenen Erziehungsphilosophie sinnvoll sind.

Umlenkungsstrategie 1: Worte reduzieren

Bei disziplinierenden Interaktionen verspüren Eltern häufig das Bedürfnis, darauf hinzuweisen, was ihre Kinder falsch gemacht haben, und zu betonen, was das nächste Mal anders laufen muss. Die Kinder aber wissen normalerweise bereits, was sie falsch gemacht haben, insbesondere die älteren. Das Letzte, was sie wollen (oder, in der Regel, brauchen), ist ein langer Vortrag über ihre Fehler.

Wir empfehlen Ihnen dringend, beim Umlenken dem Verlangen zu widerstehen, übermäßig viel zu reden. *Natürlich* ist es wichtig, die Angelegenheit zu behandeln und eine Einsicht zu ermöglichen. Fassen Sie sich dabei aber kurz. Ganz gleich, wie alt Ihre Kinder sind, lange Vorträge veranlassen sie wahrscheinlich nicht dazu, Ihnen besser zuhören zu wollen. Vielmehr überschwemmen Sie sie einfach mit noch mehr Information und sensorischem Input. Als Folge davon werden Ihre Kinder oft einfach abschalten.

Bei jüngeren Kindern, die noch *nicht* gelernt haben, was in Ordnung ist und was nicht, ist es noch wichtiger, dass wir mit unseren Worten sparsam umgehen. Häufig besitzen die Kinder einfach noch nicht das Vermögen, einen langen Vortrag in sich aufzunehmen. Deshalb müssen wir unsere Worte reduzieren.

Was eine Mutter oder ein Vater sagt:

Was das Kind hört:

Schlägt Sie beispielsweise Ihr Kleinkind, weil es wütend darüber ist, nicht Ihre Aufmerksamkeit zu bekommen, während Sie sich um Ihr anderes Kind kümmern, besteht ganz einfach kein Anlass, in eine lange, ausgedehnte Rede darüber zu verfallen, warum Schlagen eine schlechte Reaktion auf negative Emotionen ist. Probieren Sie stattdessen diese vierschrittige Methode aus, bei der Sie das Problem ansprechen und dann das Thema wechseln, ohne mehr als nur ein paar Worte zu benötigen:

Ungeeignetem Verhalten von Kleinkindern in vier Schritten begegnen

Schritt 1: Verbinden Sie sich und sprechen Sie die hinter dem Verhalten stehenden Gefühle an

Schritt 2: Sprechen Sie das Verhalten an

Schritt 3: Zeigen Sie Alternativen auf

Schritt 4: Wechseln Sie das Thema

Indem wir die Handlungen des Kindes ansprechen und dann gleich das Thema wechseln, vermeiden wir es, dem negativen Verhalten zu viel Aufmerksamkeit zu schenken, und kommen stattdessen schnell wieder auf den richtigen Weg.

Widerstehen Sie sowohl bei jüngeren als auch bei älteren Kindern der Versuchung, zu viel zu reden. Falls Sie eine Angelegenheit ausführlicher behandeln müssen, können Sie versuchen, dies durch Fragenstellen und anschließendes Zuhören zu tun. Wie wir weiter unten erklären werden, kann eine gemeinsame Diskussion zu allerlei wichtigem Lehren und Lernen führen und die Eltern können dabei ihre Ziele erreichen, ohne auch nur annähernd so viel zu reden, wie Sie es typischerweise tun.

Der Grundgedanke hierbei ähnelt dem Konzept, „seine Stimme zu schonen". Politiker, Geschäftsleute, Anführer von Gemeinschaften sowie alle anderen, die für das Erreichen ihrer Ziele auf effektive Kommunikation angewiesen sind, würden Ihnen erzählen, dass sie zuweilen strategisch ihre Stimme schonen, sich mit der Menge dessen, was sie sagen, zurückhalten. Sie meinen dabei nicht ihre Stimme im wörtlichen Sinne, wollen nicht sagen, dass sie heiser werden, wenn sie zu viel reden. Sie meinen damit, dass sie versuchen, dem Ansprechen der kleinen Punkte in einer Diskussion oder Abstimmungssitzung zu widerstehen, damit ihre Stimmen mehr Gewicht haben, wenn sie die wirklich wichtigen Angelegenheiten behandeln wollen.

Mit unseren Kindern ist es dasselbe. Wenn sie uns unaufhörlich sagen hören, was sie tun und was sie lassen sollen, und wenn wir unseren Standpunkt, nachdem wir ihn einmal deutlich gemacht haben, immer und immer wiederholen, hören sie früher oder später (und wahrscheinlich früher) auf, zuzuhören. Schonen wir hingegen unsere Stimme und sprechen das an, was uns wirklich wichtig ist, hören dann aber zu reden auf, haben unsere Worte eine viel größere Bedeutung.

Sie wollen, dass Ihre Kinder Ihnen besser zuhören? Fassen Sie sich kurz. Und sobald Sie das Verhalten und die dahinter stehenden Gefühle angesprochen haben, wechseln Sie das Thema.

Umlenkungsstrategie 2: Emotionen akzeptieren

Eine der besten Möglichkeiten, ungeeignetem Verhalten zu begegnen, besteht darin, Kindern zu helfen, zwischen ihren Gefühlen und ihren Handlungen zu unterscheiden. Diese Strategie steht mit dem Konzept der Verbindung im Zusammenhang, doch geht es uns hier um etwas ganz anderes.

Mit dem Akzeptieren von Emotionen meinen wir, dass Eltern ihren Kindern bei der Umlenkung begreifbar machen müssen, dass ihre Gefühle weder gut noch schlecht, weder berechtigt noch unberechtigt sind. Sie *sind* einfach. Es ist nichts falsch daran, wütend zu werden, traurig zu sein oder sich so frustriert zu fühlen, dass man etwas kaputt machen möchte. Aber die Tatsache, dass es in Ordnung ist, den Wunsch zu *verspüren*, etwas kaputt zu machen, heißt nicht, dass es in Ordnung wäre, dies auch tatsächlich zu tun. Mit anderen Worten bestimmt das, was wir infolge unserer Emotionen *tun*, ob unser Verhalten in Ordnung ist oder nicht.

Unsere Botschaft an unsere Kinder sollte also lauten: „Du kannst fühlen, was immer du fühlst, aber du kannst nicht immer tun, was du tun möchtest." Wir können uns das auch so vorstellen, *dass wir Ja zu den Wünschen unserer Kinder sagen wollen, auch wenn wir Nein zu ihrem Verhalten sagen und sie zu angemessenem Handeln hin umlenken müssen.*

Wir könnten also sagen: „Ich weiß, dass du den Einkaufswagen mit nach Hause nehmen möchtest. Es würde wirklich Spaß machen, damit zu spielen. Aber er muss hier im Laden bleiben, damit andere Kunden ihn benutzen können, wenn sie zum Einkaufen kommen." Oder wir könnten sagen: „Ich verstehe vollkommen, dass du jetzt gerade das Gefühl hast, deinen Bruder zu hassen. Ich habe meiner Schwester gegenüber dasselbe empfunden, als ich ein Kind war und richtig sauer auf sie war. Aber zu schreien: ‚Ich bring dich um!' ist nicht die Art, wie wir miteinander reden. Es ist absolut in Ordnung, wütend zu sein, und du hast alles Recht, es deinem Bruder zu sagen. Lass uns aber über andere Möglichkeiten sprechen, das auszudrücken." Sagen Sie Ja zu den Gefühlen, auch wenn Sie Nein zu dem Verhalten sagen.

Wenn wir die Gefühle unserer Kinder nicht bestätigen und anerkennen oder wenn wir implizit sagen, dass ihre Emotionen abgestellt werden sollten bzw. „keine große Sache" oder „dumm" sind, übermitteln wir die Botschaft: „Ich bin nicht an deinen Gefühlen interessiert und du solltest sie mir nicht mitteilen. Friss diese Gefühle jetzt einfach geradewegs in dich hinein." Stellen Sie sich vor, welche Auswirkungen das auf die Beziehung hat. Im Laufe der Zeit werden unsere Kinder aufhören, uns ihre inneren Erfahrungen mitzuteilen! Als Folge davon beginnt ihr gesamtes emotionales Leben sich zu verengen, wodurch sie letztendlich weniger zur vollständigen Teilhabe an bedeutsamen Beziehungen und Interaktionen imstande sind.

Noch problematischer ist die Tatsache, dass ein Kind, dessen Eltern seine Gefühle herunterspielen oder leugnen, beginnen kann, ein sogenanntes „inkohärentes Kernselbst" zu entwickeln. Wenn es tiefe Traurigkeit oder

Frustriertheit empfindet, seine Mutter jedoch mit Aussagen wie: „Entspann dich“ oder „Dir geht es doch gut“ reagiert, erkennt das Kind, wenn auch nur auf einer unbewussten Ebene, dass seine innere Reaktion auf eine Situation nicht mit der äußeren Reaktion derjenigen Person zusammenpasst, der es am meisten vertraut. Als Eltern wollen wir eine sogenannte „abhängige Reaktion“ bieten, das heißt, wir stimmen unsere Reaktion auf das ab, was unser Kind fühlt, und erkennen dabei an, was in seinem Geist vor sich geht. Wenn ein Kind ein Ereignis erlebt und die Reaktion seiner Bezugsperson mit diesem im Einklang steht – wenn sie dazu passt –, dann ergibt seine innere Erfahrung für das Kind einen Sinn und es kann sich selbst verstehen, kann selbstbewusst die innere Erfahrung benennen und sie anderen mitteilen. Es entwickelt ein „kohärentes Kernselbst“, das die Basis seines Handelns darstellen wird.

Statt Emotionen abzuwürgen …

Was aber geschieht, wenn die Übereinstimmung nicht gegeben ist und die Reaktion der Mutter im Widerspruch zu der momentanen Erfahrung der Tochter steht? Ein einmaliges Erlebnis dieser Art wird keine dauerhaften Auswirkungen haben. Hört das Mädchen aber immer und immer wieder, wenn es aus der Fassung gerät, so etwas wie: „Hör auf zu weinen" oder „Warum bist du denn so aufgelöst? Alle anderen haben ihren Spaß", wird es beginnen, an seiner Fähigkeit zu zweifeln, exakt zu beobachten und zu verstehen, was in seinem Inneren abläuft. Das Kernselbst des Kindes wird sehr viel inkohärenter sein, das Kind deshalb durcheinander, voller Selbstzweifel und von seinen Emotionen abgekoppelt sein. Wenn das Mädchen erwachsen wird, kann es oft das Gefühl haben, seine Emotionen seien ungerechtfertigt. Es könnte seine subjektive Erfahrung anzweifeln und zuweilen sogar Schwierigkeiten haben, zu wissen, was es will oder fühlt. Deshalb ist es wirklich äußerst wichtig, dass wir die Emotionen unserer

Kinder akzeptieren und eine auf ihre Gefühle abgestimmte Antwort bieten, wenn sie aufgewühlt oder außer Kontrolle sind.

Ein mit der Bestätigung der Gefühle unserer Kinder beim Umlenken verbundener Bonus ist der, dass die Kinder auf diese Weise leichter lernen können, was immer wir ihnen vermitteln wollen. Wenn wir ihre Emotionen anerkennen und die Art, wie *sie* etwas erleben, bestätigen – es wirklich mit ihren Augen sehen –, dann beruhigt und reguliert dieses Anerkennen die Reaktivität ihres Nervensystems. Und wenn sie in einem regulierten Zustand sind, besitzen sie die Fähigkeit, sich zu beruhigen, uns zuzuhören und gute Entscheidungen zu treffen. Leugnen wir hingegen die Gefühle unserer Kinder, spielen sie herunter oder versuchen unsere Kinder von ihnen abzulenken, schaffen wir die Voraussetzung dafür, dass sie leicht wieder dysreguliert werden und sich von uns getrennt fühlen. Das bedeutet, dass sie sich in einem Zustand gesteigerter Unruhe und Aufregung befinden und mit sehr viel größerer Wahrscheinlichkeit zusammenbrechen oder emotional dichtmachen, wenn die Dinge nicht nach ihrem Willen laufen.

Außerdem fühlen sich unsere Kinder nicht gehört und respektiert, wenn wir Nein zu ihren Emotionen sagen. Wir wollen, dass sie wissen, wir sind für sie da, wir werden uns anhören, wie sie sich fühlen, und sie können zu uns kommen, um über alles zu reden, was sie beunruhigt oder beschäftigt. Wir wollen ihnen nicht die Botschaft übermitteln, dass wir nur dann für sie da sind, wenn sie glücklich sind oder positive Emotionen empfinden.

In einer herausfordernden Interaktion akzeptieren wir also die Emotionen unserer Kinder und vermitteln ihnen so, dasselbe zu tun. *Wir wollen, dass sie auf einer tiefen Ebene darauf vertrauen, dass ihre Gefühle und Erfahrungen auch dann, wenn wir ihnen etwas über richtiges und falsches Verhalten beibringen, immer anerkannt und gewürdigt werden. Wenn Kinder dies bei ihren Eltern sogar während der Umlenkung spüren, werden sie mit sehr viel größerer Wahrscheinlichkeit hören, was ihre Eltern sagen, sodass die Gesamtzahl der Auseinandersetzungen im Laufe der Zeit abnehmen wird.*

Umlenkungsstrategie 3: Beschreiben, nicht predigen

Viele Eltern haben die natürliche Neigung, zu kritisieren und zu predigen, wenn ihre Kinder etwas tun, das ihnen nicht gefällt. In den meisten Fällen sind diese Reaktionen jedoch ganz einfach nicht nötig. Stattdessen können wir schlicht beschreiben, was wir sehen. Unsere Kinder verstehen das, was wir sagen, dann genauso deutlich, wie wenn wir schreien und schimpfen und herumnörgeln. Und sie empfangen diese Botschaft mit sehr viel weniger Abwehrhaltung und Drama.

Zu einem Kleinkind könnten wir so etwas sagen wie: „Oh, oh, du wirfst mit den Karten. Das macht es uns schwer, das Spiel zu spielen." Zu einem älteren Kind können wir sagen: „Ich sehe immer noch Geschirr auf dem Tisch" oder „Die Worte, die du zu deinem Bruder sagst, hören sich ziemlich böse an." Einfach, indem wir aussprechen, was wir beobachten, setzen wir einen Dialog mit unseren Kindern in Gang, der Kooperation und Botschaft sehr viel besser Vorschub leistet als ein sofortiger Verweis wie: „Hör auf, so mit deinem Bruder zu reden."

Der Grund dafür ist der, dass selbst kleine Kinder in den meisten Situationen zwischen richtig und falsch unterscheiden können. Sie haben ihnen bereits beigebracht, welches Verhalten akzeptabel ist und welches nicht. Oft müssen Sie sie deshalb nur auf das Verhalten aufmerksam machen, das Sie beobachtet haben. *Kinder müssen nicht von ihren Eltern dazu aufgefordert werden, keine schlechten Entscheidungen zu treffen. Sie müssen von ihren Eltern umgelenkt und darin unterstützt werden, die schlechten Entscheidungen, die sie treffen, zu erkennen, und zu verstehen, was zu solchen Entscheidungen führt, damit sie sich selbst korrigieren und das ändern können, was geändert werden muss.*

Natürlich müssen Sie allen Kindern, vor allem jüngeren und Kleinkindern, vermitteln, zwischen gut und schlecht, richtig und falsch zu unterscheiden. Aber auch hier gilt, eine kurze, klare, direkte Botschaft ist sehr viel wirksamer als eine längere, übererklärende. Und eine einfache beobachtende Aussage macht normalerweise selbst kleinen Kindern Ihren Standpunkt klar – und fordert sie zu einer Antwort auf, die entweder verbal oder in Form eines Verhaltens erfolgen kann.

Dahinter steckt nicht die Idee, dass eine Beschreibung dessen, was Sie sehen, eine Art Zauberformel ist, die schlechtes Verhalten auf der Stelle unterbindet. Wir sagen einfach nur, dass Eltern, wie wir es in Kapitel 5 ausgedrückt haben, „über das Wie nachdenken" und bewusst entscheiden sollten, *wie* sie sagen, was gesagt werden muss.

Nicht, dass der Satz: „Sieht so aus, als wollte Johnny auch mal schaukeln", eine fundamental andere Botschaft übermitteln würde als der Satz: „Du musst die Schaukel mit anderen teilen". Aber Ersterer hat Letzterem gegenüber mehrere eindeutige Vorteile.

Erstens verhindert er, dass ein Kind in eine Abwehrhaltung gerät. Es mag immer noch das Bedürfnis verspüren, sich zu verteidigen, nicht jedoch im selben Maße wie dann, wenn wir es tadeln oder ihm erzählen, was es gerade falsch macht.

Zweitens wird dem Kind, wenn wir beschreiben, was wir sehen, die Möglichkeit gegeben, zu entscheiden, wie es auf die Beobachtung reagieren will, wodurch es sein oberes Gehirn trainiert. So helfen wir ihm, einen inneren Kompass zu entwickeln, eine Fähigkeit, die ein Leben lang andauern kann. Wenn wir sagen: „Jake fühlt sich ausgeschlossen; ihr müsst ihn miteinbeziehen", vermitteln wir definitiv unsere Botschaft. Aber wir nehmen dem Kind die ganze Arbeit ab, erlauben es ihm nicht, seine inneren Fähigkeiten des Problemlösens und der Empathie zu steigern. Sagen wir stattdessen einfach: „Schau mal, wie Jake da drüben sitzt, während du mit Leo spielst", geben wir dem Kind Gelegenheit, selbst über die Situation nachzudenken und zu bestimmen, was geschehen muss.

Drittens setzt das Beschreiben dessen, was wir sehen, ein Gespräch in Gang. Implizit bedeutet das, dass unsere Standardvorgehensweise in Situationen, in denen unser Kind etwas tut, das uns nicht gefällt, daraus besteht, mit ihm darüber zu sprechen, es ihm zu ermöglichen, sich zu erklären und etwas Einsicht zu gewinnen. Anschließend können wir ihm Gelegenheit geben, sich zu verteidigen oder, wenn nötig, zu entschuldigen und sich eine Lösung für das durch sein Verhalten verursachte Problem einfallen zu lassen.

„Was ist los?", „Kannst du mir helfen, das zu verstehen?", „Ich werde daraus nicht schlau". Das können wirkungsvolle Sätze sein, wenn wir unseren Kindern etwas vermitteln wollen. Wenn wir darauf hinweisen, was wir sehen, unsere Kinder dann bitten, uns zu helfen, es zu verstehen, eröffnet sich die Möglichkeit zu Kooperation, Dialog und Wachstum.

Statt zu befehlen und anzuordnen …

… beschreiben Sie, was Sie sehen

Statt zu kritisieren und anzugreifen …

… beschreiben Sie, was Sie sehen

Verstehen Sie, dass diese zwei Reaktionen, deren *Inhalt* gar nicht so unterschiedlich ist, bei den Kindern wahrscheinlich sehr unterschiedliche Reaktionen hervorrufen würden, einfach aufgrund der Art, *wie* die Eltern ihre Botschaft übermittelt haben? Sobald die Eltern beschreiben, was sie beobachtet haben, und um Hilfe beim Verstehen ihrer Beobachtung bitten, können sie innehalten und das Gehirn des Kindes seine Arbeit tun lassen. Bei ihrer Antwort darauf können sie dann eine aktive Rolle übernehmen.

Diese Umlenkungsstrategie leitet direkt zur nächsten über, bei der es darum geht, aus herausfordernden Situationen einen auf Zusammenarbeit beruhenden, gemeinsamen Prozess zu machen statt ein von oben nach unten erfolgendes Aufzwingen des elterlichen Willens.

Umlenkungsstrategie 4: Das Kind miteinbeziehen

Was die Kommunikation in einer Konfliktsituation angeht, übernahmen traditionellerweise die Eltern das Reden (sprich: Vortraghalten) und die Kinder das Zuhören (sprich: Ignorieren). Die Eltern gingen normalerweise von der ungeprüften Voraussetzung aus, dass dieser in nur eine Richtung verlaufende, aus Monologen bestehende Weg die beste – und einzig durchführbare – Option sei.

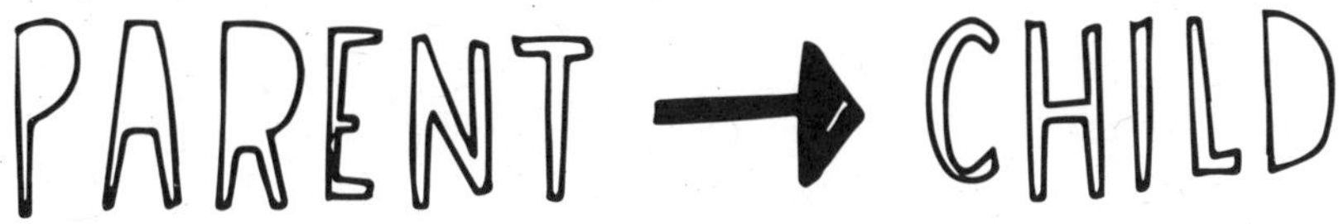

Eltern → Kind

Heutzutage stellen jedoch viele Eltern fest, dass die Situation sehr viel respektvoller – und, ja, effektiver – verläuft, wenn sie einen gemeinsamen, wechselseitigen, in beide Richtungen verlaufenden *Dialog* in Gang setzen, statt einen Monolog zu halten.

PARENT ↔ CHILD

Kind ↔ Eltern

Wir sagen nicht, dass Eltern ihre Rolle als Autoritätspersonen in der Eltern-Kind-Beziehung aufgeben sollten. Wenn Sie das Buch bis hierhin gelesen haben, wissen Sie, dass wir das definitiv nicht befürworten würden. *Wir wissen aber, dass Kinder, die in Konfliktsituationen miteinbezogen werden, sich stärker respektiert fühlen, dem Glauben schenken, was ihre Eltern sagen, und deshalb mit größerer Wahrscheinlichkeit kooperieren und sich sogar Lösungen für die Probleme einfallen lassen, die den Disziplinsbedarf überhaupt erst hervorgerufen haben. Im Ergebnis arbeiten Eltern und Kinder als ein Team zusammen, um gemeinsam herauszufinden, wie sie am besten mit Konfliktsituationen umgehen.*

Erinnern Sie sich noch an unsere Erläuterung von *Mindsight* und daran, wie wichtig es ist, Kindern zu helfen, Einsicht in ihre eigenen Handlungen und Empathie für andere zu entwickeln? Sobald Sie sich verbunden haben und Ihr Kind bereit und empfänglich ist, können Sie einfach einen Dialog in Gang setzen, der als Erstes zu Einsicht führt („Ich weiß, dass du die Regel kennst, deshalb frage ich mich, was bei dir los war, das dich dazu gebracht hat, dich so zu verhalten") und dann zu Empathie und integrativer Reparatur („Was meinst du, wie das für sie war, und wie könntest du die Sache wieder in Ordnung bringen?").

Ein Beispiel: Nehmen wir an, Ihr achtjähriger Sohn wird fuchsteufelswild, weil seine Schwester *schon wieder* eine Verabredung zum Spielen hat und er das Gefühl hat, „niemals *irgendwas* tun zu dürfen!" In seiner Wut wirft er Ihre Lieblingssonnenbrille durchs Zimmer und macht sie kaputt.

Wie wollen Sie mit Ihrem Sohn über seine Tat sprechen, sobald Sie sich beruhigt und mit ihm verbunden haben? Der traditionelle Ansatz bestünde darin, einen Monolog zu halten, in dem Sie so etwas sagen wie: „Es ist in Ordnung, wütend zu werden – das passiert jedem –, aber wenn du sauer bist, musst du trotzdem deinen Körper unter Kontrolle halten. Wir machen nicht anderer Leute Sachen kaputt. Das nächste Mal, wenn du so wütend bist, musst du einen angemessenen Weg finden, deine großen Gefühle auszudrücken."

Ist irgendetwas an diesem Kommunikationsstil falsch? Nein, überhaupt nicht. Er ist sogar voller Mitgefühl und bringt einen gesunden Respekt für Ihr Kind und seine Emotionen zum Ausdruck. Aber sehen Sie, dass er auf einer von oben nach unten und in eine Richtung verlaufenden Kommunikation basiert? Sie teilen die wichtige Information mit, und Ihr Kind erhält sie.

Was wäre, wenn Sie es stattdessen in einen gemeinsamen Dialog verwickeln würden, der es dazu auffordert, über den besten Umgang mit dieser Situation nachzudenken? Vielleicht würden Sie mit der dritten von uns vorgeschlagenen Strategie beginnen und lediglich *beschreiben*, was Sie gesehen haben, ihn dann bitten, auf Ihre Frage zu antworten: „Du bist vorhin so wütend geworden. Du hast dir meine Brille geschnappt und sie durchs Zimmer geworfen. Was war denn da los?"

Weil Sie sich bereits mit ihm verbunden, ihm zugehört und auf seine Gefühle hinsichtlich der Verabredung seiner Schwester eingegangen sind, kann er sich nun auf Ihre Frage konzentrieren. Aller Voraussicht nach wird er wieder auf seine Wut zurückkommen und so etwas sagen wie: „Ich war einfach so sauer!"

Anschließend können Sie einfach beschreiben, was Sie gesehen haben, wobei Sie Ihren Tonfall bewusst wählen (, weil es auf das Wie ankommt): „Dann hast du mit meiner Brille geworfen." Hier bekommen Sie wahrscheinlich irgendein „Tut mir leid, Mama" zu hören.

An dieser Stelle können Sie zur nächsten Phase des Gesprächs übergehen und sich ausdrücklich auf das Vermitteln konzentrieren: „Wir werden alle mal sauer. Es ist nichts schlimm daran, wütend zu werden. Aber was könntest du das nächste Mal tun, wenn du so sauer bist?" Vielleicht könnten Sie sogar lächeln und ein wenig subtilen Humor einfließen lassen, für den er gewiss dankbar wäre: „Ich meine, außer etwas kaputt zu machen?" Und dann könnte das Gespräch so weitergehen, dass Sie Fragen stellen, die Ihrem jungen Sohn helfen, sich über Dinge wie Empathie, gegenseitigen Respekt, Ethik und den Umgang mit großen Emotionen Gedanken zu machen.

Nehmen Sie zur Kenntnis, dass die allgemeine Botschaft dieselbe bleibt, ob Sie nun einen Monolog halten oder einen Dialog in Gang setzen. Aber wenn Sie Ihr Kind miteinbeziehen, geben Sie ihm Gelegenheit, auf einer viel tieferen Ebene über seine eigenen Handlungen und das, was aus ihnen resultiert ist, nachzudenken.

Sie helfen ihm, mehr komplexe neuronale Pfade aufzubauen, mit denen *Mindsight*-Fähigkeiten entwickelt werden. Das Ergebnis ist ein tieferes und dauerhafteres Lernen.

Statt einen Monolog zu halten ...

… beziehen Sie das Kind mit ein

Das Miteinbeziehen Ihrer Kinder bietet zudem eine großartige Möglichkeit, jegliche Muster oder Verhaltensweisen rückgängig zu machen, die sich ungewollt bei Ihnen zu Hause etabliert haben. Ein in eine Richtung, von oben nach unten verlaufender Ansatz könnte Sie dazu veranlassen, ins Wohnzimmer zu stürmen und zu verkünden: „Du verbringst im Moment viel zu viel Zeit mit Videospielen! Von jetzt an spielst du nicht länger als eine Viertelstunde pro Tag." Sie können sich vorstellen, welche Reaktion Sie darauf ernten würden.

Was wäre, wenn Sie stattdessen bis zum Abendessen warten und, wenn alle am Tisch sitzen, sagen würden: „Ich weiß, dass du in letzter Zeit oft Videospiele spielen durftest, aber das funktioniert nicht wirklich gut. Die Hausaufgaben werden aufgeschoben, und ich möchte, dass du auch Zeit mit anderen Aktivitäten verbringst. Also müssen wir uns einen neuen Plan ausdenken. Irgendwelche Ideen?"

Wahrscheinlich werden Sie immer noch auf Widerstand stoßen, wenn Sie die Möglichkeit ansprechen, die Zeit zu beschränken, die Ihr Kind vor dem Bildschirm verbringt. Aber Sie werden ein Gespräch über die Angelegenheit in Gang gesetzt haben. Und wenn Ihre Kinder wissen, dass Sie davon reden, etwas zu reduzieren, werden sie definitiv Interesse daran haben, sich an dem Gespräch zu beteiligen, um zu bestimmen, welche Grenzen festgelegt werden. Sie können sie daran erinnern, dass Sie die endgültige Entscheidung treffen werden, lassen Sie sie aber sehen, dass Sie um ihren Beitrag bitten, weil Sie sie respektieren, ihre Gefühle und Wünsche berücksichtigen wollen und glauben, dass sie hilfreiche Problemlöser sind. Auch wenn ihnen Ihre abschließende Entscheidung dann nicht passt, werden sie wissen, sie sind zumindest miteinbezogen worden.

Dasselbe würde auch für unzählige andere Angelegenheiten gelten: „Ich weiß, dass wir die Hausaufgaben bislang nach dem Abendessen erledigt haben, aber das hat nicht gut geklappt, deshalb brauchen wir einen neuen Plan. Irgendwelche Ideen?" Oder: „Ich habe gemerkt, dass du nicht allzu glücklich damit bist, morgens vor der Schule Klavier üben zu müssen. Gibt es eine andere Zeit, die dir lieber wäre? Was würde dir gut passen?" Häufig fällt den Kindern dieselbe Lösung ein, die Sie der Situation ohnehin aufgezwungen hätten. Aber sie haben dabei ihr oberes Gehirn trainiert und Ihren Respekt gespürt.

Eines der besten Ergebnisse des Miteinbeziehens der Kinder besteht darin, dass sie häufig auf tolle neue Ideen zur Lösung eines Problems kommen, Ideen, die Sie nicht einmal in Erwägung gezogen hatten. Außerdem könnten Sie verblüfft sein, herauszufinden, wie sehr sie bereit sind, nachzugeben, um eine friedliche Lösung einer verfahrenen Situation herbeizuführen.

Tina erzählt die Geschichte von einem Mal, als ihr vierjähriger Sohn absolut um halb zehn Uhr morgens eine Leckerei haben *musste* – eine Tüte Fruchtgummi, um genau zu sein. Sie sagte zu ihm: „Diese Fruchtgummis sind köstlich, stimmt's? Du kannst sie später haben, nachdem du ein gutes Mittagessen gegessen hast."

Er mochte Tinas Plan nicht und begann zu weinen und zu klagen und zu argumentieren. Sie reagierte, indem sie sagte: „Es fällt echt schwer, zu

Statt zu befehlen und zu fordern …

… beziehen Sie Ihr Kind in die Disziplin mit ein

warten, stimmt's? Du willst die Fruchtgummis, und ich möchte, dass du vorher ein gesundes Mittagessen isst. Hmmm. Hast du irgendeine Idee?"

Sie sah, wie sich seine kleinen kognitiven Räder ein paar Sekunden lang drehten, dann weiteten sich seine Augen vor Aufregung. Er rief aus: „Ich weiß! Ich kann eins *jetzt* haben und den Rest nach dem Mittagessen!"

Er fühlte sich gestärkt, der Machtkampf war abgewendet worden, und Tina war in der Lage gewesen, ihm Gelegenheit zum Lösen eines Problems zu geben. Und es hatte sie nichts gekostet als das Erteilen der Erlaubnis, *ein* Fruchtgummi zu essen. Keine so große Sache.

Wieder gilt, dass es natürlich Momente gibt, in denen Sie dem Kind keinen Spielraum geben können. Und es gibt Momente, in denen Sie Ihr Kind mit einem Nein zurechtkommen lassen oder ihm die Möglichkeit geben müssen, etwas über das Warten oder das Bewältigen von Enttäuschungen zu lernen. Normalerweise aber führt das Miteinbeziehen des Kindes zu einer Win-win-Situation.

Wir wollen selbst ganz kleine Kinder so viel wie möglich miteinbeziehen, sie dazu auffordern, über ihre Handlungen zu reflektieren und darüber nachzudenken, wie sich Probleme in Zukunft vermeiden lassen würden: „Weißt du noch gestern, als du wütend wurdest? Normalerweise bist du keiner, der schlägt und tritt. Was ist da passiert?" Mit Fragen wie diesen geben Sie Ihrem Kind Gelegenheit, das Reflektieren über sein Verhalten und das Entwickeln von Selbsteinsicht zu üben. Zugegebenermaßen bekommen Sie vielleicht keine großartigen Antworten von einem kleinen Kind, aber Sie legen die Grundlagen. Es geht darum, das Kind über seine Handlungen nachdenken zu lassen.

Dann können Sie es fragen, was es das nächste Mal, wenn es wieder so wütend wird, anders machen kann. Sprechen Sie mit ihm darüber, was Sie tun sollen, um ihm zu helfen, sich zu beruhigen. Diese Form des Gesprächs wird sein Verständnis dessen vertiefen, wie wichtig es ist, Emotionen zu regulieren, Beziehungen zu würdigen, vorauszuplanen, sich angemessen auszudrücken und so weiter. Sie wird ihm ebenfalls vermitteln, wie wichtig sein Beitrag und seine Ideen für Sie sind. Es wird mehr und mehr verstehen, dass es ein Individuum ist, von Ihnen getrennt, und dass Sie sich für seine Gedanken und Gefühle interessieren. Jedes Mal, wenn Sie Ihre Kinder miteinbeziehen, stärken Sie die Eltern-Kind-Bindung und erhöhen gleichzeitig die Chancen, dass sie sich in Zukunft besser verhalten werden.

Umlenkungsstrategie 5: Ein Nein zu einem bedingten Ja umformulieren

Wenn Sie eine Bitte abschlagen müssen, ist wieder einmal wichtig, *wie* Sie Nein sagen. Ein absolutes Nein kann sehr viel schwerer zu akzeptieren sein als ein Ja mit einer Bedingung. Ein Nein kann, insbesondere, wenn es in einem scharfen und respektlosen Tonfall vorgebracht wird, in einem Kind (oder irgendjemand anders) automatisch einen reaktiven Zustand auslösen. Im Gehirn kann Reaktivität den Impuls zur Folge haben, zu kämpfen, zu flüchten, zu erstarren oder, im Extremfall, ohnmächtig zu werden. Im Gegensatz dazu schaltet ein unterstützendes Ja, selbst wenn die damit einhergehende Aussage ein Verhalten nicht erlaubt, das Schaltsystem für das Sozialverhalten ein, macht damit das Gehirn empfänglich für das, was gerade geschieht, erhöht die Wahrscheinlichkeit, dass gelernt wird, und fördert die Verbindungen zu anderen.

Wie diese Strategie in der Praxis genau aussieht, richtet sich nach dem Alter Ihrer Kinder. Zu einem Kleinkind, das darum bittet, noch länger bei seiner Großmutter bleiben zu dürfen, wenn es Zeit ist, zu gehen, können Sie sagen: „Natürlich kannst du noch mehr Zeit bei deiner Oma verbringen. Jetzt müssen wir gehen, aber wäre es in Ordnung, wenn wir dieses Wochenende wiederkämen, Oma?" Das Kind mag immer noch Schwierigkeiten haben, das Nein zu akzeptieren, jedoch helfen Sie ihm, zu sehen, dass es zwar gerade jetzt nicht genau das bekommt, was es will, aber schon bald wieder ein Ja hören wird. Das Entscheidende ist, dass Sie ein Gefühl identifiziert haben (den Wunsch, bei der Oma zu sein) und es nachempfunden haben, dabei gleichzeitig Struktur geboten und Kompetenzen gefördert haben (das Akzeptieren der Notwendigkeit, jetzt zu gehen, und den Aufschub der Befriedigung des Wunsches).

Statt ein absolutes Nein zu äußern ...

... formulieren Sie das Nein zu einem bedingten Ja um

Ein anderes Beispiel: Wenn Ihr Sohn im Spielzeugladen einfach nicht genug von der Modellbahn-Anlage rund um „Thomas, die kleine Lokomotive" bekommen kann und sich weigert, die Lok Percy wieder abzustellen, damit Sie das Geschäft verlassen können, können Sie ihm ein bedingtes Ja anbieten. Versuchen Sie so etwas wie: „Ich weiß! Lass uns Percy mit zu der Verkäuferin da drüben nehmen und ihr sagen, dass du möchtest, dass sie ihn für dich hält und beschützt, bis wir Dienstag zur Märchenstunde wiederkommen." Die Verkäuferin wird wahrscheinlich mitspielen, und das ganze potenzielle Drama kann vermieden werden. Außerdem bringen Sie Ihrem Kind bei, einen vorausblickenden Geist zu entwickeln, zukünftige Möglichkeiten wahrzunehmen und sich vorzustellen, wie sich zur Befriedigung aktueller Bedürfnisse künftige Handlungen planen lassen. Dies sind exekutive Funktionen, die, einmal gelernt, zu lebenslang andauernden Fähigkeiten werden können. Sie als Mutter oder Vater bieten die Anleitung für das buchstäbliche Wachstum der wichtigen präfrontalen Schaltkreise emotionaler und sozialer Intelligenz.

Beachten Sie, dass es hierbei ganz und gar nicht darum geht, Kinder vor dem Frustriertsein zu beschützen oder ihnen alles zu bieten, was sie wollen. Im Gegenteil geht es darum, sie das Tolerieren ihrer Enttäuschung üben zu lassen, wenn die Dinge zwangsläufig nicht nach ihrem Willen laufen. Die Kinder bekommen in dem Moment nicht ihre Wünsche erfüllt, und Sie stehen ihnen beim Umgang mit ihrer Enttäuschung bei. Sie helfen ihnen, die Resilienz zu entwickeln, die ihnen jedes Mal eine Hilfe sein wird, wenn sie in ihrem Leben ein Nein zu hören bekommen. Sie erweitern ihr Toleranzfenster, innerhalb dessen sie damit zurechtkommen können, nicht ihren Willen zu bekommen, und geben ihnen Übung im Aufschieben von Belohnung. Dies sind alles präfrontale Funktionen, die sich in Ihrem Kind entwickeln, wenn Sie bei der Erziehung „das Gehirn im Hinterkopf" behalten. Anstatt dass Disziplin bei Ihrem Kind lediglich das Gefühl hervorruft, ruhiggestellt zu werden, weiß es nun durch seine realen Erfahrungen mit Ihnen, dass die Grenzen, die Sie setzen, häufig zum Lernen neuer Fähigkeiten und zur Vorstellung zukünftiger Möglichkeiten führen, nicht zu Einschränkung und Ablehnung.

Die Strategie ist auch bei älteren Kindern (und sogar bei Erwachsenen) effektiv. Niemand von uns mag es, einfach ein Nein zu hören zu bekommen, wenn er etwas will, und je nachdem, was sonst noch passiert ist, kann ein Nein uns sogar zum Wahnsinn treiben. Statt jemandem eine absolute Absage zu erteilen, können wir also so etwas sagen wie: „Heute und morgen ist so viel los, darum, ja, lass uns deinen Freund einladen, aber lieber für Freitag, dann hast du mehr Zeit für ihn." Das ist sehr viel einfacher zu akzeptieren und gibt dem Kind Übung im Umgang mit der Enttäuschung sowie im Aufschieben von Belohnungen.

Sagen wir zum Beispiel, eine Gruppe Freunde Ihrer neunjährigen Tochter geht auf ein Konzert der neuesten Pop-Sensation, die in Ihren Augen alle Dinge repräsentiert, von denen Sie möchten, dass Ihre Tochter sie *nicht* nachahmt. Egal, wie Sie ihr die Nachricht überbringen, Sie wird nicht glücklich sein, zu hören, dass sie nicht auf das Konzert gehen wird. Aber Sie können das Drama zumindest ein bisschen abschwächen, indem Sie vorausschauend handeln und der erwarteten Entwicklung zuvorkommen.

Beispielsweise könnten Sie Ihre Tochter nach anstehenden Konzerten fragen, die sie gerne besuchen würde, und ihr vorschlagen, dass Sie zwischenzeitlich mit ihr und einer Freundin ins Kino gehen. Wenn Sie noch einen Schritt weitergehen wollen, könnten Sie sogar im Internet nach einem anderen in naher Zukunft stattfindenden Konzert gucken, das sie interessieren könnte. Achten Sie gut auf Ihren Tonfall. Insbesondere dann, wenn Sie einem Kind etwas abschlagen müssen, was es unbedingt möchte, ist es wichtig, dass Sie es vermeiden, herablassend oder übermäßig rechthaberisch zu wirken. Noch einmal, wir sagen nicht, dass diese Strategie alles einfach machen und Ihr Kind davon abhalten wird, sich wütend, verletzt und missverstanden zu fühlen. Aber indem Sie irgendein bedingtes Ja vorbringen statt ein einfaches „Nein, du gehst nicht", senken Sie zumindest die Reaktivität und zeigen Ihrem Kind, dass Sie seinen Wünschen Aufmerksamkeit schenken.

Zugegebenermaßen gibt es Augenblicke, in denen wir einfach das gefürchtete absolute Nein aussprechen müssen. Häufiger aber können wir Wege finden, es zu vermeiden, unseren Kindern etwas zu versagen, ohne zumindest ein gewisses Ja zu finden, das wir ebenfalls vorbringen können. Schließlich sind die Dinge, die Kinder tun wollen, häufig auch die Dinge, von denen wir möchten, dass sie sie tun – nur zu einem anderen Zeitpunkt. Vielleicht wollen sie mehr Geschichten lesen oder mit ihren Freunden spielen oder Eiscreme essen oder am Computer spielen. Das sind alles Aktivitäten, von denen wir ebenfalls möchten, dass sie irgendwann ihre Freude daran haben. Deshalb können wir normalerweise leicht einen anderen Zeitpunkt für ihre Verwirklichung finden.

Verhandlungen nehmen in Eltern-Kind-Interaktionen einen wesentlichen Platz ein. Mit zunehmendem Alter der Kinder werden sie immer wichtiger. Wenn Ihr zehnjähriger Sohn ein bisschen länger aufbleiben möchte und Sie Nein gesagt haben, er dann aber darauf hinweist, dass morgen Samstag ist, und verspricht, eine Stunde länger zu schlafen als gewöhnlich, ist das für Sie eine gute Gelegenheit, Ihre Position zumindest noch einmal zu überdenken. Selbstverständlich sind einige Dinge nicht verhandelbar: „Tut mir leid, aber du kannst deine kleine Schwester nicht in den Trockner legen, auch nicht, wenn du ihn mit Kissen auslegst." Aber das Schließen von Kompromissen ist kein Zeichen von Schwäche; es ist ein Beweis für Respekt vor Ihrem Kind und seinen Wünschen. Zusätzlich gibt es Ihrem Kind die Möglichkeit zu ziemlich komplexem Denken, stattet es mit den wichtigen Fähigkeiten aus, nicht nur zu berücksichtigen, was es selbst will, sondern auch, was andere möchten, und auf der Basis dieser Information gute Argumente vorzubringen. Und es ist auf lange Sicht *sehr* viel effektiver, als einfach Nein zu sagen, ohne sich Gedanken über Alternativen zu machen.

Umlenkungsstrategie 6: Das Positive hervorheben

Eltern vergessen häufig, dass Disziplin nicht immer negativ sein muss. Ja, normalerweise ist es so, dass wir eingreifen, weil etwas nicht gerade Optimales passiert ist; da ist eine Lehre, die gelernt, oder eine Kompetenz, die entwickelt werden muss. Und doch besteht einer der besten Wege, mit ungeeignetem Verhalten umzugehen, darin, sich auf die positiven Aspekte dessen zu konzentrieren, was unsere Kinder tun.

Denken Sie zum Beispiel an diesen Fluch des elterlichen Daseins – das Jammern. Wer bekommt es nicht satt, seine Kinder in diesem leiernden, klagenden, weinerlichen Tonfall sprechen zu hören, bei dem wir die Zähne zusammenbeißen und uns die Ohren zuhalten wollen? Häufig reagieren Eltern, indem sie so etwas sagen wie: „Hör auf zu jammern!“ Oder vielleicht werden sie kreativ und sagen: „Stell mal das Jammern ab“ oder „Wie bitte? Die Jammersprache spreche ich nicht. Du musst mir das in einer anderen Sprache sagen.“

Wir sagen nicht, dass dies die denkbar schlimmsten Methoden sind. Jedoch ist es problematisch, wenn wir auf negative Reaktionen zurückgreifen, weil dann unsere gesamte Aufmerksamkeit auf dem Verhalten liegt, von dem wir nicht möchten, dass es sich wiederholt.

Wie wäre es stattdessen, das Positive hervorzuheben? Statt „Jammer nicht“ könnten wir so etwas sagen wie: „Ich mag es, wenn du mit deiner normalen Stimme sprichst. Kannst du das noch mal sagen?“ Oder wir könnten unserem Kind sogar noch direkter etwas über effektive Kommunikation vermitteln: „Frag mich das noch mal mit deiner kräftigen Großer-Junge-Stimme.“

Statt sich auf das Problem zu konzentrieren …

... heben Sie das Positive hervor

Dieselbe Idee lässt sich auch auf andere Situationen anwenden. Anstatt sich auf das zu konzentrieren, was Sie *nicht* wollen („Hör auf rumzualbern und mach dich fertig, du kommst sonst zu spät zur Schule!"), heben Sie das hervor, was Sie *wollen* („Ich möchte, dass du dir die Zähne putzt und deinen Rucksack findest."). Statt das negative Verhalten zu betonen („Du fährst nicht Rad, solange du deine grünen Bohnen nicht probiert hast"), fokussieren Sie auf das Positive („Iss ein paar Happen grüne Bohnen, und dann schwingen wir uns auf die Räder").

Es gibt viele weitere Möglichkeiten, das Positive hervorzuheben. Vielleicht haben Sie von dem altbekannten Vorschlag gehört, Ihre Kinder dabei zu „erwischen", wie sie sich gut verhalten und kluge Entscheidungen treffen. Machen Sie jedes Mal, wenn Sie sehen, dass Ihr älteres Kind, das normalerweise so viel an seiner jüngeren Schwester auszusetzen hat, dieser ein Kompliment macht, darauf aufmerksam: „Ich finde es toll, wenn du sie so ermutigst." Oder zollen Sie Ihrem Sechstklässler, dem es immer schwerfiel, seine Hausaufgaben rechtzeitig zu erledigen, Anerkennung, wenn Sie merken, dass er eine besondere Anstrengung unternimmt, um mit dem Referat voranzukommen, das er nächste Woche halten soll: „Du arbeitest ja wirklich hart daran, stimmt's? Prima, dass du vorausschauend handelst." Oder weisen Sie, wenn Ihre Kinder zusammen lachen, statt zu kämpfen, bewusst darauf hin: „Ihr zwei habt ja wirklich euren Spaß. Ich weiß, dass ihr euch auch streitet, aber es ist toll zu sehen, wie viel Spaß ihr miteinander habt."

Heben Sie das Positive hervor, indem Sie Ihr Kind dabei „erwischen", wie es sich gut verhält

Prima, dass du bei diesem Referat vorausschauend gehandelt hast.

Ich finde es toll, zu sehen, wie viel Spaß ihr zusammen habt.

Wenn Sie das Positive hervorheben, legen Sie Ihre Konzentration und Ihre Aufmerksamkeit auf die Verhaltensweisen, von denen Sie möchten, dass sie sich wiederholen. Das ist ein sanfter Weg, diese Verhaltensweisen auch in Zukunft zu fördern, ohne dass es in der Interaktion um Belohnungen oder Lob geht. Einfach die Tatsache, dass Sie Ihrem Kind Ihre Aufmerksamkeit schenken und aussprechen, was Sie sehen, kann an sich eine positive Erfahrung sein.

Wir sagen nicht, dass Sie nicht auch negative Verhaltensweisen werden ansprechen müssen. Natürlich müssen Sie das. Fokussieren Sie aber so weit wie möglich auf das Positive und lassen Sie Ihre Kinder verstehen und *durch Ihr Verhalten fühlen*, dass Sie es bemerken und anerkennen, wenn sie gute Entscheidungen treffen und sich gut verhalten.

Umlenkungsstrategie 7: Kreativ an die Situation herangehen

Eines der besten Werkzeuge, das Sie in Ihrem elterlichen „Werkzeugkoffer" zur Hand haben sollten, ist Kreativität. Wir haben im gesamten Buch ein ums andere Mal gesagt, dass es keine universelle Methode gibt, die wir in jeder Situation anwenden können. Vielmehr müssen wir gewillt und in der Lage sein, schnell zu reagieren und uns verschiedene Möglichkeiten einfallen zu lassen, mit den auftretenden Problemen umzugehen. Wie wir es in Kapitel 5 ausgedrückt haben, brauchen wir als Eltern Reaktionsflexibilität, um innehalten und über verschiedene Verhaltensweisen in einer Situation nachdenken zu können und je nach unserem Erziehungsstil sowie dem Temperament und den Bedürfnissen jedes individuellen Kindes unterschiedliche Methoden anzuwenden.

Wenn wir Reaktionsflexibilität ausüben, nutzen wir unseren präfrontalen Kortex, der für unser oberes Gehirn und für die Fähigkeiten der exekutiven Funktionen von zentraler Bedeutung ist. Schalten wir diesen Teil unseres Gehirns ein, sind wir mit weit höherer Wahrscheinlichkeit auch in der Lage, Empathie, eingestimmte Kommunikation und sogar die Fähigkeit, unsere eigene Reaktivität zu beruhigen, entstehen zu lassen. Werden wir hingegen *unflexibel* und bleiben wir am starren Ufer des Flusses, sind wir als Eltern sehr viel reaktiver und verfügen nicht über dieselben Möglichkeiten. Haben Sie so einen Moment schon mal erlebt? Wir auch. Unser unteres Gehirn übernimmt das Kommando und zieht die Fäden, erlaubt es dem reaktiven Schaltsystem unseres Gehirns, das Regiment an sich zu reißen. Deshalb ist es so wichtig, dass wir uns um Reaktionsflexibilität und Kreativität bemühen, insbesondere dann, wenn unsere Kinder die Kontrolle verloren haben oder schlechte Entscheidungen treffen. Dann können wir kreative und innovative Wege finden, schwierige Situationen anzugehen.

So ist beispielsweise Humor ein mächtiges Werkzeug, wenn ein Kind aufgewühlt ist. Insbesondere bei jüngeren Kindern können Sie die Dynamik einer Interaktion einfach dadurch vollkommen verändern, dass Sie mit einer albernen Stimme sprechen, ulkig hinfallen oder sich irgendeine andere Art von Situationskomik einfallen lassen. Wenn man sechs Jahre alt und wütend auf seinen Vater ist, fällt es nicht so leicht, sauer auf ihn zu bleiben, wenn er gerade im Wohnzimmer über ein Spielzeug gestolpert ist und den längsten, ausgedehntesten Fall zu Boden aufgeführt hat, den man je gesehen hat. Ebenso macht es sehr viel mehr Spaß, den Park zu verlassen, wenn man Mama zum Auto jagen darf, während sie in gespielter Furcht gackert und schreit. Spielfreude zu zeigen und humorvoll zu sein, ist eine großartige Möglichkeit, den hoch emotionalen Zustand eines Kindes zu durchbrechen, um ihm dann zu helfen, die Kontrolle über sich zurückzugewinnen.

Das gilt auch für Interaktionen mit älteren Kindern; hier müssen Sie lediglich subtiler sein und bereit, das ein oder andere Augenrollen hinzunehmen. Wenn Ihr elfjähriger Sohn auf der Couch liegt und überhaupt nicht gewillt ist, bei dem Brettspiel mitzumachen, das Sie und seine jüngeren Geschwister gerade spielen, können Sie die Stimmung dadurch ändern, dass Sie sich scherzhaft auf ihn setzen. Wie alles andere muss auch dies rücksichtsvoll und bedachtsam erfolgen und zu seiner Persönlichkeit und Laune passen, aber ein scherzhaftes, entschuldigendes „Oh, verzeih. Ich hab dich gar nicht gesehen“ kann zumindest ein gespielt-frustriertes „Papaaaa“ aus ihm hervorlocken und, auch hier, die Dynamik der Situation verändern.

Ein Grund dafür, warum diese Art von Spielfreude und Humor bei Kindern – und übrigens auch bei Erwachsenen – effektiv sein kann, ist der, dass das Gehirn Neues mag. Wenn Sie dem Gehirn etwas präsentieren können, das es noch nie vorher gesehen hat, etwas, das es nicht erwartet hat, wird es diesem Etwas seine Aufmerksamkeit schenken. Aus evolutionärer Perspektive betrachtet, ergibt das Sinn: Etwas, das sich von dem unterscheidet, was wir normalerweise sehen, weckt auf einem primitiven und automatischen Niveau unser Interesse. Immerhin besteht die erste Aufgabe des Gehirns darin, jede Situation auf ihre Sicherheit hin einzuschätzen. Seine Aufmerksamkeit wendet sich umgehend dem zu, was einzigartig, neu, unerwartet oder anders ist, damit es beurteilen kann, ob das neue Element in seiner Umgebung sicher ist oder nicht. Die Bewertungszentren des Gehirns fragen: „Ist das wichtig? Muss ich hier aufpassen? Ist dies gut oder schlecht? Soll ich mich darauf zu- oder davon wegbewegen?" Diese allem Neuartigen zukommende Aufmerksamkeit ist ein Hauptgrund dafür, warum Humor und Albernheit so wirkungsvoll sein können. Zudem übermittelt uns ein respektvoller Sinn für Humor die Abwesenheit von Bedrohung, was es unserem Schaltsystem für das Sozialverhalten ermöglicht, sich einzuschalten. Das wiederum öffnet uns dafür, uns mit anderen zu verbinden. Kreative Reaktionen auf Situationen, die Disziplin erfordern, veranlassen die Gehirne unserer Kinder dazu, sich diese Fragen zu stellen, empfänglicher zu werden und uns ihre volle Aufmerksamkeit zu schenken.

Kreativität erweist sich auch in vielerlei anderer Hinsicht als nützlich. Sagen wir, Ihre Tochter im Vorschulalter benutzt ein Wort, das Sie nicht mögen. Vielleicht sagt sie, etwas sei „dumm". Sie haben versucht, es zu ignorieren, aber Sie hören das Wort weiterhin. Sie haben versucht, es mit einem akzeptableren Synonym anders auszudrücken – „Du hast recht, diese Schwimmbrille ist einfach verrückt, oder?" –, aber Ihre Tochter fährt damit fort, zu sagen, die Schwimmbrille sei dumm.

Wenn das Ignorieren und Umformulieren sich nicht als effektive Strategien erweisen, sollten Sie, statt das Wort zu verbieten – Sie wissen, wie gut das funktioniert –, kreativ werden. Ein talentierter Leiter einer Vorschule fand einen genialen Weg, mit dem Gebrauch des Wortes umzugehen. Jedes

Statt zu befehlen und zu fordern …

… sind Sie kreativ und humorvoll

Mal, wenn er ein Kind sagen hörte, etwas sei dumm, erklärte er in sachlichem Ton, das Wort wäre eigentlich nur für die Anwendung in einem ganz bestimmten Zusammenhang gedacht: „*Dumm* ist so ein tolles Wort, nicht wahr? Aber ich fürchte, du benutzt es falsch, meine Liebe. Weißt du, es ist ein ganz spezielles Wort, das eigentlich nur für das Sprechen mit Küken bestimmt ist. Es ist so etwas wie ein Begriff aus der Landwirtschaft. Lass dir einen anderen Begriff einfallen, den du in dieser Situation benutzen kannst."

Es gibt viele Möglichkeiten, auf vergleichbare Art an eine Situation heranzugehen. Sie könnten vorschlagen, ein Codewort zu erfinden, das „dumm" bedeutet, sodass Sie und Ihr Kind eine gemeinsame Geheimsprache haben, die niemand anders versteht. Vielleicht könnte der neue Begriff „glubi" oder irgendein anderes lustiges Wort sein. Es könnte auch ein Handzeichen sein, das Sie sich zusammen ausdenken. Worauf es ankommt, ist, dass Sie einen Weg finden, Ihr Kind auf kreative Weise zu einem Verhalten hin umzulenken, das für alle Beteiligten besser funktioniert und sogar für eine Vergnügen bereitende Verbundenheit sorgt.

Lassen Sie uns jedoch eines eingestehen: Manchmal *fühlen* Sie sich einfach nicht danach, kreativ zu sein. Es scheint zu viel Energie zu erfordern. Oder vielleicht sind Sie aufgrund der Art, wie Ihre Kinder sich aufführen, nicht zu glücklich mit ihnen und deshalb nicht gerade begeistert von der Vorstellung, all Ihre Kraft zusammenzunehmen, um ihnen zu helfen, ihre Stimmung zu wechseln oder die Dinge in einem neuen Licht zu sehen. Mit anderen Worten wollen Sie manchmal einfach nicht spielfreudig und lustig sein. Sie wollen, dass sie einfach in den Kindersitz klettern, ohne dass es ein Lied und einen Tanz gibt! Sie wollen, dass sie einfach ihre stinkenden Socken ausziehen! Sie wollen, dass sie einfach ihre Hausaufgaben erledigen oder das Videospiel abstellen oder aufhören zu kämpfen oder was auch immer!

Wir verstehen das. Und wie wir das verstehen.

Vergleichen Sie jedoch die zwei Optionen miteinander. Die erste besteht darin, kreativ zu sein, was uns häufig mehr Energie und guten Willen abverlangt, als wir mühelos aufzubringen imstande sind, wenn uns das Verhalten unserer Kinder nicht gefällt. Bäh.

Die andere Option ist jedoch die, sich weiter an dem Kampf beteiligen zu müssen, den die Situation erzeugt hat. Doppeltes Bäh. Erfordert es nicht normalerweise viel mehr Zeit und viel mehr Energie, sich auf den Kampf einzulassen? *Tatsache ist, dass wir den Kampf häufig vollständig vermeiden können, wenn wir uns einfach nur ein paar Sekunden Zeit nehmen, um uns etwas einfallen zu lassen, das lustig ist.*

Das nächste Mal, wenn Sie Ärger mit Ihren Kindern kommen sehen – oder falls es eine spezielle Sache gibt, wegen der Sie normalerweise letztendlich immer kämpfen –, sollten Sie also über Ihre zwei Optionen nachdenken. Fragen Sie sich: „Will ich wirklich dieses Drama, das sich da abzeichnet?" Wenn nicht, probieren Sie es mit Humor. Seien Sie albern. Bringen Sie selbst dann, wenn Sie sich nicht danach fühlen, die Energie auf, kreativ zu sein. Umgehen Sie das Drama, das Sie aussaugt und der Beziehung zu Ihrem Kind den Spaß nimmt. Wir versprechen Ihnen, diese Optionen ist für alle vergnüglicher.

Umlenkungsstrategie 8: Mindsight-Werkzeuge vermitteln

Die letzte Umlenkungsstrategie, die wir erläutern wollen, ist möglicherweise die revolutionärste. Sie erinnern sich daran, dass es bei *Mindsight* darum geht, unseren eigenen Geist sowie den Geist anderer zu sehen und Integration in unserem Leben zu fördern. Sobald Kinder beginnen, die persönliche Einsicht zu entwickeln, die sie ihren eigenen Geist sehen und beobachten lässt, können sie lernen, diese Einsicht für den Umgang mit schwierigen Situationen zu nutzen.

Wir haben diese Idee detailliert in unserem vorherigen Buch *Achtsame Kommunikation mit Kindern* besprochen und uns dabei auf mehrere Strategien konzentriert, die Eltern anwenden können, um ihren Kindern beim Integrieren ihres Gehirns und dem Entwickeln von *Mindsight* zu helfen. Beim Vermitteln der grundlegenden Gedanken dieses Buches an Eltern, Therapeuten und Erzieher haben wir diese Ideen noch weiterentwickelt.

Der springende Punkt bei dieser letzten Umlenkungsstrategie ist einer, den sogar kleine Kinder verstehen können, auch wenn ältere Kinder die Botschaft selbstverständlich tiefer begreifen können: *Du musst nicht in einer negativen Erfahrung steckenbleiben. Du musst kein Opfer äußerer Geschehnisse oder innerer Emotionen sein. Du kannst deinen Geist benutzen, um die Regie darüber zu übernehmen, wie du dich fühlst und wie du handelst.*

Wir sind uns darüber im Klaren, dass es sich hierbei um ein außergewöhnliches Versprechen handelt. Aber wir sind deshalb begeistert von diesem Ansatz, weil er im Laufe der Jahre bei so vielen Menschen funktioniert hat. Eltern können ihren Kindern und sich selbst wirklich *Mindsight*-Werkzeuge vermitteln, die ihnen helfen, emotionale Stürme zu überstehen und effektiver mit schwierigen Erfahrungen umzugehen – Werkzeuge, die sie folglich bessere Entscheidungen treffen und in den Genuss von weniger Chaos und Drama kommen lassen, wenn sie aufgewühlt sind. *Wir können unseren Kindern helfen, mehr und mehr Einfluss darauf zu haben, wie sie sich fühlen und wie sie die Welt sehen.* Nicht durch irgendeinen geheimnisvollen, mystischen Prozess, der lediglich besonders Begabten zugänglich ist, sondern durch das zunehmende Wissen über das Gehirn und seine einfache, logische, praktische Anwendung.

Vielleicht haben Sie von dem berühmten Marshmallow-Experiment gehört, das in den 1960er und 1970er Jahren an der Stanford University durchgeführt wurde. Kleine Kinder wurden eines nach dem anderen in einen Raum geführt und von einem Wissenschaftler eingeladen, sich an einen Tisch zu setzen. Auf dem Tisch lag ein Marshmallow, und der Wissenschaftler sagte, er würde den Raum für ein paar Minuten verlassen. Würde das Kind der Versuchung widerstehen, während seiner Abwesenheit das Marshmallow zu essen, würde er ihm nach seiner Rückkehr zwei Marshmallows geben.

Wie vorherzusehen war, kam es zu urkomischen und entzückenden Ergebnissen. Wenn Sie im Internet recherchieren, finden Sie Videos von zahlreichen Wiederholungen der Studie, in denen zu sehen ist, wie Kinder mal ihre Augen schließen, sich mal ihren Mund zuhalten, mal dem Marshmallow den Rücken zuwenden, es mal streicheln wie ein Stofftier, mal verstohlen an seinen Ecken knabbern und so weiter. Einige Kinder schnappen sich die Süßigkeit sogar und essen sie, noch bevor der Wissenschaftler seine Erläuterungen abschließen kann.

Viel ist über diese Untersuchung und über nachfolgende Experimente zur kindlichen Fähigkeit zu Belohnungsaufschub, Selbstbeherrschung, strategischem Denken und so weiter geschrieben worden. Wissenschaftler fanden heraus, dass Kinder, die in der Lage waren, länger mit dem Essen des Marshmallows zu warten, normalerweise später in vielen Lebenssituationen bessere Ergebnisse erzielten, zum Beispiel erfolgreicher in der Schule waren, beim Test für die Zulassung an amerikanischen Hochschulen besser abschnitten und körperlich fitter waren.

Wir wollen hier ein Schlaglicht auf eine kürzlich durchgeführte Untersuchung werfen, die gezeigt hat, wie Kinder *Mindsight*-Werkzeuge für einen erfolgreicheren Belohnungsaufschub nutzen können. Wissenschaftler fanden heraus, dass es Kindern sehr viel besser glückte, Selbstbeherrschung zu zeigen, wenn ihnen mentale Werkzeuge vermittelt wurden, die ihnen eine Perspektive oder eine Strategie zum Kontrollieren des Impulses, das Marshmallow zu essen, gaben – ihnen also halfen, in dem Moment mit ihren Emotionen und Wünschen umzugehen. Wenn die Wissenschaftler die Kinder dazu anleiteten, sich vorzustellen, das Ding vor ihnen sei gar kein echtes Marshmallow, sondern nur ein Bild von einem Marshmallow, waren die Kinder in der Lage, viel länger zu warten als diejenigen, denen gar keine das Warten erleichternde Strategien vermittelt worden waren! Mit anderen Worten waren die Kinder durch das bloße Anwenden eines einfachen *Mindsight*-Werkzeugs in der Lage, effektiver mit ihren Emotionen, Impulsen und Handlungen umzugehen.

Sie können bei Ihren Kindern dasselbe erreichen. Wenn Sie *Achtsame Kommunikation mit Kindern* gelesen haben, kennen Sie das Handmodell des Gehirns. Sehen Sie im Folgenden den Cartoon, den wir dazu erstellt haben, damit Eltern ihn ihren Kindern vorlesen können.

Kinder mit einem integrierten Gehirn:

Wie Sie Ihr Kind etwas über das untere und obere Gehirn lehren

Dein unteres und dein oberes Gehirn

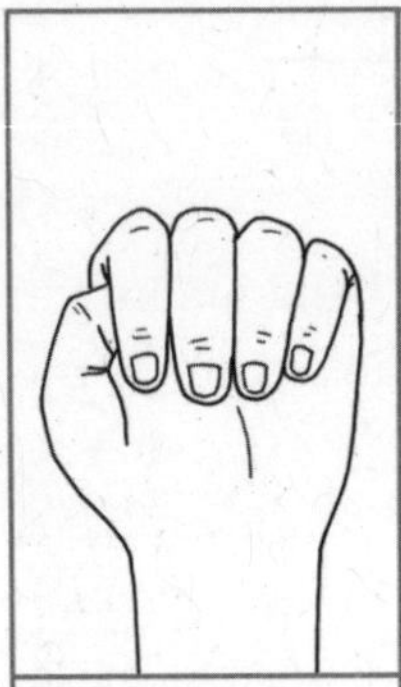

Mache mit deiner Hand eine Faust. Das ist ein sogenanntes Handmodell deines Gehirns. Erinnerst du dich daran, dass du eine linke und eine rechte Gehirnhälfte hast? Du hast auch ein oberes und ein unteres Gehirn.

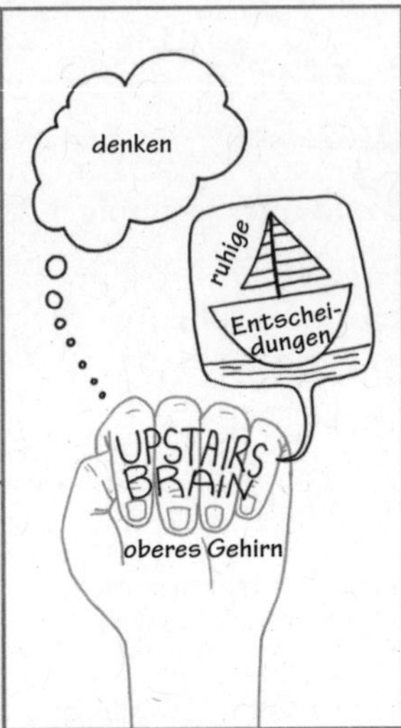

Dein oberes Gehirn trifft gute Entscheidungen und sorgt dafür, dass du richtig handelst, selbst wenn du wirklich aufgewühlt bist.

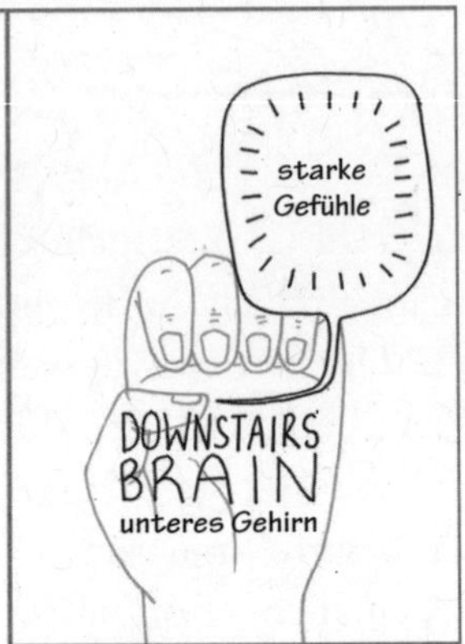

Hebe nun ein kleines bisschen deine Finger. Siehst du, wo dein Daumen ist? Das ist ein Teil deines unteren Gehirns, und von dort kommen deine richtig starken Gefühle. Dieser Teil bewirkt, dass du dich für andere interessierst und Liebe fühlst. Er lässt dich außerdem aufgewühlt sein, wenn du z. B. richtig wütend oder frustriert bist.

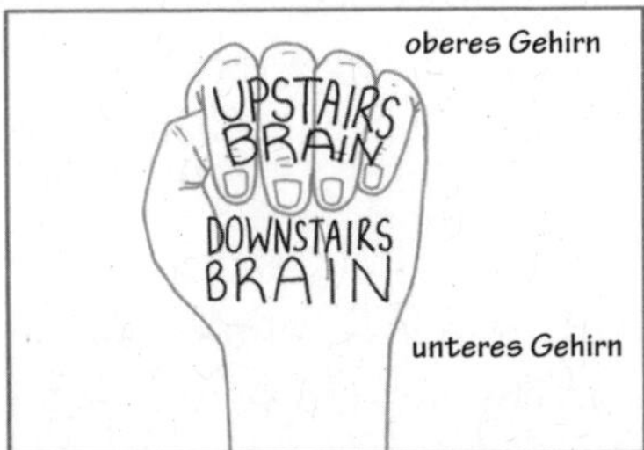

Es ist ganz normal und nichts Schlimmes, aufgewühlt zu sein, insbesondere dann, wenn dein oberes Gehirn dir hilft, dich zu beruhigen. Schließe zum Beispiel noch einmal deine Finger. Siehst du, wie der obere, denkende Teil deines Gehirns deinen Daumen berührt, um deinem unteren Gehirn zu helfen, deine Gefühle ruhig zum Ausdruck zu bringen?

Manchmal, wenn wir so richtig aufgewühlt sind, kann es passieren, dass wir ausrasten. Hebe deine Finger so, wie du es auf dem Bild siehst. Siehst du, dass dein oberes Gehirn dein unteres Gehirn nicht länger berührt? Das bedeutet, dass es ihm nicht helfen kann, ruhig zu bleiben.

Ein Beispiel:

Das ist Jeffrey passiert, als seine Schwester seinen Legoturm kaputt gemacht hat. Er ist ausgerastet und wollte sie anschreien.

Aber seine Eltern hatten ihm vermittelt, was beim Ausrasten geschieht, und dass sein oberes Gehirn sein unteres umarmen und ihm, Jeffrey, helfen kann, sich zu beruhigen. Er war immer noch wütend, aber statt seine Schwester anzuschreien, konnte er ihr sagen, dass er wütend war, und seine Eltern bitten, sie aus seinem Zimmer zu tragen.

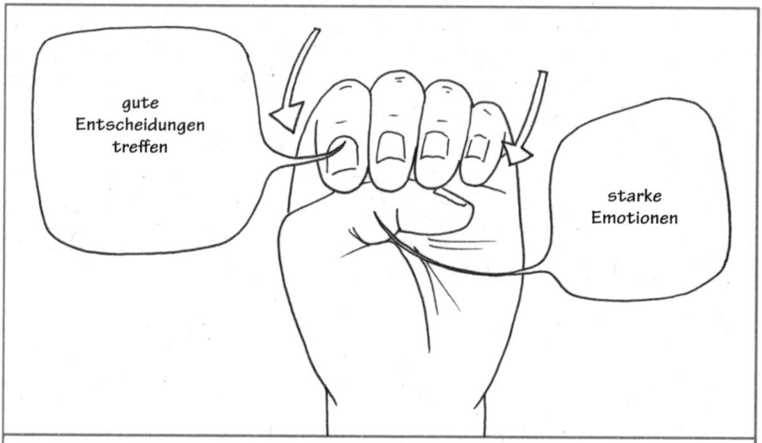

Mache also das nächste Mal, wenn du merkst, dass du kurz davor bist, auszurasten, mit deiner Hand ein Modell deines Gehirns. (Denke daran, es ist ein Modell deines Gehirns, keine wütende Faust!) Halte deine Finger gerade nach oben und beuge sie dann langsam nach unten, bis sie deinen Daumen umarmen. Das wird dich daran erinnern, dein oberes Gehirn zu benutzen, um diese starken Gefühle im unteren Gehirn zu beruhigen.

Dan erhielt kürzlich eine E-Mail von der Leiterin eines Kindergartens, in der es um ein Kind ging, das neu im Kindergarten war und sich schwertat. Die Erzieherin des Kindes hatte ihrer Gruppe das Handmodell des Gehirns gezeigt und umgehende Erfolge gesehen:

> Gestern kam eine Erzieherin zu mir, die sich große Sorgen um das Verhalten eines Jungen machte. Er war ganz neu in unserem Kindergarten, und er krabbelte unter die Tische und sagte, er würde alles hassen. (Er lebt bei einem Familienangehörigen, weil seine Mutter inhaftiert ist, und jetzt musste er gerade eine Erzieherin verlassen, die er sehr mochte.)
>
> Heute hat unsere Erzieherin den Kindern noch einmal das Gehirn-in-der-Hand-Modell vermittelt. Das kannte er noch nicht. Er war die meiste Zeit unter dem Tisch, als sie erklärte. Kurz darauf gab er ihr ein Zeichen, hielt ihr dann seine Hand in der Haltung für „ausrasten" hin und ging von sich aus für lange Zeit in die Ruheecke. (Er schlief dort fast ein.)
>
> Als er schließlich aufstand, ging er auf sie zu, während sie unterrichtete, zeigte auf seine Hand (sein Gehirn), die jetzt mit innen liegendem Daumen geschlossen war, und gesellte sich zu der Gruppe.
>
> Nach einer kleinen Weile machte sie ihm ein Kompliment wegen seiner Beteiligung, und er sagte: „Ich weiß. Ich habe es Ihnen gesagt." Und er zeigte auf seine über dem Daumen geschlossene, „eingerastete" Hand (sein Gehirn).
>
> Das war ein großartiger Moment, und sie und ich feierten für ihn, weil er diese Sprache wohl wirklich gebraucht hatte.
>
> Ich bin heute später noch einmal in die Gruppe gegangen, als die Kinder Zeit zur freien Gestaltung hatten, und habe mit ihm „Restaurant" gespielt. Einmal nahm er eine einzelne Blume aus einer Vase und reichte sie mir. Mir schmolz das Herz. Gestern verglich seine Erzieherin ihn mit einem

> Kind, das sich wahrlich schwertut. Heute sucht er jede Gelegenheit, um sich mit uns zu verbinden. Ich bin so dankbar dafür, dass wir dies lernen dürfen.

Was also tat diese Erzieherin? Sie gab dem Jungen ein *Mindsight*-Werkzeug. Sie half ihm, eine Strategie für das Verstehen und Ausdrücken dessen, was um ihn herum und in ihm geschah, zu entwickeln, damit er dann bewusster über seine Reaktion entscheiden konnte.

Anders ausgedrückt wollen wir Kindern helfen, *einen doppelten Modus der Verarbeitung der in ihrem Leben stattfindenden Ereignisse zu entwickeln.* Beim ersten Modus geht es darum, dass wir Kindern beibringen, sich ihrer subjektiven Erfahrungen bewusst zu sein und sie einfach wahrzunehmen. Wenn sie mit etwas Schwierigem umgehen, wollen wir mit anderen Worten nicht, dass sie diese Erfahrung leugnen oder ihre damit verbundenen Emotionen unterdrücken. Wir wollen, dass sie darüber sprechen, was geschieht, wenn sie ihre innere Erfahrung beschreiben, uns mitteilen, was sie in dem Moment fühlen und sehen. Das ist der erste Verarbeitungsmodus: Das Kind erkennt die Erfahrung einfach an und ist mit ihr gegenwärtig. Die in der E-Mail erwähnte Erzieherin wollte mit anderen Worten nicht, dass der kleine Junge leugnet, wie er sich fühlt. Sein Gefühl war seine Erfahrung, und bei diesem „Erfahrungsmodus“ geht es darum, eine innere subjektive Erfahrung einfach wahrzunehmen, während sie geschieht.

Wir wollen aber auch, dass unsere Kinder in der Lage sind, zu *beobachten,* was in ihnen vorgeht und wie die Erfahrung sie beeinflusst. Hirnstudien zeigen, dass wir in der Tat zwei unterschiedliche Schaltkreise besitzen – einen Erfahrungsschaltkreis und einen Beobachtungsschaltkreis. Sie sind unterschiedlich, aber ein jeder von ihnen ist wichtig, und sie zu integrieren bedeutet, sie beide aufzubauen und dann zu verbinden. Wir wollen, dass unsere Kinder nicht nur ihre Gefühle fühlen und ihre Wahrnehmungen wahrnehmen, sondern auch in der Lage sind, zu *merken,* wie ihr Körper sich anfühlt, imstande sind, ihre eigenen Emotionen zu *beobachten.* Wir wollen, dass sie auf ihre Emotionen achten („Ich merke, dass ich irgendwie traurig bin“ oder „Mein Frust ist gerade nicht nur so groß wie eine Weintraube; er ähnelt einer Wassermelone!“). Wir wollen ihnen beibringen, sich selbst zu betrachten und dann auf der Basis dieses Gewahrseins ihres inneren Zustands Problemlösungen zu finden.

Das ist es, was dieser Junge tat. Er lebte in seiner Erfahrung *und* beobachtete sie gleichzeitig. Dies ermöglichte es ihm, *anzuerkennen*, was vor sich ging. Er hatte die Perspektive, um seine Erfahrung beobachten zu können, während er sie machte. Er konnte Zeuge der Entwicklung der Erfahrung sein, statt einfach nur in der Erfahrung zu sein. Und dann konnte er das, was sich ereignet hatte, erzählen, konnte die Sprache benutzen, um anderen und sich selbst gegenüber ein Verständnis des Geschehens zum Ausdruck zu bringen. Unter Einsatz des Handmodells als seinem Werkzeug betrachtete er sich selbst und erkannte, dass er „ausgerastet“ war, und als Reaktion darauf unternahm er Schritte, veränderte dadurch seinen inneren Zustand. Als er seine Emotionen dann wieder unter Kontrolle hatte, gesellte er sich erneut zu der Gruppe.

Wir sehen bei unserer Arbeit Kinder und Eltern, die in einer Erfahrung, mit der sie sich beschäftigen, steckenbleiben. Natürlich müssen sie sich mit dem beschäftigen, was ihnen passiert ist. Aber das ist nur ein Verarbeitungsmodus. Sie müssen ebenfalls betrachten und darüber nachdenken, was gerade vor sich geht. Sie müssen *Mindsight*-Werkzeuge anwenden, um dessen gewahr zu werden, was geschieht, und es – fast wie ein Reporter – zu beobachten. Wir können das so ausdrücken: Wir möchten, dass sie der Schauspieler sind, der die Szene in dem Moment erlebt, aber auch der Regisseur, der mit einem objektiveren Blick schaut und vom Rand der Szene aus mit mehr Klarheit erkennen kann, was sich vor der Kamera abspielt.

Wenn wir Kindern beibringen, sowohl Schauspieler als auch Regisseur zu sein – die Erfahrung anzunehmen, sie sich zu eigen zu machen, aber auch zu betrachten und zu beobachten, was in ihnen vorgeht –, geben wir ihnen wichtige Werkzeuge, die ihnen helfen, die Regie über ihre Reaktion auf Situationen, mit denen sie konfrontiert sind, zu übernehmen. Es ermöglicht es ihnen, zu sagen: „Ich hasse Klassenarbeiten! Mein Herz trommelt und ich beginne die Nerven zu verlieren!“, dann aber auch zu beobachten: „Das ist nicht weiter tragisch. Ich möchte wirklich eine gute Note schreiben. Aber ich muss nicht die Nerven verlieren. Ich muss einfach auf diese Fernsehsendung heute Abend verzichten und mich noch ein bisschen mehr vorbereiten.“

Wieder geht es darum, Kindern beizubringen, dass sie nicht in einer Erfahrung steckenbleiben müssen. Sie können auch Beobachter sein und dadurch Akteure der Veränderung. Sagen wir zum Beispiel, der oben beschriebene Junge bleibt wegen der am nächsten Tag anstehenden Klassenarbeit übermäßig besorgt. Er setzt eine Kaskade von Sorgen in Gang, durch die er in eine Spirale der Panik gerät – Panik in Bezug auf die Arbeit und seine Halbjahreszensur sowie darauf, ob er letztendlich mit der richtigen Abschlussnote die Schule abschließen wird, um an einer guten Uni aufgenommen zu werden.

Dies wäre ein hervorragender Moment für seine Eltern, um ihm zu vermitteln, dass er seine Emotionen und sein Denken ändern kann, indem er seinen Körper bewegt oder einfach eine andere Körperhaltung einnimmt. In unserem Buch *Achtsame Kommunikation mit Kindern* nennen wir diese spezielle *Mindsight*-Technik „Bewegen statt den Verstand verlieren“. Die Eltern des Jungen könnten ihn ein paar Minuten lang „wie eine Nudel“ sitzen lassen, vollkommen entspannt und „schlaff“. Sie könnten dann alle gemeinsam beobachten, wie seine Gefühle, seine Gedanken und sein Körper sich anders anzufühlen beginnen. (Es ist wirklich verblüffend, wie effektiv diese spezielle Strategie sein kann, wenn wir angespannt sind.) Dann könnten sie über die Klassenarbeit aus einer „befreiten“ Perspektive sprechen, in der das Kind sehen kann, dass es andere Optionen hat.

Ich hasse Klassenarbeiten! Mein Herz trommelt und ich beginne die Nerven zu verlieren!

Das ist nicht weiter tragisch. Ich möchte wirklich eine gute Note schreiben. Aber ich muss nicht die Nerven verlieren. Ich muss einfach auf diese Fernsehsendung heute Abend verzichten und mich noch ein bisschen mehr vorbereiten.
Regisseur

Sie haben grenzenlose Möglichkeiten, Ihren Kindern etwas über die Macht des Geistes beizubringen. Erklären Sie das Konzept der Haimusik und unterhalten Sie sich mit ihnen darüber, welche Erfahrungen aus der Vergangenheit ihre Entscheidungsfindung beeinflussen könnten. Oder erklären Sie den Fluss des Wohlbefindens. Zeigen Sie ihnen das Bild aus Kapitel 3 und leiten Sie sie durch ein Gespräch über eine nicht lange zurückliegende Erfahrung, bei der sie besonders chaotisch oder starr gewesen sind. Oder sagen Sie ihnen, wenn sie vor etwas Angst haben: „Zeig mir, wie dein Körper aussieht, wenn du mutig bist, und lass uns mal sehen, wie sich das anfühlt.“ Neueste Studien deuten darauf hin, dass das bloße Einnehmen unterschiedlicher Körperhaltungen tatsächlich unsere Emotionen und damit unsere Sicht der Welt verändern kann.

Gelegenheiten, *Mindsight*-Werkzeuge zu vermitteln, gibt es ständig. Zum Beispiel im Auto, wenn Ihre neunjährige Tochter aufgelöst ist, weil sie beim Basketballspiel einen wichtigen Wurf verfehlt hat. Machen Sie sie auf die Flecke auf der Windschutzscheibe aufmerksam und sagen Sie so etwas wie: „Jeder Punkt auf der Windschutzscheibe ist etwas, das in diesem Monat passiert ist oder passieren wird. Dieser hier ist dein Basketballspiel. Er ist real, und ich weiß, dass du wütend und traurig bist. Ich freue mich, dass du in der Lage bist, dir deiner Gefühle bewusst zu sein. Aber schau dir mal all die anderen Flecke auf der Windschutzscheibe an. Dieser hier ist die Feier an diesem Wochenende. Auf die freust du dich doch so, stimmt's? Und der daneben stellt die Mathenote von gestern dar. Weißt du noch, wie stolz du warst?“ Dann setzen Sie das Gespräch fort und stellen den verfehlten Wurf weiter in einen Zusammenhang mit ihren anderen Erfahrungen.

Bei einer Übung wie dieser geht es nicht darum, dass Sie Ihrer Tochter sagen, sie solle sich keine Gedanken um ihr Basketballspiel machen. Ganz und gar nicht. Wir wollen unsere Kinder dazu *ermutigen*, ihre Gefühle zu fühlen und sie uns mitzuteilen. Der wahrnehmende Modus, der uns etwas direkt erleben lässt, ist ein wichtiger Verarbeitungsmodus. Aber zugleich wollen wir unseren Kindern eine neue Perspektive vermitteln und ihnen helfen, zu verstehen, dass sie ihre Aufmerksamkeit auf andere

Aspekte ihrer Realität richten können. Dies ist uns möglich, wenn auch unsere Schaltkreise der *Beobachtung* gut entwickelt sind, nicht nur die der *Wahrnehmung*. Es geht hier nicht um den einen oder den anderen. Beide sind wichtig, und zusammen ergeben sie ein großartiges Team. Dies ist eine Möglichkeit, wie wir unseren Kindern helfen können, durch das Unterscheiden und anschließende Verbinden ihrer wahrnehmenden und aufnehmenden Fähigkeiten Integration zu entwickeln. Haben sie beide Schaltkreise aufgebaut, können unsere Kinder ihren Geist dafür nutzen, über andere Dinge nachzudenken als über das, was sie in einem bestimmten Augenblick aus der Fassung bringt. Und das hat zur Folge, dass sie die Welt mit anderen Augen sehen und sich besser fühlen. Wenn wir unseren Kindern *Mindsight*-Werkzeuge beibringen, machen wir ihnen das Geschenk, zum Regulieren ihrer Emotionen imstande zu sein, statt von ihnen regiert zu werden. So müssen sie nicht Opfer ihrer Umgebung oder ihrer Emotionen bleiben.

Machen Sie Ihre Kinder das nächste Mal, wenn sich bei Ihnen zu Hause eine Gelegenheit ergibt, mit ein paar *Mindsight*-Werkzeugen bekannt. Oder nutzen Sie eine der anderen Umlenkungsstrategien, die wir in diesem Kapitel vorgestellt haben. Möglicherweise müssen Sie mehrere unterschiedliche Ansätze ausprobieren. Keine der Strategien wird sich in jeder Situation anwenden lassen. Wenn Sie aber eine Perspektive des integrierten Gehirns verfolgen, mit der Sie Drama vermeiden, sich deshalb erst verbinden, dann umlenken, können Sie die primären Ziele der Disziplin effektiver erreichen: Sie erlangen kurzfristig Kooperation und bauen langfristig die Gehirne Ihrer Kinder auf, sodass Letztere gute und verantwortungsbewusste Menschen sein können, die sich an erfolgreichen Beziehungen und einem bedeutsamen Leben erfreuen.

SCHLUSS

Über Zauberstäbe, das Menschsein, erneute Verbindung und Veränderung: Vier Botschaften der Hoffnung

Wir haben im gesamten Buch betont, dass die Disziplin ohne Drama in herausfordernden Situationen eine sehr viel ruhigere und liebevollere Interaktion ermöglicht. Wir haben ebenfalls gesagt, dass ein ohne Drama und mit dem integrierten Gehirn erfolgendes Vorgehen nicht nur besser für Ihre Kinder, deren Zukunft und Ihre Beziehung zu ihnen ist, sondern zudem wirkungsvoller ist und Ihnen das Leben leichter macht, weil es die Kooperation Ihrer Kinder erhöht.

Und doch kommt es trotz bester Absichten und überaus bewusst ausgewählter, absichtsvoller Methoden manchmal vor, dass alle Beteiligten sich nach einer herausfordernden Interaktion wütend, verwirrt und frustriert trennen. Auf den abschließenden Seiten unseres Buches wollen wir

Ihnen vier Botschaften der Hoffnung und des Trosts für diese schwierigen Momente mit auf den Weg geben, denen wir uns alle das ein oder andere Mal im Leben mit Kindern gegenübersehen.

Erste Botschaft der Hoffnung: Es gibt keinen Zauberstab

Eines Tages wurde Tinas siebenjähriger Sohn wütend auf sie, weil sie ihm sagte, dass es an dem Tag nicht möglich sei, einen Freund zum Spielen einzuladen. Er stürmte los in sein Zimmer und knallte die Tür zu. Weniger als eine Minute später hörte sie, wie die Tür sich wieder öffnete, dann erneut zugeschlagen wurde.

Tina erzählt die Geschichte folgendermaßen:

Ich ging hin, um nach meinem Sohn zu sehen, und sah an der Tür dieses Bild kleben:

Mama

(An der folgenden Zeichnung können Sie sehen, dass er sein künstlerisches Talent regelmäßig nutzt, um seinen Gefühlen über seine Eltern Ausdruck zu verleihen.)

Mein Papa ist der *schlimste* Papa der Welt!

Ich ging in sein Zimmer und sah das, was ich erwartet hatte: eine kindgroße Beule unter der Decke auf seinem Bett. Ich setzte mich neben die Beule und legte meine Hand auf die Stelle, von der ich annahm, dass es eine Schulter sei, und plötzlich bewegte sich die Beule von mir weg, in Richtung Wand. Unter der Bettdecke rief mein Sohn hervor: „Geh weg!"

In Augenblicken wie diesen kann ich kindisch werden und auf die Ebene meines Kindes sinken. Ich bin sogar dafür bekannt, Dinge gesagt zu haben wie: „Okay! Wenn du mich diesen Zehennagel nicht schneiden lässt, der dir wehtut, kannst du ja die ganze Woche weiter Schmerzen haben!"

Aber an diesem speziellen Tag behielt ich die Fassung und verhielt mich ziemlich gut, versuchte die Situation aus der Perspektive des integrierten Gehirns anzugehen. Als Erstes versuchte ich mich zu verbinden, indem ich seine Gefühle bestätigte: „Ich weiß, es macht dich wütend, dass Ryan heute nicht zu uns kommen kann."

Seine Antwort? „Ja, und ich hasse dich!“

Ich blieb ruhig und sagte: „Liebling, ich weiß, dass es schade ist, aber wir haben heute einfach keine Zeit für Ryan. Wir treffen uns doch bald mit Oma und Opa zum Abendessen.“

Als Antwort rollte er sich noch enger zusammen und bewegte sich so weit weg von mir wie nur möglich. „Ich hab gesagt, du sollst weggehen!“

Ich probierte eine Reihe von Strategien aus, diejenigen, die wir in den vorangegangenen Kapiteln besprochen haben. Ich tröstete, indem ich auf nonverbale Weise Verbindung herstellte. Ich versuchte, sein sich veränderndes, veränderliches, komplexes Gehirn zu berücksichtigen. Ich ging dem Warum nach und dachte über das Wie meiner Kommunikation nach. Ich erkannte seine Gefühle an. Ich versuchte einen gemeinsamen Dialog zu führen und formulierte mein Nein um, bot ihm an, sich morgen mit Ryan zu treffen. Aber in dem Moment konnte er sich nicht beruhigen und war nicht bereit, sich von mir auf irgendeine Weise helfen zu lassen. Auch mit noch so viel Verbindung haute es einfach nicht hin.

Augenblicke wie diese werfen ein Schlaglicht auf eine Realität, über die sich Eltern im Klaren sein müssen: Manchmal gibt es einfach nichts, was wir tun können, um die Dinge in Ordnung zu bringen, wenn unsere Kinder aufgebracht sind. Wir können uns bemühen, ruhig und liebevoll zu bleiben. Wir können vollkommen präsent sein. Wir können das volle Maß unserer Kreativität ausschöpfen. Und dennoch kann es sein, dass es uns nicht gelingt, die Situation umgehend zu verbessern. Manchmal haben wir nicht mehr zu bieten als unsere Präsenz, wenn unsere Kinder ihre Emotionen durchlaufen. Wenn Kinder klar kommunizieren, dass sie alleine sein wollen, um sich zu beruhigen, sollten wir diesen Wunsch respektieren.

Das bedeutet nicht, dass wir ein Kind lange alleine in seinem Zimmer weinen lassen würden. Und es bedeutet nicht, dass wir nicht weiterhin unterschiedliche Strategien ausprobieren würden, wenn unser Kind unsere Hilfe benötigt. Was Tinas Geschichte angeht, schickte sie letztendlich ihren Mann ins Zimmer ihres Sohnes, und die veränderte Dynamik half ihm, sich etwas zu beruhigen, sodass er und seine Mutter später wieder zusammenkommen und über das, was passiert war, sprechen konnten. Aber für ein paar Minuten konnte Tina nichts anderes tun, als zu sagen: „Ich bin da, wenn du mich brauchst", das Zimmer dann für ein paar Minuten zu verlassen, die Tür mit dem Anti-Mama-Schild darauf hinter sich zu schließen und ihn die Sache so durchstehen zu lassen, wie er es brauchte, nach seinem eigenen Zeitplan und auf seine eigene Art.

Das Gleiche gilt für Streitigkeiten unter Geschwistern. Idealerweise helfen Sie allen Kindern, zu einer guten Geistesverfassung zurückzukehren, und arbeiten dann mit ihnen zusammen, entweder mit jedem einzeln oder mit allen gleichzeitig, und vermitteln ihnen gute Beziehungs- und Gesprächskompetenzen. Aber manchmal ist das einfach nicht möglich. Ist auch nur eines der Kinder emotional dysreguliert, kann dies eine friedliche Lösung verhindern, da Reaktivität Empfänglichkeit meist übertrumpft. Manchmal können Sie nichts Besseres tun, als sie zu trennen, bis sich alle beruhigt haben und Sie wieder zusammenkommen können. Und wenn das grausame Schicksal es so will, dass Sie bei Ausbruch des Streits gerade alle im Kleinbus gefangen sind, müssen Sie möglicherweise einfach explizit anerkennen, dass die Dinge nicht gut laufen, und die Musik lauter stellen. Dabei kapitulieren Sie nicht. Sie erkennen einfach an, dass es in diesem Moment einfach keine Lösung gibt. In solchen Fällen können Sie sagen: „Jetzt ist kein guter Zeitpunkt, um das durchzusprechen. Ihr seid beide wütend, und ich bin wütend, lasst uns also einfach ein bisschen Fleetwood Mac hören." (Okay, das ist vielleicht nicht die beste Musikwahl, um Ihre Kinder zu überzeugen, aber Sie verstehen schon, was wir meinen.)

Wir, Dan und Tina, sind beide Kinder- und Jugendlichenpsychotherapeuten, die Bücher zum Thema Erziehung schreiben. Menschen kommen zu uns, um sich Rat für den Umgang mit Problemen zu holen, die sie haben, wenn ihre Kinder sich mit etwas schwertun. Und wir wollen in aller Deutlichkeit sagen, dass es bei uns, genauso wie bei Ihnen, vorkommt, dass einfach kein Zauberstab da ist, den wir schwingen könnten, um unsere Kinder auf magische Weise in einen Zustand von Frieden und Glück zu versetzen. Manchmal können wir nur unsere Liebe kommunizieren, zur Verfügung stehen, wenn sie uns in ihrer Nähe wollen, und dann über die Situation sprechen, wenn sie bereit sind. Im Gelassenheitsgebet heißt es treffend: „Gott, gib mir die Gelassenheit, Dinge anzunehmen, die ich nicht ändern kann, den Mut, Dinge zu ändern, die ich ändern kann, und die Weisheit, das eine vom anderen zu unterscheiden."

Dies ist also die erste Botschaft, mit der wir das Buch abschließen wollen: Manchmal gibt es keinen Zauberstab. Und Sie sind keine schlechten Eltern, wenn Sie Ihr Bestes geben und Ihr Kind trotzdem aufgewühlt bleibt.

Zweite Botschaft der Hoffnung: Ihre Kinder profitieren, auch wenn Sie Fehler machen

Genauso, wie Sie keine schlechten Eltern sind, wenn Ihre Interventionen nicht immer sofort Wirkung zeigen, sind Sie auch keine schlechte Mutter bzw. kein schlechter Vater, wenn Sie regelmäßig Fehler machen. Sie sind einfach ein Mensch.

Tatsache ist, dass keiner von uns perfekt ist, schon gar nicht, wenn es um den Umgang mit dem Verhalten unserer Kinder geht. Manchmal sind wir gut drauf und sind stolz darauf, wie liebevoll, verständnisvoll und geduldig wir bleiben. Bei anderen Gelegenheiten sinken wir auf das Niveau unserer Kinder herab und verlegen uns auf das kindische Benehmen, das uns überhaupt erst aus der Fassung gebracht hat.

Unsere zweite Botschaft der Hoffnung ist die, dass Sie Mut schöpfen können, wenn Sie auf Ihre Kinder in einer nicht gerade optimalen Weise reagieren: Höchstwahrscheinlich bieten Sie ihnen trotzdem allerhand wertvolle Erfahrungen.

Vielleicht waren Sie zum Beispiel schon mal so frustriert über Ihre Kinder, dass Sie – ein gutes Stück lauter, als es hätte sein müssen – ausriefen: „Jetzt reicht's! Der Nächste, der sich darüber beschwert, wo er im Auto sitzt, kann laufen!" Oder möglicherweise geben Sie Ihrer achtjährigen Tochter, die den ganzen Weg zur Schule schmollt und sich beklagt, weil Sie sie haben Klavier üben lassen, diese sarkastischen und bissigen Worte mit auf den Weg, wenn sie aus dem Auto steigt: „Ich hoffe, du hast einen schönen Tag, wo du schon den ganzen Vormittag ruiniert hast.“

Selbstverständlich sind dies keine Beispiele für optimale Erziehung. Und wenn Sie so sind wie wir, können Sie wegen der Male, die Sie die Dinge nicht so handhaben, wie Sie es sich gewünscht hätten, hart mit sich ins Gericht gehen.

Aber hier ist die Botschaft der Hoffnung: Für unsere Kinder ist es gar nicht unbedingt so schlecht, diese nicht so großartigen Momente der Erziehung erleben zu müssen. Diese Momente sind tatsächlich sogar unglaublich wertvoll.

Warum? Weil unsere unschönen, menschlichen, elterlichen Reaktionen Kindern Gelegenheit geben, mit schwierigen Situationen fertigzuwerden und folglich neue Kompetenzen zu entwickeln. Sie müssen lernen, sich zu beherrschen, auch wenn ihre Mutter oder ihr Vater sich selbst gerade nicht besonders gut beherrscht. Dann sehen sie, dass Sie ihnen vorleben, wie man sich entschuldigt und Dinge wieder in Ordnung bringt. Sie erfahren, dass es bei Konflikt und Streit Reparatur geben kann und alles wieder gut wird. Das hilft ihnen, sich sicher und in zukünftigen Beziehungen nicht zu ängstlich zu fühlen; sie lernen, darauf zu vertrauen und es sogar zu erwarten, dass auf Konflikt Ruhe und Verbindung folgen. Zusätzlich lernen sie, dass ihre Handlungen Einfluss auf die Emotionen und das Verhalten anderer Menschen haben. Und schließlich sehen sie, dass Sie nicht perfekt sind, weshalb sie dies auch von sich nicht erwarten werden. Das sind viele wichtige Lehren, die Kinder aus der einen lauten, impulsiven Erklärung ihres Vaters ziehen können, dass er alle Geschenke zurückschicken wird, weil seine Kinder sich darüber beklagt haben, beim Aufhängen des Weihnachtsschmucks helfen zu müssen.

Mit Missbrauch ist es natürlich etwas anderes, sei er körperlicher oder psychologischer Art. Auch kann es erhebliche schädliche Auswirkungen haben, wenn Sie der Beziehung deutlichen Schaden zufügen oder Ihrem Kind Angst machen. Hierbei handelt es sich um giftige Brüche und um Brüche, die nicht oder nur sehr schwer zu reparieren sind. Falls Sie sich öfter in so einer Situation wiederfinden, sollten Sie sich umgehend die Hilfe eines Fachmanns suchen, um die nötigen Veränderungen vornehmen zu können, sodass Ihre Kinder in Sicherheit sind und wissen, sie sind behütet.

Solange Sie die Beziehung aber pflegen und fördern und nach einer nicht gerade optimalen Reaktion reparieren (mehr dazu weiter unten), können Sie nachsichtig mit sich sein und daran denken, dass Sie, auch wenn Sie wünschten, Sie hätten anders gehandelt, Ihrem Kind trotzdem eine wertvolle Erfahrung ermöglicht haben, weil es etwas über die Bedeutung von Reparatur und erneuter Verbindung lernen konnte.

Wir hoffen, es versteht sich von selbst, dass wir hiermit nicht sagen, wir Eltern sollten absichtlich einen Bruch in einer Verbindung herbeiführen oder brauchten nicht das Beste anzustreben, wenn wir in einer Situation mit hoher Stressbelastung (oder bei jeder anderen Gelegenheit) auf unsere Kinder eingehen. Je liebevoller und fürsorglicher wir sein können, umso besser. Diese nicht idealen Augenblicke in nicht optimalen Interaktionen sind etwas, das uns allen passiert, selbst denen unter uns, die Bücher zu diesem Thema schreiben. Wir sagen einfach nur, dass wir uns selbst Gnade und Vergebung schenken können, wenn wir nicht so handeln, wie wir es gerne hätten, weil sogar solche Situationen unseren Kindern wertvolle Momente bieten. Ein Ziel, eine Absicht im Kopf zu haben, ist wichtig. Und gut zu sich selbst zu sein, Selbstmitgefühl zu empfinden, ist nicht nur unerlässlich für das Erzeugen eines inneren Zufluchtsorts, sondern auch, um seinen Kindern ein Vorbild bieten zu können, ihnen durch praktisches Vorleben beizubringen, gut zu sich selbst und zu anderen zu sein. Diese Erfahrungen geben unseren Kindern Gelegenheit, wichtige Lehren zu lernen, die sie auf zukünftige Konflikte und Beziehungen vorbereiten und sie sogar das Lieben lehren. Ist das genug Hoffnung?

Dritte Botschaft der Hoffnung: Sie können sich immer wieder aufs Neue verbinden

Wir haben keine Möglichkeit, Konflikte mit unseren Kindern zu vermeiden. Sie finden statt, mitunter mehrere Male pro Tag. Missverständnisse, Auseinandersetzungen, gegensätzliche Wünsche und andere Störungen der Kommunikation führen zu einem Bruch in der Beziehung. Brüche können aus einem Konflikt resultieren, der durch eine von Ihnen gesetzte Grenze entstanden ist. Vielleicht nehmen Sie sich vor, eine bestimmte Schlafenszeit durchzusetzen oder Ihrem Sohn das Ansehen eines Films zu verbieten, der Ihrer Meinung nach nicht gut für ihn ist. Oder vielleicht findet Ihre Tochter, dass Sie in einem Streit Partei für ihre Schwester ergreifen, oder sie ist frustriert, weil Sie nicht noch eine Runde „Schlangen und Leitern" spielen wollen.

Welches auch immer der Grund für sie sein mag, Brüche finden statt. Manchmal sind sie größer, manchmal kleiner. Aber es gibt keine Möglichkeit, sie zu vermeiden. Das Aufrechterhalten einer eingestimmten Verbindung stellt bei jedem Kind eine einzigartige Herausforderung dar. Diese Verbindung hängt von unserer eigenen Kindheitsgeschichte ab, vom Temperament unseres Kindes, vom Harmonieren unserer eigenen Geschichte mit den Eigenschaften unseres Kindes sowie davon, an wen aus unserer nicht aufgearbeiteten Vergangenheit unser Kind uns möglicherweise erinnert.

Wenn wir innerhalb unserer Beziehungen zu anderen Erwachsenen Fehler machen, geben wir es zumeist irgendwann zu oder sprechen es irgendwie an und machen die Sache dann wieder gut. Im Umgang mit ihren Kindern jedoch ignorieren viele Eltern den Bruch oder sprechen ihn nie an. Das kann für Kinder genauso verwirrend und verletzend sein wie für Erwachsene. Können Sie sich vorstellen, dass jemand, den Sie mögen, reaktiv ist und wirklich unhöflich mit Ihnen spricht, dies dann aber nie mehr zur Sprache bringt und einfach so tut, als wäre nichts geschehen? Das würde sich nicht gut anfühlen, stimmt's? Dasselbe trifft auch auf unsere Kinder zu.

Das Entscheidende ist, dass Sie jeden Bruch in der Beziehung so schnell wie möglich reparieren. Sie wollen eine gemeinschaftliche, nährende Verbindung zu Ihrem Kind wiederherstellen. Brüche, die nicht repariert werden, bewirken, dass sowohl die Mutter bzw. der Vater als auch das Kind sich getrennt fühlen. Und wenn diese Trennung verlängert wird – und insbesondere, wenn sie mit Ihrem Ärger, Ihrer Feindseligkeit oder Ihrem Zorn in Verbindung gebracht wird –, dann können giftige Scham und Demütigung im Kind ihre Spuren hinerlassen und sein entstehendes Selbstbild sowie seine geistige Vorstellung davon, wie Beziehungen funktionieren, beschädigen. Es ist deshalb unverzichtbar, dass wir rasch wieder eine Verbindung zu unseren Kindern herstellen, nachdem es einen Bruch gegeben hat.

Als Eltern tragen wir die Verantwortung hierfür. Vielleicht verbinden wir uns wieder, indem wir Vergebung gewähren oder erbitten („Es tut mir leid. Ich glaube, ich habe einfach so reagiert, weil ich heute besonders müde bin. Aber ich weiß, dass ich mich nicht sehr gut im Griff hatte. Wenn du mit mir darüber sprechen möchtest, wie du dich dabei gefühlt hast, höre ich dir gerne zu"). Vielleicht ist Lachen im Spiel, vielleicht Weinen („Hm, das war wohl nicht so gut, oder? Hat irgendeiner Lust, mir vorzuspielen, wie verrückt ich mich gerade verhalten habe?"). Vielleicht gibt es einfach ein schnelles Eingeständnis („Ich bin damit nicht so umgegangen, wie ich es gerne getan hätte. Verzeihst du mir?"). Wie immer es geschieht, sorgen Sie dafür, dass es geschieht. Indem wir so schnell wir können und in aufrichtiger und liebevoller Weise reparieren und uns wieder verbinden, übermitteln wir die Botschaft, dass die Beziehung mehr zählt als das, was den Konflikt verursacht hat. Zusätzlich leben wir unseren Kindern beim Wiederverbinden eine entscheidende Fähigkeit vor, die es ihnen ermöglichen wird, sich beim Heranwachsen an sehr viel bedeutsameren Beziehungen zu erfreuen.

Dies also ist die dritte Botschaft der Hoffnung: Wir können uns immer wieder verbinden. Auch wenn es keinen Zauberstab gibt, werden unsere Kinder doch letztendlich einlenken und sich beruhigen. Irgendwann werden sie bereit sein, unsere positiven Absichten wahrzunehmen und unsere Liebe und unseren Trost entgegen zu nehmen. Wenn sie soweit sind, verbinden wir uns wieder mit ihnen. Und auch wenn wir als Eltern wieder und wieder Fehler machen werden, weil wir Menschen sind, können wir doch immer zu unseren Kindern gehen und den Bruch reparieren.

Reparieren Sie einen Bruch so schnell wie möglich

Im Endeffekt läuft dann alles wieder auf Verbindung hinaus. Ja, wir wollen umlenken. Wir wollen etwas vermitteln. Unsere Kinder brauchen unsere Unterstützung, um zu lernen, wie sie ihre Wünsche positiv ausrichten; wie sie Grenzen erkennen und mit ihnen zurechtkommen; wie sie herausfinden, was es bedeutet, menschlich zu sein sowie moralisch, ethisch, empathisch, gütig und großzügig. Umlenkung ist also äußerst wichtig. Aber letzten Endes ist es die Beziehung zu Ihrem Kind, die bei Ihnen gedanklich immer ganz vorne stehen muss. *Stellen Sie jegliches spezielle Verhalten in den Hintergrund und lassen Sie Ihre Beziehung zu Ihrem Kind immer im Vordergrund stehen.* Sobald diese Beziehung in irgendeiner Form einen Bruch erlitten hat, stellen Sie so schnell wie möglich wieder eine Verbindung her.

Vierte Botschaft der Hoffnung: Es ist nie zu spät für eine positive Veränderung

Unsere letzte Botschaft an Sie stimmt von allen am hoffnungsvollsten: Es ist nie zu spät für eine positive Veränderung. Jetzt, da Sie dieses Buch gelesen haben, haben Sie eventuell das Gefühl, Ihr Verhalten ist bislang zumindest teilweise dem zuwidergelaufen, was für Ihre Kinder am besten ist. Vielleicht haben Sie das Gefühl, Sie untergraben mit Ihrem Erziehungsstil Ihre Beziehung zu Ihren Kindern. Oder vielleicht erkennen Sie, dass Sie Gelegenheiten übersehen und verpassen, die Teile ihres Gehirns zu nähren, die ihnen helfen, ein optimales Wachstum zu erreichen. Möglicherweise sehen Sie jetzt, dass Sie Strategien anwenden, die einfach nicht sinnvoll sind oder nur zu mehr Drama und Frustration in Ihrer Familie beitragen und die Sie daran hindern, sich an Ihren Kindern zu erfreuen, weil Sie sich letztendlich immer und immer wieder mit denselben Verhaltensweisen beschäftigen müssen.

Falls irgendetwas davon zutrifft – seien sie beruhigt. Die Neuroplastizität zeigt uns, wie bereits gesagt, dass das Gehirn das gesamte Leben lang erstaunlich veränderlich und anpassungsfähig ist. Sie können die Art, wie Sie mit einem Kind umgehen, in jedem Alter – Ihrem oder dem Ihres Kindes – verändern. Die Disziplin ohne Drama zeigt Ihnen den Weg. Nicht durch die Bereitstellung eines bestimmten Rezepts. Nicht durch das Überlassen eines Zauberstabs, der jedes Problem löst und aus Ihnen eine Mutter oder einen Vater macht, die oder der nie das Ziel verfehlt. Die Hoffnung rührt daher, dass Sie nun Strategien haben, die Ihnen helfen können, auf Ihre Kinder in einer Art und Weise einzugehen, mit der Sie sich wohlfühlen können. Sie haben jetzt Zugang zu Strategien, die das Gehirn in positiver Weise formen, die es Ihren Kindern ermöglichen, emotional intelligent zu sein und gute Entscheidungen zu treffen, die Ihre Beziehung zu ihnen stärken und die ihnen helfen, zu solchen Menschen zu werden, wie Sie es sich wünschen.

Wenn Sie auf Ihre Kinder mit dem Herstellen von Verbindung eingehen – selbst und insbesondere dann, wenn sie etwas tun, das Sie frustriert –, legen Sie Ihr Hauptaugenmerk nicht auf Bestrafung oder Gehorsam, sondern auf das Würdigen Ihres Kindes und Ihrer Beziehung. Das nächste Mal, wenn Ihr Kleinkind einen Wutanfall bekommt, Ihr Zweitklässler seine Schwester schlägt oder Ihr Teenager eine freche Antwort gibt, können Sie sich also dafür entscheiden, auf eine Drama vermeidende, vom integrierten Gehirn bestimmte Art zu reagieren. Sie können damit beginnen, dass Sie sich verbinden, und dann mit Umlenkungsstrategien fortfahren, die Kindern persönliche Einsicht, Beziehungsempathie und die Bedeutung der Übernahme von Verantwortung für die eigenen Dummheiten oder Fehler vermitteln.

In diesem Prozess können Sie sorgfältiger darüber nachdenken, wie Sie bestimmte Schaltkreise in den Gehirnen Ihrer Kinder aktivieren. Neurone, die gemeinsam feuern, verdrahten sich miteinander. Das Schaltsystem, das wiederholt aktiviert wird, wird gestärkt und weiter aufgebaut. Die Frage ist also: Welchen Teil der Gehirne Ihrer Kinder möchten Sie stärken? Gehen Sie mit Strenge, Schreien, Argumenten, Bestrafung und Starre vor, aktivieren Sie den unteren, reaktiven Teil des Gehirns Ihres Kindes, stärken dieses Schaltsystem und stellen es darauf ein, leicht aktiviert zu werden. Gehen Sie hingegen mit ruhiger, liebevoller Verbindung vor, aktivieren Sie das reflektierende, empfängliche, regulierende *Mindsight*-Schaltsystem, stärken und nähren den oberen Bereich des Gehirns, um Einsicht, Empathie, Integration und Reparatur zu erzeugen. *Genau jetzt, in diesem Augenblick, können Sie sich dafür entscheiden, Ihren Kindern diese wertvollen Werkzeuge an die Hand zu geben. Sie können ihnen beim Entwickeln dieser erhöhten Fähigkeit helfen, sich selbst zu regulieren, gute Entscheidungen zu treffen und sich zu beruhigen – auch in herausfordernden Momenten und auch dann, wenn Sie nicht zugegen sind.*

Sie werden nicht perfekt sein, und Sie werden nicht jedes Mal, wenn Sie die Chance dazu haben, aus einer Drama vermeidenden Perspektive des integrierten Gehirns auf Ihr Kind eingehen. Wir tun das auch nicht. Niemand tut das.

Aber Sie können beschließen, Schritte in diese Richtung zu unternehmen. Und mit jedem Schritt, den Sie tun, geben Sie Ihren Kindern das

Geschenk einer Mutter oder eines Vaters, die oder der sich zunehmend für ihren lebenslangen Erfolg und ihr dauerhaftes Glück engagiert und es sich zum Ziel setzt, sie zu glücklichen und gesunden Menschen zu machen, die vollständig sie selbst sind.

WEITERE HILFSQUELLEN

Disziplin ohne Drama

von Daniel J. Siegel & Tina Payne Bryson

Als Erstes verbinden

Warum soll ich mich als Erstes verbinden?

- *Kurzfristiger Nutzen:* Verbindung holt ein Kind aus der Reaktivität in den Zustand der Empfänglichkeit.
- *Langfristiger Nutzen:* Verbindung nährt das Gehirn eines Kindes und baut es auf.
- *Beziehungsbezogener Nutzen:* Verbindung vertieft Ihre Beziehung zu Ihrem Kind.

Verbindungsstrategien einer Disziplin ohne Drama

- *Stellen Sie die „Haimusik" leiser:* Lassen Sie die durch Erfahrungen der Vergangenheit und Befürchtungen für die Zukunft hervorgerufenen Hintergrundgeräusche verschwinden.
- *Gehen Sie dem Warum nach:* Statt sich nur auf das Verhalten zu konzentrieren, suchen Sie nach dem, was *hinter* den Handlungen steht: „Warum verhält mein Kind sich so? Was kommuniziert mein Kind?"
- *Denken Sie über das Wie nach:* Was Sie sagen, ist wichtig. Aber genauso wichtig, wenn nicht wichtiger, ist, *wie* Sie es sagen.

KÜHLSCHRANKNOTIZ

Der Verbindungskreislauf: Helfen Sie Ihrem Kind, sich gefühlt zu fühlen

- *Übermitteln Sie Trost:* Häufig können Sie eine aufgeheizte Situation rasch dadurch entschärfen, dass Sie sich unter die Augenhöhe Ihres Kindes begeben, es dann liebevoll berühren, mit dem Kopf nicken oder ihm einen empathischen Blick schenken.
- *Erkennen Sie an:* Selbst wenn Sie das Verhalten nicht mögen, bestätigen Sie die Gefühle und erkennen Sie diese an.
- *Hören Sie auf zu reden und hören Sie zu:* Wenn die Emotionen Ihres Kindes explodieren, erklären Sie nicht, halten Sie keinen Vortrag und versuchen Sie nicht, ihm seine Gefühle auszureden. Hören Sie einfach zu, suchen Sie nach der Bedeutung dessen, was Ihr Kind kommuniziert, und achten Sie auf die Emotionen, die es übermittelt.
- *Spiegeln Sie wider, was Sie hören:* Wenn Sie zugehört haben, spiegeln Sie das zurück, was Sie gehört haben, lassen Sie Ihre Kinder wissen, dass Sie sie gehört haben. Dies bringt Sie zurück zum Übermitteln von Trost, womit sich der Kreislauf wiederholt.

Dann umlenken

1-2-3-Disziplin ohne Drama

- Eine Definition: Disziplinieren bedeutet lehren. Stellen Sie die drei Fragen:
  - ~ Warum hat mein Kind sich so verhalten? (Was ist innerlich/emotional passiert?)
  - ~ Welche Lehre möchte ich vermitteln?
  - ~ Wie kann ich sie am besten vermitteln?
- Zwei Strategien:
  - ~ Warten Sie, bis Ihr Kind bereit ist (und Sie ebenfalls).
  - ~ Seien Sie konsequent, aber nicht starr.
- Drei *Mindsight*-Ergebnisse:
  - ~ *Einsicht:* Helfen Sie Ihren Kindern, ihre eigenen Gefühle und ihre Reaktionen auf schwierige Situationen zu verstehen.
  - ~ *Empathie:* Lassen Sie es Ihre Kinder üben, darüber nachzudenken, welche Auswirkungen ihre Handlungen auf andere haben.
  - ~ *Reparatur:* Fragen Sie Ihre Kinder, was sie tun können, um die Dinge wieder in Ordnung zu bringen.

KÜHLSCHRANKNOTIZ

Umlenkungsstrategien einer Disziplin ohne Drama

- Worte reduzieren
- Emotionen akzeptieren
- Beschreiben, nicht predigen
- Das Kind miteinbeziehen
- Ein Nein zu einem bedingten Ja umformulieren
- Das Positive hervorheben
- Kreativ an die Situation herangehen
- *Mindsight*-Werkzeuge vermitteln

Sie sind nicht der Einzige

Die bloße Tatsache, dass wir Bücher zum Thema Erziehung und Disziplin schreiben, bedeutet nicht, dass wir mit unseren eigenen Kindern nicht auch manchmal Fehler machen würden. Hier sind zwei Geschichten – eine von jedem von uns –, die, wenngleich sie im Nachhinein ziemlich lustig sind, zeigen, dass das reaktive Gehirn uns alle erwischen kann.

Daniels „Crêpes des Zorns"-Moment (adaptiert übernommen aus Daniels Buch *Mindsight*)

Eines Tages gingen mein dreizehnjähriger Sohn, meine neunjährige Tochter und ich nach dem Kino in einen kleinen Laden, um eine Kleinigkeit zu essen. Meine Tochter sagte, sie habe keinen Hunger, also bestellte mein

Sohn am Tresen für sich einen kleinen Crêpe, und wir setzten uns hin. Der einfache Crêpe kam, und Düfte waberten aus der offenen Küche hinter dem Tresen, wo mein Sohn seine Bestellung aufgegeben hatte. Nachdem mein Sohn seinen ersten Happen gegessen hatte, fragte meine Tochter, ob sie mal probieren dürfe. Mein Sohn sah auf den kleinen Crêpe und sagte, er sei hungrig und sie könne doch ihren eigenen bestellen. Das war ein vernünftiger Vorschlag, dachte ich, also bot ich an, für sie auch einen Crêpe zu holen – sie aber sagte, sie wolle nur einen kleinen Bissen haben, um zu sehen, wie er schmeckt. Das klang ebenfalls vernünftig, also schlug ich vor, dass mein Sohn seiner Schwester ein Stück abgibt.

Falls Sie mehr als nur ein Kind haben oder falls Sie mit Bruder oder Schwester aufgewachsen sind, sind Sie möglicherweise bestens vertraut mit dem ständigen Strategiespiel unter Geschwistern, das aus Schachzügen besteht, mit denen Macht behauptet und elterliche Bestätigung und Anerkennung gewonnen werden sollen. Aber auch wenn es sich in dieser Situation nicht um so ein Behauptungsspiel gehandelt hätte, wäre das Bezahlen des geringen Preises für einen weiteren Crêpe in dieser kleinen, familiengeführten Crêperie ein Einfaches gewesen, um das zu verhindern, was, wie Sie vielleicht schon ahnen, kurz bevorstand. Statt den Crêpe zu kaufen, beging ich einen groben elterlichen Schnitzer und ergriff in diesem Geschwisterspiel Partei. Ich bestand entschieden darauf, dass mein Sohn seinen Crêpe mit seiner Schwester teilt. Wenn es zuvor kein Schachspiel unter Geschwistern gewesen war, wurde es auf jeden Fall eins, nachdem ich mich in ihre Interaktion eingemischt hatte.

„Warum gibst du ihr nicht einfach ein kleines Stück, damit sie sieht, wie es schmeckt?“, drängte ich.

Er sah mich an, dann seinen Crêpe, und mit einem Seufzer gab er nach. Sogar als junger Teenager hörte er noch auf mich. Dann schnitt er mit seinem Messer, das er benutzte wie ein Skalpell, das kleinste Stückchen Crêpe ab, das man sich vorstellen kann, so klein, dass man fast eine Pinzette brauchte, um es hochzunehmen. Unter anderen Bedingungen hätte ich wahrscheinlich gelacht und dies als einen kreativen Zug im Geschwister-Schachspiel gesehen.

Meine Tochter nahm das Stück, legte es auf ihre Serviette und sagte, es sei zu klein. Und dass es „der verbrannte Teil" sei. Ein weiterer guter Zug der jüngeren Schwester.

Ein Außenstehender, der hereingeschaut und uns an unserem Tisch gesehen hätte, hätte wahrscheinlich nichts Außergewöhnliches bemerkt: ein Vater und seine zwei lebhaften Kinder, die außer Haus etwas essen. Im Inneren aber war ich kurz davor, zu explodieren. Als die Neckerei weiterging, sich zu einem ausgewachsenen Streit entwickelte, veränderte sich etwas in mir. Mein Kopf begann sich zu drehen, aber ich sagte mir, dass ich ruhig bleiben und an die Vernunft appellieren würde. Ich konnte fühlen, wie mein Gesicht sich anspannte, meine Hände sich zu Fäusten ballten und mein Herz schneller zu schlagen begann, aber ich versuchte diese Signale, dass mein unteres Gehirn gerade das obere überwältigte, zu ignorieren. Für mich war's das.

Von der Lächerlichkeit des ganzen Geschehens überwältigt, stand ich auf, nahm meine Tochter bei der Hand und ging hinaus, um auf dem Bürgersteig vor dem Laden zu warten, bis mein Sohn seinen Crêpe gegessen hatte. Ein paar Minuten später tauchte er auf und fragte, warum wir gegangen seien. Während ich mit meiner Tochter im Schlepptau zum Auto stürmte und mein Sohn sich beeilte, um Schritt zu halten, sagte ich ihnen, dass sie lernen sollten, ihr Essen miteinander zu teilen. In sachlichem Ton wies er darauf hin, dass er ihr doch ein Stück gegeben habe, aber an dem Punkt kochte ich vor Frustration schon über und es gab keine Möglichkeit, das Feuer unter dem Kessel auszuschalten. Wir kamen zum Auto, erregt stellte ich den Motor an und wir fuhren nach Hause. Sie waren normale Geschwister, die ins Kino und eine Kleinigkeit essen gegangen waren. Aus mir war ein Vater geworden, der den Verstand verloren hatte.

Ich konnte es nicht auf sich beruhen lassen. Mein Sohn, der neben mir auf dem Beifahrersitz saß, begegnete allem, was ich vorbrachte, mit irgendeiner rationalen, wohlüberlegten Antwort, wie jeder Teenager es tun würde. Er schien es sogar ziemlich souverän zu schaffen, beim Umgang mit seinem jetzt irrationalen Vater ruhig zu bleiben.

In diesem Zustand wurde ich immer wütender, verfiel letztendlich aufs Fluchen, beschimpfte ihn und drohte sogar damit, ihm seine geliebte Gitarre wegzunehmen – alles unangemessene Konsequenzen für Dinge, die er nicht einmal getan hatte.

Ich bin nicht stolz darauf, Ihnen das alles zu erzählen. Aber da solche explosiven Episoden durchaus gängig sind, vertreten Tina und ich die Meinung, dass wir ihre Existenz unbedingt anerkennen und einander helfen müssen, zu verstehen, auf welche Weise *Mindsight* ihren negativen Einfluss auf unsere Beziehungen und unsere Welt mindern kann. In unserer Scham versuchen wir häufig zu ignorieren, dass wir die Nerven verloren haben. Geben wir aber die Wahrheit des Geschehenen zu, können wir nicht nur den Schaden reparieren – der für uns selbst wie für andere Gift sein kann –, sondern auch die Heftigkeit derartiger Ereignisse und ihre Häufigkeit verringern.

Als ich also nach Hause kam, erkannte ich, dass ich mich beruhigen und mit meinem Sohn verbinden musste. Ich wusste, Reparatur war äußerst wichtig, aber meine Vitalwerte waren in die Höhe geschossen und ich musste sie erst einmal ins Gleichgewicht bringen, bevor ich irgendetwas anderes tun konnte. Weil mir klar war, dass es zur Änderung meines Geisteszustands beitragen könnte, draußen zu sein und mich zu bewegen, ging ich mit meiner Tochter Inlinescater laufen. Dabei half sie mir, meine *Mindsight* wiederzuerlangen. Ich gewann stärkere persönliche Einsicht (erkannte, dass ich zumindest teilweise in der oben beschriebenen Weise auf meinen Sohn reagiert hatte, weil ich ihn unbewusst mit meinem eigenen älteren Bruder gleichsetzte) und Empathie für die Art, wie mein Sohn die Begebenheit empfunden hatte.

Als ich mich schließlich beruhigt hatte, nach Gesprächen und Rollschuhlaufen und Reflektieren, ging ich zu meinem Sohn ins Zimmer und fragte, ob wir reden könnten. Ich sagte, ich sei wohl aus der Haut gefahren, und dass es hilfreich wäre, wenn wir über das Geschehene sprechen würden. Er meinte, ich würde seine Schwester zu sehr beschützen. Er hatte vollkommen recht. Auch wenn die Beschämung darüber, irrational geworden zu sein, bei mir das Verlangen erzeugte, den Mund aufzumachen und mich selbst und meine Reaktionen zu verteidigen, blieb ich einfach still. Dann sagte mein Sohn, es sei unnötig von mir gewesen, mich „aufzuregen“, weil er wirklich nichts falsch gemacht habe. Er hatte recht. Wieder spürte ich den Drang, mich zu verteidigen und ihm einen Vortrag über das Teilen zu halten. Aber ich mahnte mich zur Reflexion und zur Konzentration auf die Erfahrung meines Sohnes, nicht die meine. Das Wesentliche in dieser Situation war nicht, zu beurteilen, wer recht hatte, sondern ihm gegenüber akzeptierend und empfänglich zu sein. Sie können sich vorstellen, dass für all dies *Mindsight* erforderlich war. Das steht fest. Ich war dankbar dafür, dass meine präfrontale Gehirnregion ihre Arbeit wieder aufgenommen hatte.

Nachdem ich ihm zugehört hatte, gab ich zu, dass ich tatsächlich (unfairerweise) Partei für seine Schwester ergriffen hatte, dass ich verstehen konnte, wie ungerecht sich das für ihn angefühlt hatte, und dass mein Ausbruch irrational gewirkt hatte – weil er es tatsächlich war. Als Erklärung – nicht als Entschuldigung – teilte ich ihm mit, was in meinem Geist vorgegangen war, dass ich ihn als Symbol für meinen Bruder gesehen hatte. So konnte die ganze Begebenheit für uns beide einen Sinn ergeben. Auch wenn ich in seinem jugendlichen Geist wahrscheinlich unbeholfen und linkisch wirkte, wusste er doch offensichtlich, dass ich mich unserer Beziehung zutiefst verpflichtet fühlte und dass mein Bemühen, den Schaden zu reparieren, echt war. Meine *Mindsight* war zurückgekehrt, sein Geist und mein Geist verbanden sich erneut miteinander, und unsere Beziehung war wieder auf dem richtigen Weg.

Tina droht mit einer Amputation

Als mein ältestes Kind drei Jahre alt war, schlug es mich eines Tages. Als junge und idealistische Mutter, die damals glaubte, ihre beste Option bestünde darin, mit einem Dreijährigen ein rationales Gespräch zu führen, bei dem es die Dinge wie durch Zauberhand von meinem Standpunkt aus sehen würde, führte ich meinen Sohn zum unteren Treppenabsatz, setzte mich neben ihn und lächelte.

Liebevoll (und naiv) sagte ich: „Hände sind zum Helfen und zum Streicheln da, nicht zum Schlagen."

Während ich diese Binsenwahrheit aussprach, schlug er mich erneut.

Also versuchte ich es mit der Empathie-Methode. Immer noch naiv, aber mit einer vielleicht etwas weniger liebevoll klingenden Stimme, sagte ich: „Aua! Das tut Mama weh. Sei sanft zu meinem Körper."

Woraufhin er mich wieder schlug.

Dann probierte ich es mit einer entschiedeneren Herangehensweise: „Schlagen ist nicht okay. Wir schlagen nicht. Wenn du wütend bist, musst du es mit Worten sagen."

Ja, Sie haben es erraten. Er schlug mich erneut.

Ich wusste nicht mehr weiter. Ich hatte das Gefühl, ich müsste noch einen draufsetzen, aber ich wusste nicht, wie. Mit meiner kraftvollsten Stimme sagte ich: „Auszeit! Und zwar auf der *oberen* Etage." (Die Fachbezeichnung für diese Erziehungsstrategie ist „Aus dem Bauch heraus handeln". Dabei handelt es sich nicht gerade um absichtsvolle Erziehung.)

Ich marschierte mit ihm die Treppe hinauf. Er dachte wahrscheinlich: „Cool! Das haben wir noch nie gemacht. … Ich frage mich, was als Nächstes passiert, wenn ich sie weiterhin schlage?"

Oben auf der Treppe beugte ich mich vor, drohte mit dem Zeigefinger und sagte: *„Nicht mehr schlagen!"*

Er schlug mich nicht noch mal.

Er trat mir gegen das Schienbein.

(Wie er heute hervorhebt, wenn wir die Geschichte noch einmal erzählen, gehorchte er genau genommen meinen Anweisungen, nicht zu schlagen.)

In diesem Augenblick war praktisch meine gesamte Selbstbeherrschung verschwunden. Auch fielen mir keine brauchbaren Optionen mehr ein. Ich packte ihn am Arm und zog ihn in mein Zimmer auf der oberen Etage, brüllte: „Jetzt bekommst du eine Auszeit in Mamas und Papas Zimmer!"

Wieder hatte ich keine Strategie, keinen Plan oder Ansatz. Und deshalb fuhr mein kleiner Sohn damit fort, die Situation weiter eskalieren zu lassen, während seine zunehmend rot angelaufene Mutter ihn im Haus von einem Ort zum anderen zerrte.

An diesem Punkt war ich abwechselnd dabei, schmeichelnd zu betteln, zu schimpfen, zu befehlen, zu reagieren und zu argumentieren (insgesamt also viiiiel zu viel zu reden): „Du sollst Mama nicht wehtun. In unserer Familie regeln wir die Dinge nicht mit Schlagen und Treten. … Bla, bla, bla …"

Und dann machte er den größten Fehler. Er streckte mir seine Zunge heraus.

In Erwiderung wurde mein rationales, empathisches, verantwortungsvolles, Probleme lösendes oberes Gehirn von meinem primitiven, reaktiven unteren Gehirn endgültig überwältigt, und ich schrie: *„Wenn du noch einmal die Zunge raussteckst, reiße ich sie dir aus dem Mund!"*

Falls Sie sich wundern: Dan und ich empfehlen unter keinen Umständen, einem Kind damit zu drohen, irgendwelche seiner Körperteile zu entfernen. Das war keine gute Erziehungsmaßnahme.

Und es war auch keine sinnvolle Disziplin. Mein Sohn warf sich auf den Boden und weinte. Ich hatte ihm Angst gemacht, und er sagte ständig: „Du bist eine böse Mama!" Er dachte überhaupt nicht über sein eigenes Verhalten nach – er konzentrierte sich ausschließlich auf *mein* schlechtes Verhalten.

Was ich als Nächstes tat, war wahrscheinlich das Einzige, das ich in der gesamten Interaktion richtig machte, und es war das, was jedes Mal unverzichtbar ist, wenn wir in unserer Beziehung zu unserem Kind diese Formen von Bruch haben: Ich reparierte den Schaden. Ich erkannte umgehend, wie schrecklich ich in diesem reaktiven, wütenden Moment gewesen war. Wenn irgendjemand anders mein Kind so behandelt hätte, wie ich es gerade getan hatte, hätte ich die Fassung verloren. Ich kniete mich hin und gesellte mich zu meinem kleinen Sohn auf den Boden, zog ihn nah zu mir heran und sagte ihm, wie leid es mir täte. Ich ließ ihn darüber sprechen, wie sehr ihm missfallen hatte, was gerade geschehen war. Wir erzählten die Geschichte noch einmal, damit sie für ihn Sinn ergab, und ich tröstete ihn.

Normalerweise ernte ich großes Gelächter, wenn ich diese Geschichte wiedergebe, weil Eltern sich so gut mit dieser Art von Situation identifizieren können. Und ich denke, sie hören es gerne, dass auch eine Erziehungsexpertin komplett durchdrehen kann. Wie ich meinen Zuhörern erkläre, müssen wir geduldig, verständnisvoll und nachsichtig sein – nicht nur mit unseren Kindern, sondern auch mit uns selbst. (Die Leute fragen immer, was ich heute anders machen würde. Schauen Sie sich Kapitel 6 an, in dem wir den Umgang mit ungeeigentem Verhalten von Kleinkindern in vier Schritten erläutern – mit Abbildungen!)

Auch wenn es ein bisschen unangenehm ist, diese Geschichten zu erzählen, geben wir sie als (ja, lustigen) Beweis dafür preis, dass wir alle potenziell zu solchen vom unteren Gehirn ausgehenden Desintegrationen neigen, wenn wir die Fassung verlieren und uns schlecht regulieren können. Episoden wie diese sollten sich jedoch nicht regelmäßig ereignen. Wenn Sie feststellen, dass Sie wiederholt heftig ausrasten, empfehlen wir Ihnen, sich professionelle Hilfe zu suchen. Ein Experte kann Sie darin unterstützen, Ihre eigenen emotionalen Bedürfnisse oder Verletzungen zu verstehen, die mit ein Grund für Ihren häufig reaktiven Umgang mit Ihren Kindern sein können. Wenn Sie aber nur hin und wieder auf den unteren Weg geraten, wie es bei den meisten von uns der Fall ist, können Sie es einfach als einen Teil des Lebens betrachten. Das Entscheidende ist, dass wir erkennen, wann diese Momente stattfinden, ihnen so schnell wie möglich ein Ende bereiten, um die durch sie hervorgerufene Verletzung auf ein Mindestmaß zu beschränken, und dann reparieren. Wir müssen wiedererlangen, was wirklich verloren gegangen ist – *Mindsight* –, und dann Einsicht und Empathie nutzen, um uns wieder mit uns selbst zu verbinden und den Schaden zu reparieren, den wir in der Beziehung zu denen angerichtet haben, die wir so sehr lieben.

EINE MITTEILUNG FÜR DIE BETREUUNGSPERSONEN UNSERES KINDES

Unser Ansatz kurz und bündig

Sie sind eine wichtige Person im Leben unseres Kindes oder unserer Kinder. Sie bestimmen darüber mit, was für Menschen aus ihnen werden, indem Sie ihr Herz, ihren Charakter und sogar die Struktur ihres Gehirns prägen! Weil wir das fantastische Privileg und die unglaubliche Verantwortung teilen, ihnen zu vermitteln, kluge Entscheidungen zu treffen und gute, erfolgreiche Menschen zu sein, möchten wir Sie auch in die Art einweihen, wie wir mit schwierigem Verhalten umgehen. Wir tun dies in der Hoffnung, mit Ihnen zusammenarbeiten zu können, damit das Leben für unsere Kinder zu einer einheitlichen, harmonischen Erfahrung wird.

Dies sind die acht Grundprinzipien, die uns leiten:

1. *Disziplin ist unverzichtbar.* Unsere Kinder zu lieben und ihnen zu geben, was sie brauchen, beinhaltet unserer Überzeugung nach auch, klare und konsequente Grenzen zu setzen und ihnen und ihrer

wachsenden Kompetenz zu vertrauen. All das hilft ihnen, in Beziehungen und in anderen Bereichen ihres Lebens Erfolg zu haben.

2. *Sinnvolle Disziplin ist auf eine liebevolle, respektvolle Beziehung zwischen dem/der Erwachsenen und dem Kind angewiesen.* Disziplin sollte niemals Drohungen oder Demütigung beinhalten, körperliche Schmerzen verursachen, Kindern Angst machen oder ihnen das Gefühl geben, der/die Erwachsene sei eine Bedrohung. Disziplin sollte sich für alle Beteiligten sicher und liebevoll anfühlen.

3. *Das Ziel der Disziplin besteht darin, zu lehren.* Wir nutzen schwierige Momente, um bei den Kindern Kompetenzen aufzubauen, damit sie sich jetzt besser regulieren und in Zukunft bessere Entscheidungen treffen können. Normalerweise gibt es geeignetere Möglichkeiten des Lehrens als die, umgehende Konsequenzen zu verhängen. Statt zu bestrafen, begünstigen wir die Kooperation unserer Kinder, indem wir sie über ihre Handlungen nachdenken lassen und kreativ und spielfreudig sind. Wir setzen beim Gespräch mit ihnen Grenzen, um zur Entwicklung von Gewahrsein und von Kompetenzen beizutragen, die sowohl heute als auch morgen zu einem besseren Verhalten führen.

4. *Der erste Schritt besteht darin, den Emotionen der Kinder Beachtung zu schenken.* Wenn Kinder aus dem Lot geraten sind, liegt das normalerweise daran, dass sie nicht gut mit starken Gefühlen umgehen können und noch nicht die Fähigkeiten zum Treffen guter Entscheidungen besitzen. Der *hinter einem Verhalten* steckenden emotionalen Erfahrung gilt es deshalb ebensosehr Beachtung zu schenken wie dem Verhalten an sich. Die Wissenschaft zeigt sogar, dass das Eingehen auf die emotionalen Bedürfnisse der Kinder der sinnvollste Weg ist, Verhalten mit der Zeit zu ändern und die Gehirne der Kinder so zu nähren, dass Letztere sich besser regulieren können, wenn sie heranwachsen.

5. *Wenn Kinder aufgewühlt sind oder einen Wutanfall haben, brauchen sie uns am meisten.* Wir müssen ihnen zeigen, dass wir für sie da sind und dass wir auch dann für sie da sein werden, wenn sie sich

von ihrer absolut schlimmsten Seite zeigen. So bauen wir Vertrauen und ein Gefühl von Sicherheit auf.

6. *Manchmal müssen wir warten, bis Kinder zum Lernen bereit sind.* Wenn Kinder aufgewühlt oder außer Kontrolle sind, ist der schlechteste Zeitpunkt, sie etwas zu lehren zu versuchen. Diese starken Emotionen sind ein Beweis dafür, dass unsere Kinder uns brauchen. Unsere wichtigste Aufgabe besteht darin, ihnen zu helfen, sich zu beruhigen, damit sie die Kontrolle zurückgewinnen und sich gut verhalten können.

7. *Wir helfen ihnen, zum Lernen bereit zu sein, indem wir uns mit ihnen verbinden.* Bevor wir ihr Verhalten umlenken, verbinden wir uns mit ihnen und trösten sie. Genauso, wie wir ihr Leid lindern, wenn sie sich körperlich wehgetan haben, trösten wir sie, wenn sie emotional aufgewühlt sind. Wir tun dies, indem wir ihre Gefühle anerkennen und ihnen viel fürsorgliche Empathie entgegenbringen. Bevor wir ihnen etwas vermitteln, verbinden wir uns.

8. *Nachdem wir uns verbunden haben, lenken wir um.* Sobald sie diese Verbindung zu uns fühlen, sind Kinder eher bereit, zuzuhören. Deshalb können wir sie nun sinnvoll umlenken und mit ihnen über ihr Verhalten sprechen. Was hoffen wir zu erreichen, wenn wir umlenken und Grenzen setzen? Wir wollen, dass unsere Kinder Einsicht in sich selbst und Empathie für andere gewinnen sowie die Fähigkeit, Dinge wieder in Ordnung zu bringen, wenn sie Fehler gemacht haben.

Für uns lässt sich Disziplin auf eine einfache Formel bringen: *Verbinden und umlenken.* Unsere erste Reaktion sollte immer aus dem Anbieten tröstender Verbindung bestehen; dann können wir Verhaltensweisen umlenken. *Auch wenn wir Nein zu dem Verhalten der Kinder sagen, wollen wir doch immer Ja zu ihren Emotionen sagen sowie zu der Art und Weise, wie sie Dinge erleben.*

20 FEHLER …

… die auch großartige Eltern machen

Weil wir unsere Kinder grundsätzlich *immer* beeinflussen, erfordert es eine große Anstrengung, unsere Strategien objektiv zu betrachten. Gute Absichten können schnell durch nicht gerade sinnvolle Gewohnheiten ersetzt werden, wodurch wir oft blind agieren, in einer Weise vorgehen, die nicht unser Bestes zum Vorschein bringt – oder das Beste in unseren Kindern. Im Folgenden finden Sie einige gängige Fehler, die selbst den Eltern unterlaufen, die am besten informiert sind und die besten Absichten verfolgen. Diese Fehler entstehen, wenn wir unsere Ziele aus den Augen verlieren, die Ziele einer Disziplin ohne Drama und mit einem integrierten Gehirn. Sie im Hinterkopf zu behalten, kann uns helfen, die Fehler zu vermeiden oder einen Schritt zurückzutreten, wenn wir beginnen, den unteren Weg einzuschlagen.

1. Unsere Disziplin stützt sich nicht mehr auf das Vermitteln, sondern auf das Verhängen von Konsequenzen.

Das Ziel der Disziplin besteht nicht darin, jeder Regelverletzung umgehend mit einer Konsequenz zu begegnen. Das wahre Ziel besteht darin, unseren Kindern zu vermitteln, wie sie in dieser Welt gut zurechtkommen. Oftmals aber handeln wir im Autopilotmodus und konzentrieren uns so sehr auf die Konsequenzen, dass sie zu unserem Endziel werden, unsere gesamte Aufmerksamkeit beanspruchen. Fragen Sie sich also, was Ihr wahres Ziel ist. Finden Sie dann einen kreativen Weg, diese Botschaft zu vermitteln. Sie können das Gewünschte wahrscheinlich deutlich machen, ohne überhaupt irgendwelche Konsequenzen zu verhängen.

2. Wir glauben, dass wir nicht warmherzig und fürsorglich sein können, wenn es um Disziplin geht.

Sie können auch in herausfordernden Situationen ruhig, liebevoll und fürsorglich sein. Es ist sogar wichtig, klare und konsequente Grenzen mit liebevoller Empathie zu kombinieren. Unterschätzen Sie nicht, wie wirkungsvoll ein freundlicher Tonfall sein kann, wenn Sie mit Ihrem Kind über das Verhalten sprechen, das Sie ändern möchten. Letztendlich versuchen Sie, stark und konsequent zu bleiben, mit Ihrem Kind aber trotzdem in einer Weise zu interagieren, die Wärme, Liebe, Respekt und Mitgefühl kommuniziert. Diese zwei Aspekte der Erziehung können und sollten parallel zueinander existieren.

3. Wir verwechseln Konsequenz mit Starre.

Konsequenz bedeutet, dass wir eine verlässliche und in sich geschlossene Philosophie zur Grundlage unseres Handelns machen, damit unsere Kinder wissen, was wir von ihnen erwarten. Es bedeutet nicht, dass wir mit unbeirrbarer Treue an irgendwelchen willkürlichen Regeln festhalten. Manchmal können Sie also Ausnahmen von den Regeln machen, bei einer geringen Verletzung ein Auge zudrücken oder nachsichtig mit Ihrem Kind sein.

4. Wir reden zu viel.

Wenn Kinder sich in einer reaktiven Verfassung befinden und es ihnen schwerfällt, zuzuhören, müssen wir häufig einfach still sein. Es ist normalerweise kontraproduktiv, wenn wir pausenlos zu unseren aufgewühlten Kindern reden. Wir geben ihnen lediglich jede Menge sensorischen Input, der sie noch weiter dysregulieren kann. Nutzen Sie stattdessen mehr nonverbale Kommunikation. Halten Sie Ihre Kinder. Streichen Sie über ihre Schultern. Lächeln Sie, zeigen Sie Ihr Mitgefühl. Nicken Sie. Wenn sie sich dann beruhigen und bereit sind, zuzuhören, können Sie umlenken, indem Sie Worte einsetzen und die Angelegenheit auf einer verbaleren, logischeren Ebene behandeln.

5. Wir konzentrieren uns zu sehr auf das Verhalten und nicht genug auf das hinter dem Verhalten stehende Warum.

Jeder gute Arzt weiß, dass ein Symptom lediglich ein Zeichen dafür ist, dass etwas anderes behandelt werden muss. Kindliches Fehlverhalten ist normalerweise ein Symptom für etwas anderes. Es wird immer wiederkehren, wenn wir uns nicht mit den Gefühlen unserer Kinder und ihren subjektiven Erfahrungen verbinden, die zu dem Verhalten führen. Setzen Sie das nächste Mal, wenn Ihr Kind sich ausagiert, Ihre Sherlock-Holmes-Mütze auf und schauen Sie *durch* das Verhalten hindurch, um zu sehen, welche Gefühle oder Bedürfnisse – Neugier, Wut, Frustration, Erschöpfung, Hunger und so weiter – die Ursache für dieses Verhalten sein könnten.

6. Wir vergessen, uns darauf zu konzentrieren, wie wir das sagen, was wir sagen.

Was wir unseren Kindern sagen, ist von Bedeutung. Natürlich ist es das. Aber genauso wichtig ist, *wie* wir es sagen. Fällt es auch nicht leicht, wollen wir doch anstreben, jedes Mal freundlich und respektvoll zu sein, wenn wir mit unseren Kindern kommunizieren. Wir werden nicht immer in der Lage sein, dieses Ziel zu erreichen, es sollte aber unser Bestreben sein.

7. Wir kommunizieren, dass unsere Kinder keine starken oder negativen Gefühle empfinden sollten.

Kommt es vor, dass Sie die Reaktion Ihres Kindes unterbinden, wenn es heftig reagiert, weil etwas nicht nach seinem Willen läuft? Ohne es zu beabsichtigen, können wir als Eltern häufig die Botschaft aussenden, dass wir mit unseren Kindern nur zusammen sein wollen, wenn sie glücklich sind, nicht jedoch, wenn sie negative Emotionen zum Ausdruck bringen. Wir sagen möglicherweise Dinge wie: „Wenn du wieder nett sein kannst, kannst du dich wieder zu uns gesellen." Stattdessen wollen wir den Kindern kommunizieren, dass wir für sie da sind, selbst wenn sie sich von ihrer absolut schlimmsten Seite zeigen. Auch wenn wir Nein zu bestimmten Verhaltensweisen oder zur Art des Ausdrucks bestimmter Gefühle sagen, wollen wir Ja zu den Emotionen unserer Kinder sagen.

8. Wir überreagieren, wodurch unsere Kinder sich auf unsere Überreaktion konzentrieren, nicht auf ihre eigenen Handlungen.

Wenn wir mit unserer Disziplin über das Ziel hinausschießen – wenn wir bestrafen oder zu streng sind oder zu heftig reagieren –, hören unsere Kinder auf, sich auf ihr eigenes Verhalten zu konzentrieren, und fokussieren stattdessen darauf, wie gemein oder unfair wir ihrer Meinung nach sind.

Tun Sie also, was Sie können, um aus einer Mücke keinen Elefanten zu machen. Begegnen Sie dem Verhalten und entfernen Sie Ihr Kind nötigenfalls aus der Situation; nehmen Sie sich anschließend, bevor Sie viel sagen, Zeit, um sich zu beruhigen, damit Sie ruhig und wohlüberlegt auf Ihr Kind eingehen können. Dann können statt Ihrer eigenen weiterhin die Handlungen Ihres Kindes im Mittelpunkt stehen.

9. Wir reparieren nicht.

Es gibt keine Möglichkeit, Konflikte mit unseren Kindern zu vermeiden. Und wir werden, was unser Verhalten angeht, nicht immer in Bestform sein. Wir werden bisweilen unreif, reaktiv und unfreundlich sein. Das Wichtigste ist, dass wir unser eigenes ungutes Verhalten zur Sprache bringen und den Bruch in der Beziehung so schnell wie möglich reparieren, am ehesten durch das Gewähren von und Bitten um Vergebung. Indem wir so schnell wie möglich auf aufrichtige und liebevolle Weise reparieren, leben wir unseren Kindern eine entscheidende Fähigkeit vor, die es ihnen ermöglichen wird, sich beim Großwerden an sehr viel bedeutsameren Beziehungen zu erfreuen.

10. Wir machen in einem emotionalen, reaktiven Moment Vorschriften, erkennen dann, dass wir überreagiert haben.

Bisweilen können unsere Erklärungen überdimensioniert sein: „Du gehst den Rest des Sommers nicht mehr schwimmen!“ Erlauben Sie sich in diesen Momenten, die Situation zu korrigieren. Natürlich ist es wichtig, dass Sie zu Entscheidungen stehen, ansonsten verlieren Sie Ihre Glaubwürdigkeit. Aber Sie können konsequent sein und trotzdem einen Weg aus der Klemme finden. Zum Beispiel können Sie die „Zweite-Chance“-Karte anbieten, indem Sie sagen: „Es hat mir nicht gefallen, was du getan hast, aber ich gebe dir noch eine Chance, es anders und richtig zu machen.“ Sie können auch zugeben, dass Sie überreagiert haben: „Ich bin vorhin wütend geworden und habe nicht gründlich über die Sache nachgedacht. Jetzt habe ich mir noch einmal Gedanken gemacht und meine Meinung geändert."

11. Wir vergessen, dass unsere Kinder manchmal unsere Hilfe brauchen, um gute Entscheidungen zu treffen oder sich zu beruhigen.

Wenn unsere Kinder die Kontrolle zu verlieren beginnen, ist die Versuchung groß, von ihnen zu verlangen, „sofort damit aufzuhören". Aber manchmal, und das gilt insbesondere für kleine Kinder, sind sie nicht dazu *fähig*, sich umgehend zu beruhigen. Das bedeutet, dass Sie eingreifen und ihnen helfen müssen, gute Entscheidungen zu treffen. Der erste Schritt besteht darin, dass Sie sich mit Ihrem Kind verbinden – unter Einsatz von Worten und nonverbaler Kommunikation –, und ihm helfen, zu verstehen, dass Sie sich seiner Frustration bewusst sind. Erst nach dem Herstellen dieser Verbindung wird es dafür bereit sein, von Ihnen umgelenkt zu werden, damit es zukünftig bessere Entscheidungen trifft. Denken Sie daran, häufig müssen wir warten, bevor wir reagieren. Wenn unsere Kinder außer Kontrolle sind, ist es nicht der beste Zeitpunkt für das Durchsetzen einer Regel. Wenn sie ruhiger und empfänglicher sind, sind sie ohnehin eher zum Zuhören bereit.

12. Wir denken in einer herausfordernden Situation an ein Publikum

Die meisten von uns machen sich zu viele Gedanken darüber, was andere Leute denken, insbesondere, wenn es darum geht, wie wir unsere Kinder erziehen. Aber es ist Ihren Kindern gegenüber nicht fair, anders zu handeln, wenn jemand zuschaut. So kann beispielsweise die Versuchung groß sein, sich vor den Augen der Schwiegereltern strenger oder reaktiver zu verhalten, weil Sie meinen, in Ihrer Rolle als Mutter oder als Vater beurteilt zu werden. Widerstehen Sie also dieser Versuchung. Nehmen Sie Ihr Kind zur Seite und sprechen Sie leise nur mit ihm alleine, ohne dass irgendjemand zuhört. Nicht nur brauchen Sie sich dann keine Gedanken zu machen, wie Sie sich für die anderen Menschen im Raum anhören, auch wird sich Ihr Kind stärker auf Sie konzentrieren und Sie können sich besser auf sein Verhalten und seine Bedürfnisse einstellen.

13. Wir verfangen uns in Machtkämpfen

Wenn unsere Kinder sich in die Ecke gedrängt fühlen, setzen sie sich instinktiv zur Wehr oder schalten komplett ab. Vermeiden Sie also diese Falle. Ziehen Sie in Betracht, Ihrem Kind einen Ausweg zu bieten: „Möchtest du erst mal was trinken, und dann heben wir das Spielzeug auf?“ Oder verhandeln Sie: „Lass uns mal gucken, ob wir eine Möglichkeit finden, wie wir beide bekommen, was wir brauchen.“ (Selbstverständlich gibt es einige Dinge, die nicht verhandelbar sind, aber Verhandeln ist kein Zeichen von Schwäche; es ist ein Zeichen von Respekt vor Ihrem Kind und seinen Wünschen.) Sie können Ihr Kind sogar um Hilfe bitten: „Hast du irgendwelche Vorschläge?“ Sie könnten überrascht sein, festzustellen, wie sehr Ihr Kind zum Nachgeben bereit ist, um eine friedliche Lösung der verfahrenen Situation herbeizuführen.

14. Statt auf unser individuelles Kind in einem bestimmten Moment einzugehen, reagieren wir in Erwiderung auf unsere Gewohnheiten und Gefühle.

Manchmal putzen wir unser Kind runter, weil wir müde sind oder weil unsere Eltern dasselbe mit uns getan haben oder weil wir von seinem Bruder die Nase voll haben, der den gesamten Vormittag Theater gemacht hat. Das ist nicht fair, aber es ist verständlich. Dann müssen wir über unser Verhalten reflektieren, wirklich in dem Moment bei unseren Kindern gegenwärtig sein und ausschließlich auf das eingehen, was in dem Augenblick geschieht. Dies ist eine der schwierigsten Aufgaben im Leben mit Kindern, aber je öfter wir sie bewältigen, umso besser können wir in liebevoller Weise auf unsere Kinder eingehen.

15. Wir beschämen unsere Kinder, wenn wir sie vor anderen korrigieren.

Denken Sie, wenn Sie Ihr Kind in der Öffentlichkeit zurechtweisen müssen, an seine Gefühle. (Stellen Sie sich vor, wie Sie sich fühlen würden, wenn Ihr Partner Sie vor anderen Menschen wegen etwas zur Rede stellen würde!) Verlassen Sie, wenn möglich, das Zimmer, oder ziehen Sie Ihr Kind einfach nah zu sich heran und flüstern Sie. Das ist nicht immer möglich, erweisen Sie Ihrem Kind aber, wenn Sie können, den Respekt, es nicht zusätzlich noch zu demütigen, wenn Sie seinem Verhalten begegnen. Schließlich bewirkt die Beschämung lediglich, dass die Aufmerksamkeit des Kindes von der Botschaft abgelenkt wird, die Sie ihm vermitteln wollen, und dass es wahrscheinlich nichts von dem hört, was Sie ihm sagen wollen.

16. Wir nehmen das Schlimmste an, bevor wir unsere Kinder erklären lassen.

Manchmal sieht eine Situation schlimm aus und ist es auch tatsächlich. Aber manchmal sind die Dinge nicht so schlimm, wie sie aussehen. Hören Sie Ihrem Kind also zu, bevor Sie ihm Einhalt gebieten. Es könnte eine gute Erklärung haben. Es ist wirklich frustrierend, zu glauben, Gründe für seine Handlungen zu haben, die andere Person jedoch sagen zu hören: „Das ist mir egal. Ich will das nicht hören. Es gibt keinen Grund und keine Entschuldigung." Selbstverständlich dürfen Sie nicht naiv sein, und jede Mutter und jeder Vater muss jederzeit kritisch nachdenken. Bevor Sie aber ein Kind für etwas verurteilen, das auf den ersten Blick offensichtlich erscheint, sollten Sie herausfinden, was es zu sagen hat. Dann können Sie entscheiden, wie Sie am besten damit umgehen.

17. Wir tun die Erfahrung unserer Kinder ab.

Wenn ein Kind heftig auf eine Situation reagiert, und insbesondere dann, wenn die Reaktion unbegründet und sogar lächerlich erscheint, ist die Versuchung groß, so etwas zu sagen wie: „Du bist ja nur müde", „Hör auf zu jammern", „Das ist doch nicht so schlimm" oder „Warum weinst du denn deshalb?" Aber Aussagen wie diese spielen die Erfahrung des Kindes herunter. Stellen Sie sich vor, jemand würde einen dieser Sätze zu Ihnen sagen, wenn Sie aufgewühlt sind! Es ist sehr viel feinfühliger und sinnvoller, zuzuhören, mitzufühlen und die Erfahrung Ihres Kindes wirklich zu verstehen, bevor Sie etwas sagen. Selbst wenn sie Ihnen lächerlich vorkommt, vergessen Sie nicht, sie ist für Ihr Kind sehr real. Und Sie wollen nicht etwas abtun, das Ihrem Kind wichtig ist.

18. Wir erwarten zu viel.

Die meisten Eltern würden sagen, sie wüssten, dass Kinder nicht perfekt sind. Aber gleichzeitig erwarten die meisten Eltern von ihren Kindern, dass sie sich jederzeit gut benehmen. Was den Umgang mit Emotionen und das Treffen guter Entscheidungen angeht, erwarten Eltern zudem häufig zu viel von ihren Kindern – viel mehr, als der Entwicklung angemessen wäre. Das ist insbesondere bei Erstgeborenen der Fall. Der andere Fehler im Zusammenhang mit zu hohen Erwartungen besteht darin, davon auszugehen, dass unser Kind nur deshalb, weil es manchmal gut mit Dingen umgehen kann, immer gut mit Dingen umgehen kann. Aber insbesondere, wenn Kinder klein sind, schwankt ihr Vermögen, gute Entscheidungen zu treffen, erheblich. Dass sie in einem Moment mit bestimmten Dingen gut umgehen können, heißt nicht, dass sie hierzu auch bei anderen Gelegenheiten in der Lage sein werden.

19. Wir lassen „Experten" unsere Intuition übertrumpfen.

Mit „Experten" meinen wir Autoren und andere Gurus sowie Freunde und Familienangehörige. Es ist wichtig, dass wir vermeiden, so vorzugehen, wie wir es nach Ansicht einer anderen Person tun sollten. Füllen Sie Ihren Werkzeugkasten mit Informationen vieler Experten (und Laien) und hören Sie dann auf Ihre eigene Intuition, wenn Sie unterschiedliche Aspekte verschiedener Ansätze auswählen, die am besten zu Ihrer Situation mit Ihrer Familie und Ihrem einzigartigen Kind zu passen scheinen.

20. Wir gehen zu hart mit uns ins Gericht.

Wir haben festgestellt, dass es häufig die fürsorglichsten und pflichtbewusstesten Eltern sind, die zu hart mit sich selbst umgehen. Sie wollen jedes Mal, wenn ihre Kinder Dummheiten anstellen, gut reagieren. Aber das ist einfach nicht möglich. Gehen Sie also etwas nachsichtiger mit sich um. Lieben Sie Ihre Kinder, setzen Sie klare Grenzen, gehen Sie mit Liebe auf sie ein und versöhnen Sie sich wieder mit ihnen, wenn Sie selbst Fehler machen. Diese Form der Disziplin ist für alle Beteiligten gut.

EIN TEXTAUSZUG

Achtsame Kommunikation mit Kindern.

12 revolutionäre Strategien aus der Hirnforschung für die gesunde Entwicklung Ihres Kindes

Von Daniel J. Siegel und Tina Payne Bryson,
Arbor Verlag 2013, Übersetzung: Mike Kauschke

Sie kennen diese Tage bestimmt: Zu wenig Schlaf, die schmutzigen Fußballschuhe auf dem frisch gesäuberten Boden, die Erdnussbutter an der neuen Jacke, die Knete in der Tastatur Ihres Computers und die endlosen Wiederholungen von „Sie hat angefangen!" bringen Sie dazu, die Minuten zu zählen, bis Ihre Kinder endlich im Bett sind. An diesen Tagen, wenn Sie etwas zum hundertsten Mal erklären müssen, scheint das Beste, worauf Sie hoffen können, nur noch eines zu sein: die Situation irgendwie zu *überstehen.*

Aber wenn es um Ihre Kinder geht, geht es nicht nur um das reine Überstehen solcher Situationen – Sie haben wesentlich höhere Ziele. Sicher wollen Sie diese schwierigen Situationen mit den Wutanfällen im Restaurant überstehen. Aber ob Sie nun der Vater oder die Mutter oder eine andere enge Bezugsperson im Leben des Kindes sind, Ihr Ziel besteht darin, Kinder so ins Leben zu begleiten, dass sie sich *entfalten* können. Sie möchten, dass Ihre Kinder sinnvolle Beziehungen erfahren, fürsorglich und mitfühlend sind, gute Leistungen in der Schule erreichen, sich verwirklichen, verantwortungsvoll sind und gesundes Selbstvertrauen entwickeln.

Überleben. Entfalten.

Im Laufe der Jahre haben wir Tausende von Eltern getroffen. Wenn wir sie fragten, was ihnen am wichtigsten wäre, standen Varianten dieser beiden Ziele immer ganz oben auf der Liste. Sie wollen schwierige Momente im Leben mit Kindern überstehen und sie wollen, dass sich ihre Kinder und ihre Familie entwickeln. Wir sind selbst Eltern und das sind auch unsere Ziele. In unseren besseren, ruhigeren und klügeren Momenten ist uns die geistige Entwicklung der Kinder wichtig. Wir wollen ihre Gefühle des Staunens unterstützen und ihnen helfen, in allen Aspekten des Lebens ihr volles Potenzial zu entfalten. Aber in den hektischen, gestressten Momenten, in denen wir den Kleinsten in den Kindersitz bekommen müssen, um es noch zum Fußballspiel des Ältesten zu schaffen, ist manchmal alles, worauf wir hoffen können, dass wir nicht plötzlich zu hören bekommen (oder selbst sagen): „Du bist so gemein!"

Nehmen Sie sich einen Moment Zeit und fragen Sie sich selbst: Was will ich wirklich für meine Kinder? Welche Eigenschaften sollen sie entwickeln und ins Erwachsensein mitnehmen? Wahrscheinlich möchten Sie, dass sie glücklich, unabhängig und erfolgreich sind. Sie möchten, dass Ihre Kinder erfüllende Beziehungen erfahren und ein sinnvolles Leben führen. Nun denken Sie einmal darüber nach, wie viel Zeit Sie verwenden, um bei Ihren Kindern absichtsvoll diese Eigenschaften zu entwickeln. Wenn Sie wie die meisten Eltern sind, machen Sie sich Sorgen, dass Sie zu viel Zeit damit verbringen, einfach nur den nächsten Tag (und manchmal die nächsten fünf Minuten) zu überstehen. Sie denken vielleicht, dass Sie nicht genug Zeit haben, um Erfahrungen zu ermöglichen, die es Ihren Kindern erlauben, sich zu entfalten – sowohl heute als auch in der Zukunft.

Sie vergleichen sich möglicherweise sogar selbst mit einer vermeintlich perfekten Mutter oder einem perfekten Vater, die oder der nie damit zu tun hat, bestimmte Situationen zu überstehen, und scheinbar jede wache Minute damit verbringt, sich um die Entfaltung der Kinder zu kümmern. Sie wissen schon: der Vorsitzende des Elternrates, der seinen Kindern biologisch ausgewogene Mahlzeiten kocht und ihnen gleichzeitig in lateinischer Sprache etwas über die Wichtigkeit der Hilfe für andere Menschen vorliest und die Kinder dann im Hybrid-Auto zum Kunstmuseum chauffiert, mit klassischer Musik und Lavendel-Aromatherapie, die durch die Klimaanlage strömt. Niemand von uns kommt an solch einen Super-Vater oder an solch eine Super-Mutter heran. Besonders dann nicht, wenn wir das Gefühl haben, dass wir einen Großteil unserer Zeit im Überlebensmodus verbringen, in dem wir dann am Ende der Geburtstagsparty nur noch mit hochrotem Kopf und weit aufgerissenen Augen rufen können: „Wenn du weiter über diesen Pfeil und Bogen diskutierst, dann bekommt hier niemand Geschenke!"

Wenn sich das für Sie irgendwie bekannt anhört, dann haben wir hier gute Nachrichten für Sie: *Die Momente, die Sie nur überstehen wollen, sind in Wirklichkeit Gelegenheiten, um Ihr Kind in seiner Entfaltung zu unterstützen.* Manchmal haben Sie vielleicht das Gefühl, dass die liebevollen, wichtigen Momente (wie ein bedeutungsvolles Gespräch über Mitgefühl oder einen guten Charakter) von den Herausforderungen der Erziehung getrennt sind (wie der nächste Kampf um die Hausaufgaben oder der Umgang mit einer neuen Katastrophe). Aber sie sind überhaupt nicht getrennt. Wenn Ihr Kind respektlos ist, wenn Sie zu einem Termin mit der Schulleitung gebeten werden, wenn Sie auf der Wand Buntstift-Kritzeleien sehen: Dann sind das ohne Frage Überlebensmomente. Aber gleichzeitig sind es Gelegenheiten – sogar Geschenke –, denn ein Überlebensmoment ist *auch* ein Entfaltungsmoment, eine kostbare Gelegenheit, mit unseren Kindern zu wachsen.

Erziehung mit einem Verständnis des Gehirns

Eltern sind oft Experten in Bezug auf den Körper ihrer Kinder. Sie wissen, dass eine Körpertemperatur über 38° C Fieber ist. Eltern wissen, dass man eine Wunde reinigen muss, damit keine Infektion entsteht. Sie wissen, welches Essen die Kinder so „aufdreht", dass sie kaum schlafen können.

Aber selbst die fürsorglichsten, kultiviertesten Eltern haben oft kaum ein grundlegendes Wissen über das Gehirn ihres Kindes. Ist das nicht erstaunlich? Besonders dann, wenn wir die zentrale Rolle des Gehirns bedenken, die es in so gut wie jedem Bereich des kindlichen Lebens spielt, der den Eltern ein Anliegen ist: Ausgeglichenheit, Disziplin, Entscheidungsfindung, Selbstwahrnehmung, Schule, Beziehungen usw. In der Tat bestimmt das Gehirn in großem Maße, wer wir sind und was wir tun. Und weil das Gehirn in großem Ausmaß von den Erfahrungen beeinflusst wird, die wir als Eltern ermöglichen, können wir die innere Stärke, die Resilienz und das Selbstbewusstsein eines Kindes fördern, wenn wir wissen, wie sich das Gehirn als Reaktion auf unsere Erziehung verändert.

Wir möchten Sie also in die Perspektive des integrierten Gehirns einführen. Wir möchten Ihnen einige grundlegende Konzepte über das Gehirn vermitteln und Ihnen helfen, Ihr neues Wissen anzuwenden, sodass es das Leben mit Ihren Kindern erleichtert und mit Sinn erfüllt. Wir sagen nicht, dass dieser Ansatz des integrierten Gehirns Sie von allen Frustrationen der Erziehung befreien wird. *Aber indem Sie einige einfache Grundlagen über die Gehirnfunktion verstehen lernen, werden Sie in der Lage sein, Ihr Kind besser zu verstehen, effektiver auf schwierige Situationen zu antworten, und die Basis für soziale, emotionale und mentale Gesundheit bilden.* Was Sie als Eltern tun, ist wichtig – und wir geben Ihnen klare, wissenschaftliche Konzepte, die Ihnen helfen werden, eine tiefe Beziehung mit Ihrem Kind zu entwickeln, die sein Gehirn positiv formen kann und ihm die beste Ausgangsbasis für ein gesundes und glückliches Leben gibt.

Was ist Integration und warum ist sie wichtig?

Viele von uns denken nicht über die Tatsache nach, dass unser Gehirn viele verschiedene Teile mit verschiedenen Aufgaben hat. Wir haben zum Beispiel eine linke Hirnhälfte, durch die wir logisch denken und Gedanken zu Sätzen organisieren können, und wir haben eine rechte Hirnhälfte, durch die wir Emotionen erleben und nonverbale Zeichen lesen können. Wir haben auch ein „Reptiliengehirn", durch das wir instinktiv handeln und sekundenschnelle Überlebensentscheidungen treffen können. Und wir haben ein „Säugetiergehirn", das uns Verbindungen und Beziehungen aufbauen lässt. Ein weiterer Teil unseres Gehirns hat die Aufgabe, sich mit Erinnerungen zu beschäftigen, ein anderer Teil trifft ethisch-moralische Entscheidungen. Es ist fast so, als hätte unser Gehirn multiple Persönlichkeiten – einige sind rational, einige sind irrational; einige sind empfänglich, die anderen reaktiv. Kein Wunder, dass wir in verschiedenen Momenten wie ein ganz anderer Mensch wirken können!

Der Schlüssel zur Entfaltung besteht darin, diesen Teilen zu helfen, gut zusammenzuarbeiten – sie also zu integrieren. Integration nutzt die verschiedenen Teile des Gehirns und unterstützt sie in der Zusammenarbeit als ein Ganzes. Vergleichbar der Funktionsweise des Körpers, der verschiedene Organe besitzt, die unterschiedliche Aufgaben erfüllen: Die Lunge atmet Luft, das Herz pumpt Blut, der Magen verdaut Nahrung. Damit der Körper gesund ist, müssen all diese Organe integriert sein. Mit anderen Worten, sie müssen alle ihre individuelle Aufgabe erfüllen und gleichzeitig als Ganzes zusammenarbeiten. Und das ist, einfach gesagt, Integration: verschiedene Elemente miteinander zu verbinden, um ein gut funktionierendes Ganzes zu schaffen. Wie bei der gesunden Funktionsweise des Körpers kann unser Gehirn nur dann auf höchstem Niveau arbeiten, wenn die verschiedenen Teile koordiniert und ausgeglichen zusammenarbeiten. Das ist genau die Aufgabe von Integration: Sie koordiniert die getrennten Bereiche des Gehirns, verbindet sie miteinander und gleicht sie aus. Wir können schnell erkennen, wenn unsere Kinder nicht integriert sind – sie werden von ihren Emotionen überwältigt, konfus und chaotisch. Sie können nicht ruhig und angemessen auf die momentane Situation reagieren. Wutausbrüche, Trotzanfälle, Aggression und die meisten herausfordernden Erfahrungen der Erziehung – und des Lebens – sind das Ergebnis eines Mangels an Integration, der auch als Desintegration oder Auflösung bezeichnet wird.

Wir wollen unseren Kindern helfen, integrierter zu werden, damit sie ihr ganzes Gehirn in einer koordinierten Weise nutzen können. Wir wollen zum Beispiel, dass sie horizontal integriert sind, damit die Logik der linken Hirnhälfte gut mit der Emotion der rechten Gehirnhälfte zusammenarbeiten kann. Wichtig ist auch, dass sie vertikal integriert sind, damit die höheren, weiter entwickelten Teile des Gehirns, durch die sie ihr Handeln überdenken können, gut mit den unteren Teilen zusammenarbeiten, denen es eher um Instinkt, Bauchgefühle und um das Überleben geht.

Die Art und Weise, wie Integration geschieht, ist faszinierend und etwas, dessen sich die meisten Menschen nicht bewusst sind. In den vergangenen Jahren haben Wissenschaftler bildgebende Verfahren zur Untersuchung des Gehirns entwickelt, durch die die Forscher das Gehirn in einer Weise untersuchen konnten, wie es nie zuvor möglich war. Diese neue Technik hat viel von dem bestätigt, was wir bisher über das Gehirn angenommen haben. Aber eine der Überraschungen, die die Grundlagen der Neurowissenschaft erschüttert hat, ist die Entdeckung, dass das Gehirn in der Tat „plastisch" oder formbar ist. Das bedeutet, dass sich das Gehirn im Laufe unseres Lebens physisch verändert, nicht nur in der Kindheit, wie bisher angenommen wurde.

Was formt unser Gehirn? Erfahrung. Selbst noch im hohen Alter verändern unsere Erfahrungen tatsächlich die physische Struktur des Gehirns. Wenn wir durch eine Erfahrung gehen, werden unsere Hirnzellen – auch Neuronen genannt – aktiv und „gezündet". Das Gehirn enthält hundert Milliarden Neuronen. Jedes davon hat ungefähr zehntausend Verbindungen zu anderen Neuronen. Die Art und Weise, wie bestimmte Kreisläufe im Gehirn aktiviert werden, bestimmt die Natur unserer mentalen Aktivität, die vom Wahrnehmen von Bildern oder Klängen bis zum abstrakten Denken und vernünftigen Abwägen reicht. Wenn Neuronen zusammen aktiviert werden, dann wachsen zwischen ihnen neue Verbindungen. Mit der Zeit führen die Verbindungen, die von der Aktivierung herrühren, zu einer „neuen Vernetzung" des Gehirns. Das sind sehr aufregende Neuigkeiten. Sie bedeuten, dass wir nicht dem ausgeliefert sind, wie unser Gehirn heute funktioniert – wir können es tatsächlich neu vernetzen, damit wir gesünder und glücklicher leben können. Das trifft nicht nur für Kinder und Heranwachsende zu, sondern für jeden von uns während der gesamten Lebensspanne.

In jedem Moment wird das Gehirn Ihres Kindes neu vernetzt und die Erfahrungen, die Sie ihm ermöglichen, werden in großem Ausmaß die Struktur seines Gehirns bestimmen. Sie müssen sich deshalb aber keinen Druck machen. Es gibt keinen Grund zur Sorge. Die Natur hat es so angelegt, dass sich die grundlegende Architektur des Gehirns entwickeln wird, wenn wir ausreichend Nahrung, Schlaf und Stimulation bekommen. Natürlich spielen auch die Gene eine große Rolle dabei, was für Menschen wir werden, vor allem in Bezug auf unser Temperament. Aber Erkenntnisse aus verschiedenen Bereichen der Entwicklungspsychologie legen nahe, dass alles, was uns begegnet – die Musik, die wir hören; die Menschen, die wir lieben; die Bücher, die wir lesen; die Disziplin, die wir erlernen; die Emotionen, die wir fühlen –, eine tiefe Wirkung auf die Entwicklung unseres Gehirns hat. Mit anderen Worten, ergänzend zur grundlegenden Architektur des Gehirns und unseres angeborenen Temperaments können Eltern noch viel tun, um den Kindern die Erfahrungen zu ermöglichen, die ihnen helfen, ein widerstandsfähiges, gut integriertes Gehirn zu entwickeln. Dieses Buch wird Ihnen zeigen, wie Sie alltägliche Erfahrungen nutzen können, um das Gehirn Ihres Kindes im Prozess zunehmender Integration zu unterstützen.

Kinder, deren Eltern mit ihnen über ihre Erfahrungen sprechen, haben in der Regel einen besseren Zugang zu den Erinnerungen an diese Erfahrungen. Eltern, die mit ihren Kindern über die Gefühle der Kinder sprechen, ziehen Kinder auf, die emotionale Intelligenz entwickeln und ihre eigenen Gefühle und die Gefühle anderer Menschen umfassender verstehen können. Schüchterne Kinder, deren Eltern ihre Kinder zum Entdecken der Welt ermutigen, neigen dazu, ihre verhaltensbedingte Schüchternheit zu überwinden. Kinder hingegen, die allzu sehr beschützt werden oder ohne Unterstützung angstauslösenden Erfahrungen ausgesetzt werden, behalten oft ihre Schüchternheit bei.

Es gibt ein ganzes Forschungsfeld innerhalb der Wissenschaft von der Entwicklung des Kindes und der Bindungstheorie, das diese Sichtweise unterstützt – und die neuen Erkenntnisse im Bereich der Neuroplastizität untermauern diese Perspektive: Eltern können das Wachstum des Gehirns ihrer Kinder durch die Erfahrungen, die sie ihnen ermöglichen, direkt beeinflussen. Das Ausmaß der Zeit, die Kinder vor einem Bildschirm verbringen – mit Videospielen, Fernsehen oder mit *Smartphones* –, wird das Gehirn in bestimmter Art und Weise vernetzen. Pädagogische Aktivitäten, Sport und Musik werden es in anderer Weise vernetzen. Und Zeit mit der Familie und Freunden zu verbringen und etwas über Beziehungen zu lernen, besonders im direkten Kontakt, wird das Gehirn in wieder einer anderen Art und Weise vernetzen. Alles, was uns widerfährt, hat eine Wirkung auf die Entwicklung des Gehirns.

Um diesen Prozess von Vernetzung und Neuvernetzung geht es bei der Integration: Wir ermöglichen unseren Kindern Erfahrungen, um Verbindungen zwischen verschiedenen Teilen des Gehirns zu schaffen. Wenn diese Teile zusammenarbeiten, schaffen und erhalten sie die integrativen Fasern, die verschiedene Teile des Gehirns miteinander verbinden. Als Folge dessen werden sie stärker verbunden und können noch harmonischer zusammenarbeiten. So wie eine Sängerin in einem Chor ihre einzigartige Stimme harmonisch einbringen kann, ist ein integriertes Gehirn in der Lage, viel mehr zu erreichen, als es dessen einzelne Teile alleine tun könnten.

Das möchten wir für jedes unserer Kinder tun: seinem Gehirn helfen, sich zu integrieren, damit es seine mentalen Fähigkeiten voll ausschöpfen kann. Mit dem Wissen über das Gehirn können Sie besser auswählen, was Sie Ihre Kinder lehren, und wie und warum Sie auf sie reagieren. Dann können Sie viel mehr, als nur die Kindheit Ihrer Kinder zu überstehen. Wenn Sie Ihrem Kind immer wieder Erfahrungen ermöglichen, ein integriertes Gehirn zu entwickeln, dann werden Sie mit weniger alltäglichen Erziehungskrisen zu tun haben. Zudem wird Ihnen das Verständnis der Integration auch ein tieferes Wissen über Ihr Kind eröffnen und Sie können effektiver auf schwierige Situationen reagieren und selbstständig eine Grundlage für ein Leben in Liebe und Glück fördern. Als Folge dessen wird sich nicht nur Ihr Kind entfalten – jetzt und auf dem Weg zum Erwachsenwerden –, sondern auch Sie und Ihre ganze Familie werden davon profitieren.

DANKSAGUNG

Wir sind allen Menschen zutiefst dankbar, die zur Entstehung dieses Buches beigetragen haben, das zu schreiben uns eine Herzensangelegenheit war. Unsere Lehrer, Kollegen, Freunde, Studenten und Familienangehörigen haben wesentlichen Einfluss darauf gehabt, wie wir über die hier vorgestellten Ideen denken und wie wir sie vermitteln. Ein besonderer Dank geht an Michael Thompson, Natalie Thompson, Janel Umfress, Darrell Walters, Roger Thompson, Gina Osher, Stephanie Hamilton, Rick Kidd, Andre van Rooyen, Lara Love, Gina Griswold, Deborah Buckwalter, Galen Buckwalter, Jay Bryson und Liz Olson für das Feedback, das sie uns zu diesem Buch gegeben haben. Auch danken wir unseren Mentoren, ärztlichen Kollegen sowie den Studenten am Mindsight Institute und den Teilnehmern unserer verschiedenen Seminare und Elterngruppen, deren Fragen uns dazu anspornen, mehr herauszufinden und zu lernen, und die uns Feedback zu vielen der Ideen gegeben haben, welche die Basis des in diesem Buch präsentierten Erziehungsansatzes bilden. Es gibt so viele Menschen, die unser Leben und unsere Arbeit bereichern, dass wir ihnen unmöglich allen einzeln danken können. Wir hoffen aber, ihr wisst, wie viel ihr uns bedeutet.

Wir möchten unserem Freund und Literaturagenten Doug Abrams danken, der nicht nur seinen Reichtum an Schreibwissen in den Prozess eingebracht hat, sondern auch seine Leidenschaft und sein Engagement für die Stärkung von Familien und das Aufziehen von gesunden und glücklichen Kindern. Wir respektieren ihn sowohl als Agenten als auch als Vertreter des Humanitätsgedankens. Dankbar erkennen wir auch den Einsatz und den Enthusiasmus unserer Lektorin Marnie Cochran an, die uns nicht nur während des gesamten Publikationsprozesses ihren klugen Rat gewährte, sondern uns auch sehr viel Geduld entgegenbrachte, wenn wir uns bemühten, die uns so wichtigen Ideen auf genau die richtige Art und Weise auszudrücken. Und unserer wunderbaren Illustratorin Merrilee Liddiard können wir gar nicht genug dafür danken, dass sie ihr Talent und ihre Kreativität in dieses Projekt eingebracht und die in der linken Gehirnhälfte produzierten Wörter dieses Buches mit in der rechten Gehirnhälfte erzeugtem grafischem und visuellem Leben erfüllt hat.

Zusätzlich danken wir allen Eltern und Patienten, deren Geschichten und Erfahrungen es uns ermöglicht haben, Beispiele zu liefern, welche die Ideen und Theorien bereichern und einen Praxisbezug herstellen. Selbstverständlich haben wir ihre Namen und die Details ihrer Geschichten abgeändert; wir sind jedoch dankbar für die Macht, die ihre Geschichten der Vermittlung der Disziplin ohne Drama verliehen haben.

Wir wollen einander unsere Dankbarkeit aussprechen. Unsere gemeinsame Leidenschaft für diese Ideen und für ihre Weitergabe an die Welt macht unsere Zusammenarbeit zu einer bedeutenden Ehre. Wir sind unseren engen und entfernteren Familienangehörigen dankbar, die Einfluss darauf hatten und haben, wer wir sind, und die honorieren, was wir tun. Genauso, wie wir Wirkung darauf ausgeübt haben, wer unsere Kinder sind und was aus ihnen werden wird, haben unsere Kinder Wirkung darauf ausgeübt, wer wir als Individuen und als Fachleute sind, und wir sind tief berührt von dem Sinn und der Freude, die sie uns geben. Und schließlich danken wir unseren Partnern, Caroline und Scott, die auf indirekte wie direkte Weise zur Produktion dieses Manuskripts beigetragen haben. Sie wissen, was sie uns bedeuten, und niemals könnten wir vollständig in Worte fassen, wie wichtig sie uns sind, als persönliche wie als berufliche Partner.

Das Lernen wird im Leben am besten in gemeinschaftlichen Beziehungen zu anderen kultiviert. Was unsere eigene Form der Erziehung angeht, sind uns unsere Kinder – die in Dans Fall inzwischen über zwanzig sind, in Tinas Fall im Teenageralter und etwas darunter – die wichtigsten Lehrer gewesen: Sie haben uns die entscheidende Bedeutung von Verbindung und Verständnis, Geduld und Beharrlichkeit gelehrt. Bei den gesamten Gelegenheiten und Herausforderungen, denen wir uns als ihre Eltern gegenübersahen, wurden wir durch ihre Handlungen und Reaktionen, ihre Worte und ihre Emotionen daran erinnert, dass es beim Disziplinieren ums Lehren geht, ums Lernen, darum, in unseren alltäglichen Erfahrungen Lektionen zu entdecken, egal, wie banal oder nervend sie sein mögen. Kind und Eltern lernen gleichermaßen. Und zu versuchen, im sich entwickelnden Leben der Kinder die nötige Struktur zu schaffen und gleichzeitig in ruhiger, ausgeglichener, „ohne Drama" ablaufender Weise zu erziehen, ist nicht immer leicht gewesen – es ist höchstwahrscheinlich sogar eine der schwierigsten Aufgaben, die jeder von uns je haben wird. Aus diesem Grund danken wir sowohl unseren Kindern als auch unseren Partnern für die überzeugende Art, wie sie uns alle auf dem gesamten Weg etwas über Disziplin als eine Möglichkeit beigebracht haben, zu lernen, zu lehren und das Leben zu einem lehrreichen Abenteuer und einem Fest der Entdeckungen zu machen. Wir hoffen, dieses Buch stellt eine Einladung dar, Disziplin wieder als solch eine Lerngelegenheit zu sehen, damit Sie und Ihre Kinder sich Ihr gesamtes Leben lang entfalten und aneinander erfreuen können!

Dan und Tina

ÜBER DIE AUTOREN

Daniel J. Siegel ist Arzt, Kinder-, Jugendlichen- und Erwachsenenpsychiater sowie klinischer Professor an der David Geffen School of Medicine (University of California, Los Angeles). Als Autor, Koautor oder Herausgeber ist er verantwortlich für die Veröffentlichung von Dutzenden von Büchern; er schrieb unter anderem *Gemeinsam leben, gemeinsam wachsen: Wie wir uns selbst besser verstehen und unsere Kinder einfühlsam ins Leben begleiten können* (mit Mary Hartzell), *Mindsight: Die neue Wissenschaft der persönlichen Transformation* und *Wie wir werden, die wir sind: Neurobiologische Grundlagen subjektiven Erlebens und die Entwicklung des Menschen in Beziehungen.* Er ist geschäftsführender Direktor des Mindsight Institute, eines Bildungszentrums für interpersonelle Neurobiologie, welches dem breiten Spektrum an Wissenschaftsbereichen zum besseren Verständnis der menschlichen Entwicklung und des Wohlbefindens einen gemeinsamen Rahmen verleiht. Siegel hält in der ganzen Welt, persönlich oder online, Vorträge für Eltern, Fachleute und die interessierte Öffentlichkeit. Sie erreichen ihn über seine Webseite www.DrDanSiegel.com.

Tina Payne Bryson schrieb gemeinsam mit Daniel J. Siegel den Bestseller *The Whole-Brain Child* (dt. *Achtsame Kommunikation mit Kindern*, Arbor Verlag 2013), der in achtzehn Sprachen übersetzt wurde. Sie ist Kinder- und Jugendlichenpsychotherapeutin, Leiterin für Elternbildung am Mindsight Institute und Spezialistin für Kindesentwicklung an der Saint Mark's School in Altadena, Kalifornien. Sie referiert und moderiert Konferenzen in der ganzen Welt und führt Workshops für Eltern, Erzieher und Kliniker durch. Dr. Tina Payne Bryson promovierte an der University of Southern California und lebt mit ihrem Mann und ihren drei Kindern in der Nähe von Los Angeles. Mehr über sie erfahren Sie auf ihrer Webseite www.TinaBryson.com, auf der Sie auch ihren Blog abonnieren und ihre Artikel über Kinder und Erziehung lesen können.

ISBN 978-3-86781-015-9

Alfie Kohn

Liebe und Eigenständigkeit

Die Kunst bedingungsloser Elternschaft, jenseits von Belohnung und Bestrafung

Was denken Eltern über ihre Kinder? Was empfinden sie für ihre Kinder? Wie handeln sie?
Liebe und Eigenständigkeit ermuntert uns, genau hinzuschauen.
Das lohnt sich, denn es gibt einen Weg, unsere Kinder respektvoll und in Liebe zu begleiten. Ein Weg, der uns in einen tiefen und klaren Kontakt mit unseren Kindern bringt und uns sogar über die Zeit der Pubertät hinaus mit ihnen zu verbinden mag.
Alfie Kohn steht uns zur Seite, indem er mit den Mythen und Wunschvorstellungen eingefahrener Erziehungslehren aufräumt.
Übliche Erziehungsmethoden wie Bestrafung oder Belohnung setzen auf Kontrolle und vermitteln unseren Kindern so, dass sie nur dann geliebt werden, wenn sie uns gefallen oder wenn sie uns beeindrucken.
Alfie Kohn verweist auf umfassende Forschungsergebnisse, die belegen, welchen Schaden es anrichten kann, wenn sich unsere Kinder ihre Anerkennung erst „verdienen“ müssen.
Liebe und Eigenständigkeit weist uns demgegenüber, ganz praxisbezogen, neue Wege.

ISBN 978-3-86781-142-2

Lienhard Valentin & Petra Kunze

Die Kunst, gelassen zu erziehen

Achtsamkeit im Leben mit Kindern

„Bis ich Mutter wurde, konnte ich in der schönen Illusion leben, ein netter Mensch zu sein!“

Kennen Sie das? Dieses Zitat stammt von einer Mutter in einem Elternseminar. Kinder sind wundervolle, zauberhafte Wesen. Aber: Sie können uns manchmal auch zur Weißglut treiben. In diesem Buch erfahren Sie:

- wie Sie mit Ihren Kindern auch im täglichen Familienchaos und in schwierigen Situationen *achtsamer, gelassener und liebevoller* umgehen können;
- wie Sie sich klarer werden können über Ihre Haltung zu sich und zu Ihren Kindern;
- wie Sie Wichtiges von Unwichtigem unterscheiden, manches ändern und anderes *loslassen*;
- wie Sie eine neue, *harmonischere und glücklichere* Familien-Atmosphäre schaffen können.

„Dieses Buch weist uns einen wirkungsvollen, wahrhaft praktischen Weg, um unsere Kinder achtsam ins Leben zu begleiten.“

Jon und Myla Kabat-Zinn

ISBN 978-3-86781-141-5

Myla & Jon Kabat-Zinn

Mit Kindern wachsen

Die Praxis der Achtsamkeit in der Familie

Myla und Jon Kabat-Zinn haben ihren Klassiker der achtsamen Begleitung von Kindern grundlegend überarbeitet – dabei aber die Essenz der ursprünglichen Ausgabe bewahrt: dass das Leben mit Kindern ein Weg von ungeahnter Tiefe und Erfüllung sein kann.
Nie zuvor sind die wissenschaftlichen Beweise so unwiderlegbar gewesen, dass die Schulung von Achtsamkeit ausgeprägte positive Effekte für uns selbst und für alle haben kann, mit denen wir zusammenleben. Und nie zuvor ist es für Eltern wichtiger gewesen, diese Veranlagung, die wir alle haben, zu kultivieren – zu Bewusstheit und herzlicher Offenheit für den gegenwärtigen Moment und letztendlich zu größerer Weisheit, wie man ein erfülltes und sinnvolles Leben führen kann.

Arbor Verlagsprogramm

Umfangreiche Informationen zu unseren Themen, ausführliche Leseproben aller unserer Bücher, einen versandkostenfreien Bestellservice und unseren kostenlosen Newsletter. All das und mehr finden Sie auf unserer Website.

www.arbor-verlag.de

Mehr von Daniel Siegel & Tina Payne Bryson:

www.arbor-verlag.de/daniel-siegel

www.arbor-verlag.de/tina-payne-bryson

Arbor Seminare

Die gemeinnützige *Arbor-Seminare gGmbH* organisiert regelmäßig Seminare und Weiterbildungen mit führenden Vertreter*innen achtsamkeitsbasierter Verfahren. Zudem informiert sie über aktuelle Entwicklungen in diesem Bereich und trägt Achtsamkeit auf diese Weise nachhaltig in die Gesellschaft. Nähere Informationen finden Sie unter:

www.arbor-seminare.de

Arbor Online-Center

Mit dieser Plattform hat Arbor einen virtuellen Ort der Inspiration und des Lernens rund um das Thema Achtsamkeit geschaffen. Lernen Sie die Autor*innen unserer Bücher und die Referent*innen unserer Veranstaltungen kennen: in Interviews, Vorträgen, Meditationsübungen, Webinaren, Podcasts sowie Online-Kursen und zahlreichen weiteren Ressourcen.

www.arbor-online-center.de